高等职业教育土建专业系列教材

U0653314

建筑工程经济

（第二版）

主　编　刘剑勇　吴美琼　吴　艳
副主编　徐莹莹　包　蜃　胡　蔚
参　编　陈　辉　周　莉

南京大学出版社

内容简介

本书根据高等职业教育教学及改革的实际需求,以生产实际工作岗位所需的基础知识和实践技能为基础,科学选取教材内容,主要集中在建筑工程经济的基本理论、基本方法以及在工程项目上解决实际问题的基本技能。主要研究项目经济评价指标和方法、不确定性分析、价值工程、项目投资方案评价的方法与选择、项目的财务评价、设备更新分析等。全书共分为九章,内容包括:工程经济基础;工程经济分析的要素;资金的时间价值;建设项目经济效果评价指标;建设项目风险与不确定性分析;价值工程;建设项目的可行性研究;建设项目的国民经济评价;建筑工程经济在工程中的应用。

本书既可作为高等职业技术院校建筑类相关专业的教材,也可作为工程经济管理相关技术人员工作以及国家注册造价工程师、注册一级建造师等执业资格证书考试的参考用书。

图书在版编目(CIP)数据

建筑工程经济 / 刘剑勇,吴美琼,吴艳主编. — 2版. — 南京 : 南京大学出版社,2021.6(2023.7重印)
 ISBN 978 - 7 - 305 - 24728 - 6

Ⅰ. ①建… Ⅱ. ①刘… ②吴… ③吴… Ⅲ. ①建筑经济学－工程经济学－高等职业教育－教材 Ⅳ. ①F407.9

中国版本图书馆 CIP 数据核字(2021)第 138623 号

出版发行　南京大学出版社
社　　址　南京市汉口路 22 号　　　　　邮　编　210093
出 版 人　金鑫荣
书　　名　建筑工程经济
主　编　刘剑勇　吴美琼　吴艳
责任编辑　朱彦霖　　　　　　　编辑热线　025 - 83597482
照　排　南京南琳图文制作有限公司
印　刷　南京京新印刷有限公司
开　本　787×1092　1/16　印张 14.25　字数 373 千
版　次　2021 年 6 月第 2 版　2023 年 7 月第 3 次印刷
ISBN 978 - 7 - 305 - 24728 - 6
定　价　39.80 元

网址:http://www.njupco.com
官方微博:http://weibo.com/njupco
官方微信号:njutumu
销售咨询热线:(025)83594756

前　言

　　建筑工程经济是一门实践应用性很强的专业基础课,它的研究对象是建筑工程项目技术方案的经济效益。其研究内容和任务是运用工程经济分析原理与方法,对能够完成工程项目预定目标的各种可行技术方案进行技术经济论证、比较、计算和评价,优选出技术上先进、经济上有利、生产上适用的方案,从而为实现正确的投资决策提供科学依据。

　　党的二十大报告指出:培养造就大批德才兼备的高素质人才,是国家和民族长远发展大计。随着建筑市场经济的大力发展,社会对于人才的要求也日益趋向复合化。为增强学生的职业能力,面向生产、服务和管理第一线职业岗位,培养高素质高技能型专门人才以适应社会企业发展的需求。本书在编写内容和编写风格上着重让学生掌握建筑工程经济基础知识,具备建筑工程经济分析的能力,使他们具有建筑工程经济方面的相关知识,培养学生严谨认真、爱岗敬业的职业道德,为其成为复合型人才打下坚实的基础,努力满足党的二十大报告提出的"加快建设高质量教育体系"的要求。本教材在教学内容选取和编写风格方面具有如下几个特点:

　　1. 本教材力求体现素质和能力培养的教育基本原则,注重理论和方法的系统性,强调教材内容的实用性和新颖性,并反映了国家经济体制改革方面的一些要求。

　　2. 本书吸取了近年来有关建筑工程经济研究和应用的一些新成就,侧重于基础知识和专业技能,并注重专业知识内容"必需"和"够用"的原则,符合高等职业教育培养建筑类专业应用型人才的目标。

　　3. 教材内容比较通俗易懂,便于自学。

　　4. 可操作性强,注重能力培养。具有较强的实用性,尽量深入浅出,让学生掌握所必需的知识。

　　本书由湖南工程职业技术学院刘剑勇、广西水利电力职业技术学院吴美琼、湖南工程职业技术学院吴艳担任主编,由广西理工职业技术学院徐莹莹、郴州职业技术学院包屋、广西水利电力职业技术学院胡蔚担任副主编;具体编写分工如下:刘剑勇编写第一章、第二章、第七章及附录,吴艳编写第三章和第八章,吴美琼编写第四章和第五章,徐莹莹和包蜃共同编写第六章,胡蔚编写第九章。最后由刘剑勇负责统稿。

为使教材的内容与职业岗位的能力要求相吻合,本书邀请了长沙先导城市建设投资有限公司陈辉和湖南省建筑设计院集团有限公司周莉两位企业专家进行审稿,对教材内容的实用性、教材的逻辑与层次、教材的形式等方面进行严格审核与鉴定,根据企业专家们提出的宝贵意见我们对本书进行了相应的修改并最终定稿。在此我们向审稿者、所列参考文献书目的作者及企业专家们表示由衷的感谢。

由于编者水平有限,本书难免存在疏漏和不足之处,恳请广大读者提出批评指正和改进意见。

编　者

2021 年 6 月

目　录

第一章　工程经济基础

学习目标

知识目标

1. 理解工程技术与工程经济的关系；
2. 理解工程经济学的基本概念和基本原理；
3. 熟悉工程经济分析的过程和步骤；
4. 了解工程经济专业人员应具备的素质。

能力目标

1. 能够正确认识工程经济学科的含义；
2. 能够正确认识工程经济的相关知识在工程管理等领域的重要性。

素质目标

培养学生在工程项目实践中的经济意识。

情 境 导 航

　　我国《招投标法》第四十一条第(二)款规定中标人的投标应当符合"能够满足招标文件各项要求,并且经评审的投标价格最低,但是投标价格低于成本的除外"。在建筑工程中通过招标投标方式选择施工企业,可以促使施工企业为了企业的生存和发展,不断提高劳动生产率,不断提高企业的管理水平,从而提高整个社会劳动生产率水平,达到招标投标的最终效果。国家规定必须进行招投标的工程项目有:第一,大型基础设施、公用事业等关系社会公共利益、公众安全的项目;第二,全部或部分使用国有资金投资或者国家融资的项目;第三,使用国际组织或者外国政府贷款、援助资金的项目;第四,法律或者国务院规定的其他必须招标的项目。随着招标投标制度的逐步建立和推行,我国实行招投标的领域不断拓宽,强制招标的范围还将根据实际需要进行调整。一旦项目需要招标,投资者就必须在完成市场调查与预测、拟建规模、营销策划、资源优化、技术方案论证、投资估算与资金筹措等可行性分析和研究的基础上,业主对项目投入产出的各种经济因素进行调查研究,通过多项指标的计算,对项目的经济合理性、财务可行性做出全面的分析与评价,为业主对项目的决策提供依据。

　　工程经济评价是项目可行性研究必不可少的项目之一,如果在招标过程中充分利用其规避系统风险和非系统风险,增加未来收益的可行性,在投标方面充分利用其控制造价,降低投标报价,提高性价比的优势等等,那么工程经济评价方法和招投标相互结合、相互利用的态势,必会把我国市场经济带上一个新台阶,经济评价的结果对工程项目是否可行起着决定性的作用。

第一节 工程技术与经济

工程经济学是介于自然科学和社会科学之间的边缘学科,它是根据现代科学技术和社会经济发展的需要,在自然科学和社会科学的发展过程中,互相渗透,互相促进,逐渐形成和发展起来的,是技术学和经济学的交叉学科。在这门学科中,经济处于支配地位,因此,它属于应用经济学的一个分支。

一、工程经济学的有关概念

1. 工程

工程是指土木建筑或其他生产、制造部门用比较大而复杂的设备来进行的工作,如土木工程、机械工程、交通工程、化学工程、采矿工程、水利工程等。

一项工程能被人们所接受必须具备两个条件:一是技术上的可行性;二是经济上的合理性。在技术上无法实现的项目是不可能存在的,因为人们还没有掌握它的客观规律;而一项工程如果只讲技术可行,忽略经济合理性也同样是不能被接受的。人们发展技术、应用技术的根本目的,正是在于提高经济活动的合理性,这就是经济效益。因此,为了保证工程技术更好地服务于经济,最大限度地满足社会需要,就必须研究、寻找技术与经济的最佳结合点,在具体目标和条件下,获得投入产出的最大效益。

2. 技术

技术是人们在利用自然和改造自然的过程中积累起来并在生产劳动中体现出来的经验、知识和技巧等,并把科学研究、生产实践、经验积累中所获得的这些经验、知识和技巧应用在最有效的自然资源利用方式中,以形成能满足人们需要的产品和服务。

工程项目建设中不仅需要考虑技术上是否成熟、适用,同时还必须考虑工程技术是否具有先进性。工程技术的先进性主要表现在两个方面:一方面是它能够创造出落后技术所不能创造的产品和服务,另一方面是它能够用更少的人力和物力创造出相同的价值。所以人们总希望用先进的工程技术,达到投入少,产出多的目的。工程技术的经济性目的是十分明显的,对于任何一种技术,在一般情况之下,都不能不考虑经济效果的问题。

3. 经济

工程项目建设中,不仅需要考虑投入多少,而且必须考虑收获多少,也就是是追求经济的合理性。工程经济学中所说的"经济"一词,在不同层面有不同的含义,常见的有通常有以下四种:

(1) 经济是指生产关系。经济是人类社会发展到一定阶段的社会经济制度,是生产关系的总和,是政治和思想意识等上层建筑赖以建立起来的基础。

(2) 经济是指一国国民经济的总称,或指国民经济的各部门,如工业经济、农业经济、运输经济等。

(3) 经济是指社会生产和再生产,即指物质资料的生产、交换、分配、消费的现象和过程。

(4) 经济是指节约或节省,是指人、财、物、时间等资源的节约和有效使用。

工程经济学中的"经济"更多的是指工程项目或其他社会经济活动中的"相对节约"或"相对节省",即项目的经济合理性问题。

二、工程技术和工程经济的关系

技术实践活动常常要面临两个彼此相关且至关重要的环境,一个是技术环境,另一个是经济环境。技术环境是社会生产活动的基础,经济环境是物质环境的服务对象。在技术环境中,只有遵循自然科学的规律,才能保证生产出高质量的产品和提供满意的服务。但是,产品和服务的价值取决于它们带给人们的效用,效用大小往往要用人们愿意为此付出的金钱来衡量,不论技术系统的设计多么精良,如果生产出的产品和劳务不受消费者的青睐,这样的技术系统的经济效果就会很低。由此看来,技术兼有自然科学和经济学两方面的特性,技术人员只有了解经济环境、懂得经济规律才能卓有成效地工作。

经济环境和技术环境是密不可分的,连接两者的纽带就是技术实践活动。技术环境、技术实践活动以及经济环境三者之间的关系为:

1. 技术进步是经济发展的重要条件和手段

人类社会发展的历史已证明,技术进步极大地改变了生产中的劳动手段和方式,改善了劳动条件和环境,使人们在广度和深度上更合理地利用自然资源,加快了信息的流通,造就了发达的商品经济体系,推动了社会经济的发展。

2. 经济环境是技术进步的物质基础

技术进步是有前提和条件的,它的发展不能脱离一定的社会经济基础。任何一项技术的产生和发展,都是由于社会经济发展的需要而引起的,也是在一定的社会经济条件下得以推广和应用的。实践证明,一个国家、一个行业、一个企业的技术选择和技术发展,在很大程度上将受其经济实力的制约。

3. 经济的发展为技术的进步提出了新的要求和发展方向

随着经济的发展和人民生活水平的提高,人们的需求也在不断增长,对生产、生活不断提出新的要求,技术进步只能循此方向向前推进,才能满足经济发展的要求。

4. 技术和经济协调发展

取得最大经济效益的途径,只能是技术和经济的协调发展。脱离了技术进步的经济发展不可能长久,技术进步必须以经济效益为最终目标。任何不顾经济效益而片面追求技术先进性的行为,以及只追求眼前利益而不重视技术进步的做法,都将事与愿违。

在技术环境中,往往问题的边界容易确定,工程技术人员可以根据用严密的数学公式表达的自然科学规律进行推理,找到问题的精确解。与技术环境便于逻辑思维的特性相比,经济环境更适合于形象思维,因为,在经济系统中,资源的有效利用方式要受到人的行为动机的驱使,而对人的行为进行统一的定量描述是较为困难的。在经济环境中,能对人的行为动机和资源优化配置进行合理解释的是各种经济规律。

第二节 工程经济学概述

一、工程经济学的概念

工程经济学是工程与经济的交叉学科,是研究如何有效利用资源,提高经济效益的学科。有关工程经济学的定义有很多种,归纳起来主要有以下几种观点:

(1) 工程经济学是研究技术方案、技术政策、技术规划、技术措施等经济效果的学科,通过经济效益的计算以求找到最佳的技术方案。

(2) 工程经济学是研究技术与经济的关系,以期达到技术与经济最佳结合的学科。

(3) 工程经济学是研究生产、建设中各种工程经济问题的学科。

(4) 工程经济学是研究技术因素与经济因素最佳结合的学科。

工程经济学是利用经济学的理论和分析方法,研究经济规律在工程问题中的应用,是分析工程项目方案、技术方案和技术政策等经济效果的一类应用经济学的分支。

二、工程经济学的研究对象和内容

1. 工程经济学的研究对象

工程经济学的研究对象可以概括为:根据技术与经济对立统一的关系,从理论和方法上研究如何将技术与经济最佳地结合起来,从而达到技术先进、经济合理的目的。具体来说,工程经济学的具体对象可以认为是技术方案、技术规划和技术政策等技术实践活动中的经济效果问题。

人们在社会生产活动中可利用的资源相对于人们的需要而言,总是有限的,因此,如何最有效地利用各种资源,满足人类社会不断增长的物质文化生活的需要是经济学研究的一个基本问题,也是技术实践活动的基本目标。

经济效果是人们在使用技术的社会实践中所得与所费的比较。人们的社会实践是多方面的,它可以是技术政策的制定,也可以是技术规划的制定;可以是生产实践活动,还可以是非生产实践活动。人们从事各种活动都有一定的目的,都会产生一定的效果。由于各种技术实践活动的性质和物质环境不同,因而会取得不同性质的技术效果,如生产效率、军事效果、环境效果、艺术效果、政治效果、社会效果等,但无论从事哪种技术实践活动,都要通过经济环境取得投入物和销售产出物,在特定环境下以货币计量的一定资源消耗和社会有用成果的对比分析,就是经济效果评价。

经济效果和技术效果是密不可分的,经济效果包含技术效果。当经济利润为正时,生产效率越高,经济效果就越好;在技术效果一定的情况下,产品或服务带给人们的边际效用越大,经济效果就越好。

对技术实践的经济效果进行研究,在我国建设项目的前期决策中已得到广泛的应用,特别是引进了西方的投资项目可行性研究后,更加丰富了经济效果的理论。所谓可行性研究,就是在市场调查的基础上,准确地估计项目的所得与所费,科学地计算项目的效益和费用,通过财务分析和国民经济分析,对各种建设项目的技术可行性和经济合理性进行综合评价。

可行性研究的引入,使技术实践的经济效果提高到了一个新的水平。

工程经济学还要研究如何用最低的寿命周期成本实现产品、作业或服务的必要功能,通过对物质环境的功能分析、功能评价和功能创新,寻求提高经济效果的途径与方法。

世界上第一辆汽车是 19 世纪 80 年代由戴姆勒(Daimler)和本茨(Benz)制造的,由于生产成本太高,在相当长一段时间内,汽车仅是贵族的一种玩物。后来,经过亨利·福特(Henry Ford)的努力,使每辆车的售价降到 1000~1500 美元,进而又降至 850 美元,到 1916 年甚至降到 360 美元。这为汽车的广泛使用创造了条件,最终使汽车工业成为美国经济的一大支柱。汽车工业的发展又推动了钢铁、石油等一系列工业部门的发展,同时极大地改变了人们的生活方式。这一事例说明,在保证实现产品(作业、服务)必要功能的前提下,不断追求更低的寿命周期成本,是提高经济效果的重要渠道,对于社会经济的发展具有重要意义。

2. 工程经济学研究的主要内容

工程经济学的研究内容相当广泛,概括起来可以包括如下四个部分:

(1)研究技术创新的规律及其与经济发展的关系,探求如何建立和健全技术创新的机制,为制定有关的经济政策和技术政策提供理论依据。

(2)宏观、中观工程经济规划的论证。例如,全国或某一地区的科技发展、经济发展规划的合理性与可行性论证,国家或某一地区某一种资源开采、合理利用的工程经济论证,以及行业发展规划的工程经济论证等。

(3)各级各类建设项目论证。例如,新建项目、技术改造项目、技术引进项目等的工程经济论证。

(4)各种技术开发、产品开发与设计、工艺选择、设备更新等技术方案、技术措施的工程经济论证等。

3. 工程经济分析的基本步骤

技术实践活动的目的就是要运用科学知识、技术能力和物质手段形成能满足人们需要的经济系统。通常,一个完整的技术实践活动可分成确定目标、寻找关键要素、穷举方案、评价方案和决策等几个阶段。

(1)确定目标

技术实践活动的第一个阶段就是通过调查研究寻找经济环境中存在和潜在的需求,确立工作目标。无数事实说明,技术实践活动的成功与否,并不完全取决于系统本身效率有多高,而取决于系统是否能满足人们的需要。因此,只有通过市场调查,明确了目标,才能谈得上经济可行性和技术合理性的问题。

(2)寻找关键要素

关键要素也就是实现目标的制约因素,确定关键要素是技术实践活动的重要一环。只有找出了主要矛盾,确定了系统的各种关键要素,才能集中力量,采取最有效的措施,为目标的实现扫清道路。寻找关键要素,实际上是一个系统的分析过程和方案的制定过程,因此,需要树立系统的思想方法,综合地运用各种相关学科的知识和技能。

(3)穷举方案

关键要素找到后,紧接着要做的工作就是制定各种备选方案。很显然,一个问题可采用多种方法来解决,因而可以制定出许多不同的方案。例如,降低人工费可采用新设备,也可采用简化操作的方法;新设备可降低产品的允许的废品率,但同样的结果也可通过质量控制方法得到。工程经济分析就是多方案选优,如果只有一个方案,决策的意义就不大了。所以,穷举方案就是要尽可能多地提出潜在方案。实际工作中往往有这样的情况,虽然在分析时考虑了若干方案,然而,由于恰恰没有考虑更为合理的某个方案,导致了不明智的决策结果。很明显,一个较差的方案与一个更差的方案比较自然会变得有吸引力。技术人员不能仅凭自己的感觉提出方案,因为最经济的方案不一定是技术人员认为最好的方案。有时,通过研究会发现开始时已拒绝的方案可能就是解决问题的最好方案。穷举方案时,通常有一种方案是什么都不做的方案,也就是维持现状的方案,这个方案也是要考虑的方案之一。

(4) 评价方案

评价方案是工程经济分析中最常用的方法。从工程技术的角度提出的方案往往都是技术上可行的,但在收益一定时,只有费用最低的方案才能成为最佳方案,这就需要对备选方案进行经济效果评价。评价方案,首先必须将参与分析的各种因素定量化,一般将方案的投入和产出转化为用货币表示的收益和费用,即确定各对比方案的现金流量,并估计现金流量发生的时点,然后运用数学手段进行综合运算、分析对比,从中选出最优的方案。

(5) 决策

决策就是从若干行动方案中选择实施方案,它对技术实践活动的效果有决定性的影响。在决策时,工程技术人员应特别注重与决策人员的信息交流,使决策人员充分了解各方案的工程经济特点和各方面的效果,这些效果既包括货币效果,也应包括非货币效果,使决策最大限度地建立在科学研究的基础之上。

4. 方案经济效果评价的基本原则

方案比较法是工程经济分析中最常用的方法,也是一项综合性很强的工作,必须用系统分析的观点正确处理各方面的矛盾关系,以下原则应贯穿在技术方案经济效果评价的始终。

(1) 主动分析与被动分析相结合,以主动分析为主

工程经济效果评价,就是要通过事前、事中和事后的分析,把系统的运行控制在最满意的状态。以往人们常把控制理解为目标值与实际值的比较,以及当实际值偏离目标值时,分析其产生偏差的原因,并确定下一步的对策。在技术实践的全过程中进行这样的控制当然是有意义的,但问题在于,这种偏离一纠偏一再纠偏的控制方法,只能在已造成损失和浪费的基础上发现偏离,不能预防可能发生的偏离,因而只能说是被动控制。近年来,人们将系统论和控制论的研究思想引入工程经济分析,将"控制"立足于事先主动地采取措施,尽可能地减少甚至避免目标值与实际值的偏离,这是主动的、积极的控制方法,也是工程经济效果分析应采取的主要思想方法。

(2) 满意度分析与最优化分析相结合,以满意度分析为主

传统决策理论是建立在绝对逻辑基础上的一种封闭式决策模型,它把人看作具有绝对理性的"理性人"或"经济人",在决策时,会本能地遵循最优化原则(即取影响目标的各种因素的最有利的值)来选择实施方案。而以美国经济学家西蒙(Simon)首创的现代决策理论的核心则是"令人满意"准则。他认为,由于人的头脑能够思考和解答问题的容量与问题本身规模相比非常渺小,因此在现实世界里,要采取客观的合理举动,哪怕接近客观合理性也是很困难的。因此,对决策人来说,最优化决策几乎是不可能的。西蒙提出了用"令人满意"准则来代替"最优化"准则,他认为决策人在决策时,可先对各种客观因素、执行人据以采取

的可能行动,以及这些行动的可能后果加以综合研究,并确定一套切合实际的衡量标准。如果某一可行方案符合这种衡量标准,并能达到预期的目标,则这一方案便是满意的方案,可以采纳;否则,应对原衡量标准做适当的修改,进行下一轮方案选择。

(3)差异分析与总体分析相结合,以差异分析为主

进行经济效果分析,一般只考虑各技术方案的差异部分,不考虑方案的相同部分,因而可把方案之间的共同点省略,这样既可以减少工作量,又使各对比方案之间的差别一目了然。但在省略时,一定要保证舍弃的确实是方案之间的相同部分,因为哪怕是微小的差异也会使分析结果产生变化。

(4)动态分析与静态分析相结合,以动态分析为主

传统的评价方法是以静态分析为主,不考虑投入产出资金的时间价值,其评价指标很难反映未来时期的变动情况。应该强调考虑资金的时间因素,进行动态的价值判断,即将项目建设和生产不同时间段上资金的流入、流出折算成同一时点的价值,变成可加性函数,从而为不同项目或方案的比较提供同等的基础,这对于提高决策的科学性和准确性有重要的作用。

(5)定量分析与定性分析相结合,以定量分析为主

技术方案的经济分析,是通过项目建设和生产过程中的费用效益计算,给出明确的数量概念,进行事实判断。过去,由于缺乏必要的定量分析计算手段,对一些本应定量的因素,往往只能笼统地定性描述。应该强调,凡可量化的经济要素都应做出量的表述,这就是说,一切技术方案都应尽可能通过计算定量指标将隐含的经济价值揭示出来。

(6)价值量分析与实物量分析相结合,以价值量分析为主

不论是财务评价还是国民经济评价,都要设立若干实物指标和价值指标。在目前的市场经济条件下,应把投资、劳动力、信息、资源和时间等因素都量化为用货币表示的价值因素,对任何项目或方案都用具备可比性的价值量去分析,以便于项目或方案的取舍和判别。

(7)全过程效益分析与阶段效益分析相结合,以全过程效益分析为主

技术实践活动的经济效果,是在目标确定、方案提出、方案选优、方案实施以及生产经营活动的全过程中体现出来的,忽视哪一个环节都会前功尽弃。在全过程效益分析中,还必须重点突出。以前,我国普遍重视工程项目投产后的经济效益,对基本建设过程的经济效果重视不够;在基本建设工作中,又普遍忽视工程建设项目前期工作阶段的经济分析,而把主要精力放在施工阶段。这样做尽管也有效果,但毕竟是"亡羊补牢",事倍功半。所以,要有效地提高技术活动的经济效果,就应把工作重点转到建设前期阶段上来,未雨绸缪,以取得事半功倍的效果。

(8)宏观效益分析与微观效益分析相结合,以宏观效益分析为主

对技术方案进行经济评价,不仅要看其本身获利多少,有财务生存能力,还要考虑其需要国民经济付出多大代价及其对国家的贡献。如果项目自身的效益是以牺牲其他企业的利益为前提,或使整个国民经济付出了更大的代价,那么对全社会来说,这样的项目就是得不偿失的。我国现行经济效果评价方法规定,项目评价分为财务评价与国民经济评价两个层次,当两个层次的评价结论发生矛盾时,一般情况下,应以国民经济评价的结论为主来考虑项目或方案的取舍。

(9)预测分析与统计分析相结合,以预测分析为主

对技术方案进行分析,既要以现有状况为基础,又要做有根据的预测。在预测时,往往

要以统计资料为依据,除了对现金流入与流出量进行常规预测外,还应对某些不确定性因素和风险做出估算,包括敏感性分析、盈亏平衡分析和概率分析。

5. 技术方案经济效果评价的可比条件

为了在各项技术方案评价和选优时全面、正确地反映实际情况,必须使各方案的条件等同化,这就是所谓的"可比性问题"。由于各个方案涉及的因素是极其复杂且多样化的,所以不可能做到绝对的等同化,何况其中还包括一些目前还不能加以定量表达的不可转化因素。因此,在实际工作中我们只能做到受经济效果影响较大的主要方面达到可比性的要求。一般要求在各方案之间达到以下四个可比性要求:

(1) 使用价值的可比

使用价值的主要内容有数量、质量、品种等。两个方案,如果使用价值不同,是不能相比的。

(2) 相关费用的可比

所谓相关费用,就是如何确定合理计算方案费用的范围。两个方案,如果计算费用的范围不合理,也没有可比性。例如,为陇洞开挖选择出渣设备时,推荐了两个方案:风动装岩机方案及电动装岩机方案。如果我们只以两种不同装岩机本身购置费用比较,那就将分析比较引入歧途。因为要使这两种装岩机实际发挥生产效益需要一系列配套装置,所以必须同时计入需增添的空气压缩机、风管及电源设施等费用。

(3) 时间因素的可比

技术方案的经济效果,除了数量的概念以外,还具有时间的概念。比如,有两个技术方案,它们的产品产量、投资、成本完全相同,但时间上有差别,其中一个投产较早,而另一个投产较晚;或者一个投资早,另一个投资晚;或者一个方案的使用寿命长,另一个方案的使用寿命短。在这种情况下,这两个方案的产出即使相同,也不能简单地进行比较,必须考虑时间因素的影响,计算资金的时间价值。

(4) 价格的可比

几乎绝大部分效益和费用都是在价格的基础上计算出来的。因此,价格体系是否合理是方案比较中必须考虑的问题。我国现行的价格体系不尽合理,表现为工农业产品比价不合理,资源性产品与加工性产品价格比价不合理,公用事业价格比价不合理,质量与技术处于不同层次的产品比价不合理。这些不合理因素,使不同技术方案之间缺乏价格的可比性,若按现行价格进行评价,其结果往往带有片面性。因此,在方案比较中,对产出物和投入物的价格应尽量采用可比价格。

可比性所涉及的问题远不止上述四种,还有定额标准、安全系数等。分析人员认为必要时,可自行斟酌决定。总之,满足可比条件是方案比较的前提,必须遵守。

6. 工程经济分析人员应具备的主要能力

工程经济学具有很强的综合性、系统性和应用性。为有效地对技术实践活动进行经济分析,工程经济分析人员应具备以下主要能力:

(1) 了解经济环境中人的行为和动机

技术实践活动的目的是满足人们的需求,因此,工程技术人员应该了解人们需求层次的多样性,了解人们需求变化的规律,了解人们的行为受什么利益动机的驱使。只有这样,才能把握各种可能的获利机会,始终保持正确的努力方向。

（2）会做市场调查

如果想在竞争日益激烈的市场经济中取胜,必须了解国内外市场供需情况,了解国内现有企业的生产能力及现有企业技术改造后可能挖掘的潜力,进行销售价格预测,了解原材料来源和供应的可能性等。

（3）会做预测工作

工程经济分析具有很强的综合性,单靠对本部门、本企业所处环境的某种感觉或直觉来进行决策,是远远不够的,而对经济和技术的未来发展情况做出准确的预测,无疑会帮助我们做出正确决策。因此,对任何决策来说,预测是一个关键问题。所谓预测,就是对与决策问题有关的各种内外部情况所进行的科学的估计和推测,它是决策科学化的重要工具,也是决策分析的重要组成部分。

（4）坚持客观公正的原则

工程经济分析应实事求是,坚持真理,做到不唯上、不唯书,只唯实、只唯真,保证评价结果的可信度。不应该对某个方案有主观的偏爱,更不应为了争取上级批准某个方案而夸大一面、掩盖一面,使项目的可行性变成上级的"可批性",使严肃的技术分析工作流于形式。

（5）依法办事

市场经济是法制经济。在经济分析中,必须保证各对比方案及计算结果符合国家的有关法令和规范的要求,因为法令和规范是根据社会发展情况和政治经济形势等方面的实际情况,经过分析和论证制定出来的,它们既体现公众的最高利益,又对实际工作有重要的指导作用。

（6）了解国家的经济、技术发展战略和有关政策

在市场失灵情况下,政府的干预往往是十分必要的,这主要体现在国家的发展战略和长远规划的制定中。例如,产业政策反映了国家从国民经济整体发展的角度对重要资源在各产业部门间配置与流动的总体布局;技术政策表明了国家对技术发展方向与发展重点的总体要求;国家的各项税收政策,金融政策,物价政策,外资、外贸、外汇政策等也都会对具体的经济技术决策产生实际的影响。只有全面了解国家的发展战略和有关政策,才能为技术实践活动创造较好的外部环境,才能保证整个技术实践活动的顺利进行,同时,才能保证整个国民经济的健康发展。

本章小结

工程经济学,就是以工程项目为主体,以技术经济系统为核心,研究如何有效利用资源,提高经济效益的科学。

工程经济学的研究对象是工程项目技术经济分析的一般方法。其分析方法必须遵循主动分析与被动分析相结合、满意度分析与最优化分析相结合、差异分析与总体分析相结合、动态分析与静态分析相结合、定量分析与定性分析相结合、价值量分析与实物量分析相结合、全过程效益分析与阶段效益分析相结合、宏观效益分析与微观效益分析相结合、预测分析与统计分析相结合的原则。

工程经济分析的基本步骤是确定目标-寻找关键要素-穷举方案-评价方案-决策。工程

经济效果评价的一般要求是在各方案之间所有条件具有可比性,即使用价值可比,相关费用可比,时间因素可比,价格可比;此外,还有定额标准、安全系数等。

复习思考题

1. 怎样理解技术和经济的关系?
2. 工程经济分析的基本步骤有哪些?
3. 评价方案经济效果的原则有哪些?
4. 工程经济分析人员应具备哪些知识和能力?

第二章 工程经济分析的要素

学习目标

知识目标

1. 熟悉工程项目总投资的构成；
2. 掌握建设投资估算的编制办法；
3. 了解工程项目经营期成本费用组成；
4. 学习工程项目经营期收入、利润及税金方面的知识。

能力目标

1. 能够分析工程项目投资的构成；
2. 能够编制建设项目投资估算；
3. 能够分析工程项目费用成本的构成。

素质目标

1. 培养学生进行投资分析和估算的能力。
2. 培养学生的成本意识。

情境导航

某一工程项目预计投资 2 800 万元，投产后预计每年可获得总收入 480 万元，预计每年的总支出为 280 万元。

思考： 工程项目是如何估算投资的资金额、总收入的资金额及每年总支出额的？

对于工程项目的投资、收入等经济分析要考虑多种因素的影响，对不同的工程项目进行经济分析时考虑的因素不尽相同。工程项目的建设首先是一个投资活动，要对其经济效益与社会效益进行分析和评价。对于投资主体而言，经济效益首先具有相对重要的意义，任何项目如果不能取得良好的经济效益，投资方就会受到损失。投资、成本费用、营业收入、税金及利润是工程建设项目经济分析的基本要素，是工程经济的基础。

第一节 工程项目投资

一、工程项目总投资的构成

所谓工程项目投资，一般是指某项工程从筹建开始到全部竣工投产为止所发生的全部资金投入。工程项目总投资包括项目的固定资金投资（建设投资）和流动资金投资（运营投

资)两部分(图2-1)。其主要包括:

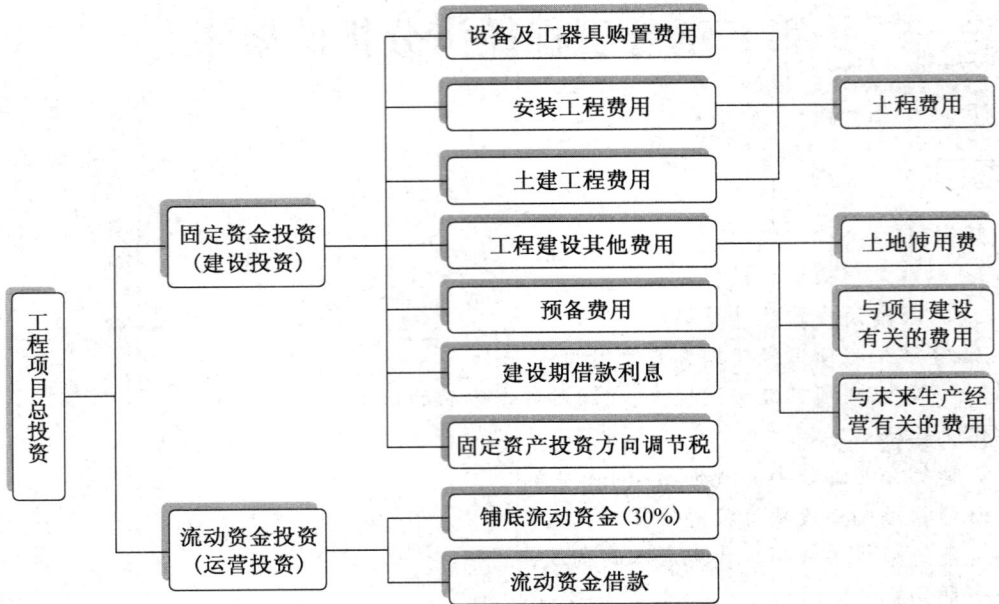

图2-1 工程项目总投资费用构成

1. 设备及工器具购置费用

设备及工器具购置费用是指为工程项目建设购置或自制的达到固定资产标准的各种国产或进口设备、工具、器具的购置费用。

2. 安装工程费用

此费用包括各种需要安装的机电设备、专用设备、仪器仪表等设备的安装费,各专业工程的管道、管线、电缆等的材料费和安装费,以及设备和管道的保温、绝缘、防腐等的材料费和安装费等。

3. 土建工程费用

土建工程费用是指建造永久建筑物和构筑物所需要的费用。

4. 工程建设其他费用

工程建设其他费用是指从工程筹建起到工程竣工验收交付使用为止的整个期间,除设备及工器具购置费用、安装工程费用、土建工程费用外,为保证工程建设和交付使用后能够正常发挥效用而发生的各项费用的总和。

5. 预备费用

预备费用是指在投资估算时预留的费用,以备项目实际投资额超出估算的投资额。项目实施时,预备费用可能不使用,可能被部分使用,也可能被完全使用,甚至预备费用不足。

6. 建设期借款利息

建设期间,由于投资借款而产生借款利息,该利息作为资本化利息计入固定资产的价值。

7. 固定资产投资方向调节税

该税是我国为了贯彻国家产业政策,控制投资规模,引导投资流向,调整投资结构,加强重点建设,促进国民经济均衡发展,根据国家产业政策发展序列和经济规模要求,在进行固定资产投资时,国家按照不同的差别税率对单位和个人征收的一种行为税。根据经济发展的需要,我国自 2000 年 1 月 1 日起对固定资产投资方向调节税已暂停征收。

8. 铺底流动资金

铺底流动资金是短期日常营运现金,用于人工、购货、水、电、电话、膳食等开支。根据国有商业银行的规定,新上项目或更新改造项目投资者必须拥有至少 30％的自有流动资金,其余部分可申请贷款。

二、建设投资估算

建设投资估算是在对项目的建设规模、产品方案、工艺技术及设备方案、工程方案及项目实施进度等进行研究并基本确定的基础上,估算项目所需建设投资资金总额。因建设投资在总投资中占较大比例,因此在项目评价中起着举足轻重的作用。

(一)投资估算文件的组成

1. 投资估算文件一般由封面、签署页、编制说明、投资估算分析、总投资估算表、单项工程估算表、主要技术经济指标等内容构成。

2. 投资估算编制说明一般阐述以下内容:

(1) 工程概况;

(2) 编制范围;

(3) 编制方法;

(4) 编制依据;

(5) 主要技术经济指标;

(6) 有关参数、率值选定的说明;

(7) 特殊问题的说明(包括采用新技术、新材料、新设备、新工艺);

(8) 采用限额设计的工程还应对方案比选的估算和经济指标做进一步说明。

(二)投资估算的编制办法

建设项目投资估算要根据主体专业设计的阶段和深度,结合各自行业的特点,所采用生产工艺流程的成熟性,以及编制者所掌握的国家及地区、行业或部门相关投资估算基础资料和数据的合理、可靠、完整程度(包括造价咨询机构自身统计和积累的可靠的相关造价基础资料),采用生产能力指数法、系数估算法、比例估算法、混合法(生产能力指数法与比例估算法、系数估算法与比例估算法等综合使用)、指标估算法进行建设项目投资估算。建设项目投资估算无论采用何种办法,应充分考虑拟建项目设计的技术参数和投资估算所采用的估算系数、估算指标,在质和量方面所综合的内容,应遵循口径一致的原则。应将所采用的估算系数和估算指标价格、费用水平调整到项目建设所在地及投资估算编制年的实际水平。对于建设项目的边界条件,如建设用地费和外部交通、水、电、通信条件。因市政基础设施配套条件等差异所产生的与主要生产内容投资无必然关联的费用,应结合建设项目的实际情况修正。

1. 项目建议书阶段投资估算

(1) 项目建议书阶段的投资估算一般要求编制总投资估算,总投资估算表中工程费用的内容应分解到主要单项工程,工程建设其他费用可在总投资估算表中分项计算。

(2) 项目建议书阶段建设项目投资估算可采用生产能力指数法、系数估算法、比例估算法、混合法(生产能力指数法与比例估算法,系数估算法与比例估算法等综合使用)、指标估算法等。

2. 可行性研究阶段投资估算

(1) 可行性研究阶段,建设项目投资估算原则上应采用指标估算法,对于对投资有重大影响的主体工程应估算出分部分项工程量,参考相关综合定额(概算指标)或概算定额编制主要单项工程的投资估算。

(2) 预可行性研究阶段、方案设计阶段项目建设投资估算视设计深度,宜参照可行性研究阶段的编制办法进行。

(3) 在一般的设计条件下,可行性研究投资估算深度在内容上应达到本节关于"投资估算文件的组成"部分的要求。对于子项单一的大型民用公共建筑,主要单项工程估算应细化到单位工程估算书。可行性研究投资估算深度应满足项目的可行性研究与评估,并最终满足国家和地方相关部门批复或备案的要求。

3. 方案比选、优化设计和限额设计

(1) 工程建设项目由于受资源、市场、建设条件等因素的限制,为了提高工程建设投资效果,拟建项目可能存在建设场址、建设规模、产品方案、所选用的工艺流程不同等多个整体设计方案,而在一个整体设计方案中亦可存在厂区总平面布置、建筑结构形式等不同的多个设计方案。当出现多个设计方案时,工程造价咨询机构和注册造价工程师有义务与工程设计者配合,为建设项目投资决策者提供方案比选的意见。

(2) 建设项目设计方案比选应遵循以下三个原则:

① 建设项目设计方案比选要协调好技术先进性和经济合理性的关系,即在满足设计功能和采用合理先进技术的条件下,尽可能降低成本。

② 建设项目设计方案比选除考虑一次性建设投资的比选,还应考虑项目运营过程中的费用比选,及项目寿命期的总费用比选。

③ 建设项目设计方案比选要兼顾近期与远期的要求,即建设项目的功能和规模应根据国家和地区远景发展规划,适当留有发展余地。

(3) 建设项目设计方案比选的内容:在宏观方面有建设规模、建设场址、产品方案等;对于建设项目本身有厂区(或居住小区)总平面布置、主体工艺流程选择、主要设备选型等;小的方面有工程设计标准、工业与民用建筑的结构形式、建筑安装材料的选择等。

(4) 建设项目设计方案比选的方法:在建设项目多方案整体宏观方面的比选,一般采用投资回收期法、计算费用法、净现值法、净年值法、内部收益率法,以及上述几种方法同时使用等。在建设项目本身局部多方案的比选,除了可用上述宏观比较方法外,一般采用价值工程原理或多指标综合评分法(对参与比选的设计方案设定若干评价指标,并按其各自在方案中的重要程度给定各评价指标的权重和评分标准,计算各设计方案的加权得分的方法)比选。

(5) 优化设计的投资估算编制是针对在方案必须按确定的设计方案基础上,通过设计招标、方案精选、深化设计等措施,以降低成本或提高功能为目的的优化设计或深化过程中,对投资估算进行调整的过程。

(6) 限额设计的投资估算编制的前提条件是严格按照基本建设程序进行,前期设计的投资估算应准确和合理,限额设计的投资估算编制进一步细化建设项目投资估算,按项目实施内容和标准合理分解投资额度和预留调节金。

三、建设投资估算方法

（一）静态投资部分的估算方法

1. 单位生产能力估算法

单位生产能力估算法估算误差较大，可达±30％。此法只能是粗略的快速估算，由于误差大，应用该估算法时需要小心，应注意以下几点：

（1）地方性。建设地点不同，地方性差异主要表现为：两地经济情况不同；土壤、地质、水文情况不同；气候、自然条件的差异；材料、设备的来源、运输状况不同等。

（2）配套性。一个工程项目或装置，均有许多配套装置和设施，也可能产生差异，如：公用工程、辅助工程、厂外工程和生活福利工程等，这些工程随地方差异和工程规模的变化均各不相同，它们并不与主体工程的变化呈线性关系。

（3）时间性。工程建设项目的兴建，不一定是在同一时间建设，时间差异或多或少存在，在这段时间内可能在技术、标准、价格等方面发生变化。

2. 生产能力指数法

生产能力指数法又称指数估算法，是指根据已建成的、性质类似的建设项目的投资额和生产能力与拟建项目的生产能力估算拟建项目的投资额的方法。计算公式为：

$$C_2 = C_1(Q_2/Q_1)^n \cdot f \qquad (2-1)$$

式中：C_1——已建类似项目的投资额；

　　　C_2——拟建项目的投资额；

　　　Q_1——已建类似项目的生产能力；

　　　Q_2——拟建项目的生产能力；

　　　f——综合调整系数，新老项目建设间隔期内定额、单价、费用变更等的综合调整系数；

　　　n——生产能力指数，在正常情况下，$0 \leqslant n \leqslant 1$。

注意事项：

式（2-1）表明造价与规模（或容量）呈非线性关系，且单位造价随工程规模（或容量）的增大而减小。

运用这种方法估算项目投资的重要条件，是要有合理的生产能力指数，不同生产率水平的国家和不同性质的项目中，生产能力指数是不相同的。

（1）若已建类似项目的规模和拟建项目的规模相差不大，生产规模比值在 0.5～2 之间，则指数 n 的取值近似为 1；

（2）若已建类似项目的规模和拟建项目的规模相差较大，但不大于 50 倍，且拟建项目规模的扩大仅靠增大设备规模来达到时，则 n 取值在 0.6～0.7 之间；

（3）若已建类似项目的规模和拟建项目的规模相差较大，大于 50 倍，且拟建项目规模的扩大靠增加相同规格设备的数量达到时，则 n 取值为 0.8～0.9 之间。

生产能力指数法与单位生产能力估算法相比精确度略高，其误差可控制在±20％以内，尽管估价误差仍较大，但有它独特的好处：这种估价方法不需要详细的工程设计资料，只要知道工艺流程及规模就可以；其次，对于总承包工程而言，可作为估价的旁证，在总承包工程报价时，承包商大都采用这种方法估价，但要求类似工程的资料可靠，条件基本相同，否则误差就会增大。

生产能力指数法主要应用于拟建装置或项目与用来参考的已知装置或项目的规模不同的场合。

(4) 生产能力指数法比较简便,计算速度快,但精确度较低,可用于投资机会研究及项目建议书阶段的投资估算。采用生产能力指数法时,要求类似项目的资料可靠,条件与拟建项目基本相同,否则误差就会增大,且本方法不适用于已建类似项目的规模和拟建项目的规模相差大于 50 倍的情况。

3. 系数估算法

系数估算法也称为因子估算法,它是以拟建项目的主体工程费或主要设备费为基数,以其他工程费占主体工程费的百分比为系数估算项目总投资的方法。这种方法简单易行,但是精度较低,一般用于项目建议书阶段。系数估算法的种类很多,下面介绍几种主要类型。

(1) 设备系数法。以拟建项目的设备费为基数,根据已建成的同类项目的建筑安装费和其他工程费等占设备价值的百分比,求出拟建项目建筑安装工程费和其他工程费,进而求出建设项目总投资。

(2) 主体专业系数法。以拟建项目中投资比重较大,并与生产能力直接相关的工艺设备投资为基数,根据已建同类项目的有关统计资料,计算出拟建项目各专业工程(总图、土建、采暖、给排水、管道、电气、自控等)占工艺设备投资的百分比,据此求出拟建项目各专业投资,然后加总即为项目总投资。

运用朗格系数法估算投资的步骤如下:

① 计算设备到达现场的费用,包括设备出厂价、陆路运费、海上运输费、装卸费、关税、保险、采购等。

② 根据计算出的设备费乘以 1.43,即得到包括设备基础、绝热工程、油漆工程和设备安装工程的总费用(a)。

③ 以上述计算的结果(a)再分别乘以 1.1、1.25、1.6(视不同流程),即可得到包括配管工程在内的费用(b)。

④ 以上述计算的结果(b)再乘以 1.5,即得到此装置(或项目)的直接费(c),此时,装置的建筑工程、电气及仪表工程等均含在直接费用中。

(二) 建设投资动态部分估算方法

建设投资动态部分主要包括价格变动可能增加的投资额、建设期利息两部分内容,如果是涉外项目,还应该计算汇率的影响。动态部分的估算应以基准年静态投资的资金使用计划为基础来计算,而不是以编制的年静态投资为基础计算。

同步案例 2-1

建设项目投资估算案例

背景:某公司拟投资建设一个生物化工厂。这一建设项目的基础数据如下:

1. 项目实施计划

该项目建设期为 3 年,实施计划进度为:第 1 年完成项目全部投资的

同步案例 2-1

答案解析

20%,第2年完成项目全部投资的55%,第3年完成项目全部投资的25%,第4年项目投产,投产当年项目的生产负荷达到设计生产能力的70%,第5年项目的生产负荷达到设计生产能力的90%,第6年项目的生产负荷达到设计生产能力。项目的运营期总计为15年。

2. 建设投资估算

本项目工程费与工程建设其他费的估算额为52 180万元,预备费(包括基本预备费和涨价预备费)为5 000万元。本项目的投资方向调节税率为5%。

3. 建设资金来源

本项目的资金来源为自有资金和贷款,贷款总额为40 000万元,其中外汇贷款为2 300万美元。外汇牌价为1美元兑换8.3元人民币。贷款的人民币部分,从中国建设银行获得,年利率为12.48%(按季计息)。贷款的外汇部分,从中国银行获得,年利率为8%(按年计息)。

4. 生产经营费用估计

建设项目达到设计生产能力以后,全厂定员为1 100人,工资和福利费按照每人每年7 200元估算。每年的其他费用为860万元。年外购原材料、燃料及动力费估算为19 200万元。年经营成本为21 000万元,年修理费占年经营成本10%。各项流动资金的最低周转天数分别为:应收账款30天,现金40天,应付账款30天,存货40天。

问题:

1. 估算建设期贷款利息。

2. 用分项详细估算法估算拟建项目的流动资金。

3. 估算拟建项目的总投资。

分析要点:本案例所考核的内容涉及了建设项目投资估算类问题的主要内容和基本知识点。对于这类案例分析题的解答,首先是注意充分阅读背景所给的各项基本条件和数据,分析这些条件和数据之间的内在联系。

问题1:在固定资产投资估算中,应弄清名义利率和实际利率的概念与换算方法。计算建设期贷款利息前,要首先将名义利率换算为实际利率后,才能计算。

问题2:流动资金估算时,是掌握分项详细估算流动资金的方法。

问题3:要求根据建设项目总投资的构成内容,计算建设项目总投资。

1. 涨价预备费的估算

涨价预备费的估算可按国家或部门(行业)的具体规定执行,一般按下式计算:

$$PC = \sum_{t=1}^{n} I_t \left[(1+f)^t - 1 \right] \tag{2-2}$$

式中:PC——涨价预备费;

I_t——第 t 年投资计划额;

f——年均投资价格上涨率;

n——建设期年份数。

式(2-2)中的年度投资计划额 I_t,可由建设项目资金使用计划表中得出,年价格变动率可根据工程造价指数信息的累积分析得出。

【例2-1】 某建设项目,建设期为3年,各年投资计划额如下:第一年投资7 200万元,第二年10 800万元,第三年3 600万元,年均投资价格上涨率为6%,求项目建设期间涨价预备费。

解:第一年涨价预备费为:

$$PC_1 = I_1[(1+f)-1] = 7\,200 \times (1.06-1)$$

第二年涨价预备费为:

$$PC_2 = I_2[(1+f)^2-1] = 10\,800 \times (1.06^2-1)$$

第三年涨价预备费为:

$$PC_3 = I_3[(1+f)^3-1] = 3\,600 \times (1.06^3-1)$$

所以,建设期的涨价预备费为:

$$PC = 7\,200 \times 0.06 + 10\,800 \times (1.06^2-1) + 3\,600 \times (1.06^3-1) = 2\,452.54(万元)$$

2. 汇率变化对涉外建设项目动态投资的影响及计算方法

(1) 外币对人民币升值。项目从国外市场购买设备材料所支付的外币金额不变,但换算成人民币的金额增加;从国外借款,本息所支付的外币金额不变,但换算成人民币的金额增加。

(2) 外币对人民币贬值。项目从国外市场购买设备材料所支付的外币金额不变,但换算成人民币的金额减少;从国外借款,本息所支付的外币金额不变,但换算成人民币的金额减少。

估计汇率变化对建设项目投资的影响,是通过预测汇率在项目建设期内的变动程度,以估算年份的投资额为基数,计算求得。

3. 建设期利息的估算

建设期利息是指项目借款在建设期内发生并计入固定资产投资的利息。计算建设期利息时,为了简化计算,通常假定当年借款按半年计息,以上年度借款按全年计息,计算公式为:

各年应计利息=(年初借款本息累计+本年借款额/2)×年利率

年初借款本息累计=上年年初借款本息累计+上年借款+上年应计利息

本年借款=本年度固定资产投资-本年自有资金投入

对于有多种借款资金来源,每笔借款的年利率各不相同的项目,既可分别计算每笔借款的利息,也可先计算出各笔借款加权平均的年利率,并以此利率计算全部借款的利息。

【例 2-2】 某集团公司拟建设 A、B 两个工业项目,A 项目为拟建年产 30 万 t 铸钢厂,根据调查统计资料提供的当地已建年产 25 万 t 铸钢厂的主厂房工艺设备投资约 2 400 万元。A 项目的生产能力指数为 1。

已建类似项目资料:主厂房其他各专业工程投资占工艺设备投资的比例,见表 2-1,项目其他各系统工程及工程建设其他费用占主厂房投资的比例,见表 2-2。

表 2-1 主厂房其他各专业工程投资占工艺设备投资的比例表

加热炉	汽化冷却	余热锅炉	自动化仪表	起重设备	供电与传动	建安工程
0.12	0.01	0.04	0.02	0.09	0.18	0.40

表 2-2 项目其他各系统工程及工程建设其他费用占主厂房投资的比例表

动力系统	机修系统	总图运输系统	行政及生活福利设施工程	工程建设其他费用
0.30	0.12	0.20	0.30	0.20

A 项目建设资金来源为自有资金和贷款,贷款本金为 8 000 万元,分年度按投资比例发放,贷款利率8%(按年计息)。建设期3年,第1年投入30%,第2年投入50%,第3年投入20%。预计建设期物价年平均上涨率3%,投资估算到开工的时间按一年考虑,基本预备费率10%。

B 项目为拟建一条化工原料生产线,厂房的建筑面积为 5 000 m²,同行业已建类似项目的建筑工程费用为 3 000 元/m²,设备全部从国外引进,经询价,设备的货价(离岸价)为 800 万美元。

(1) 对于 A 项目,已知拟建项目与类似项目的综合调整系数为1.25,试用生产能力指数法估算 A 项目主厂房的工艺设备投资;用系数估算法估算 A 项目主厂房投资和项目的工程费用与工程建设其他费用。

(2) 估算 A 项目的建设投资。

(3) 对于 A 项目,若单位产量占用流动资金额为 33.67 元/t,试用扩大指标估算法估算该项目的流动资金。确定 A 项目的建设总投资。

(4) 对于 B 项目,类似项目建筑工程费用所含的人工费、材料费、机械费和综合税费占建筑工程造价的比例分别为 18.26%,57.63%,9.98%,14.13%。因建设时间、地点、标准等不同,相应的综合调整系数分别为 1.25,1.32,1.15,1.2。其他内容不变。计算 B 项目的建筑工程费用。

(5) 对于 B 项目,海洋运输公司的现行海运费率6%,海运保险费率3.5‰,外贸手续费率、银行手续费率、关税税率和增值税率分别按 1.5%、5‰、17%、17%计取。国内供销手续费率0.4%,运输、装卸和包装费率0.1%,采购保管费率1%。美元兑换人民币的汇率均按1 美元=6.2 元人民币计算,设备的安装费率为设备原价的10%。估算进口设备的购置费和安装工程费。

解:(1) 用生产能力指数估算法估算 A 项目主厂房工艺设备投资:

A 项目主厂房工艺设备投资=2 400×(30/25)^1×1.25=3 600(万元)

用系数估算法估算 A 项目主厂房投资:

A 项目主厂房投资=3 600×(1+12%+1%+4%+2%+9%+18%+40%)=3 600×(1+0.86)=6 696(万元)

其中,建安工程投资=3 600×0.4=1 440(万元)

设备购置投资=3 600×1.46=5 256(万元)

A 项目工程费用与工程建设其他费用=6 696×(1+30%+12%+20%+30%+20%)=6 696×(1+1.12)=14 195.52(万元)

(2) 计算 A 项目的建设投资

1) 基本预备费=14 195.52×10%=1 419.55(万元)

由此得:静态投资=14 195.52+1 419.55=15 615.07(万元)

建设期各年的静态投资额如下:

第1年 15 615.07×30%=4 684.52(万元)

第2年 15 615.07×50%=7 807.54(万元)

第3年 15 615.07×20%=3 123.01(万元)

2) 价差预备费计算:

价差预备费=4 684.52×[(1+3%)¹(1+3%)⁰·⁵(1+3%)¹⁻¹−1]+7 807.54×[(1+3%)¹(1+3%)⁰·⁵(1+3%)²⁻¹−1]+3 123.01×[(1+3%)¹(1+3%)⁰·⁵(1+3%)³⁻¹−1]=212.38+598.81+340.40=1 151.59(万元)

由此得:预备费=1 419.55+1 151.59=2 571.14(万元)

A项目的建设投资=14 195.52+2 571.14=16 766.66(万元)

(3)估算A项目的总投资

流动资金=30×33.67=1 010.10(万元)

建设期贷款利息计算:

第1年贷款利息=(0+8 000×30%÷2)×8%=96(万元)

第2年贷款利息=[(8 000×30%+96)+(8 000×50%÷2)]×8%=(2 400+96+4 000÷2)×8%=359.68(万元)

第3年贷款利息=[(2 400+96+4 000+359.68)+(8 000×20%÷2)]×8%=(6 855.68+1 600÷2)×8%=612.45(万元)

建设期贷款利息=96+359.68+612.45=1 068.13(万元)

拟建项目总投资=建设投资+建设期贷款利息+流动资金=16 766.66+1 068.13+1 010.10=18 844.89(万元)

(4)对于B项目,建筑工程造价综合差异系数:

18.26%×1.25+57.63%×1.32+9.98%×1.15+14.13%×1.2=1.27

B项目的建筑工程费用为:

3 000×5 000×1.27=1 905.00(万元)

(5)B项目进口设备的购置费=设备原价+设备国内运杂费,进口设备原价计算如表2-3所示。

表2-3 进口设备原价计算表   单位:万元

费用名称	计算公式	费用
货价	货价=800×6.20=4 960.00	4 960.00
国外运输费	国外运输费=4 960×6%=297.60	297.60
国外运输保险费	国外运输保险费=(4 960.00+297.60)×3.5‰/(1−3.5‰)=18.47	18.47
关税	关税=(4 960.00+297.60+18.47)×17%=5 276.07×17%=896.93	896.93
增值税	增值税=(4 960.00+297.60+18.47+896.93)×17%=6 173.00×17%=1 049.41	1 049.41
银行财务费	银行财务费=4 960.00×5‰=24.80	24.80
外贸手续费	外贸手续费=(4 960.00+297.60+18.47)×1.5%=79.14	79.14
进口设备原价	合计	7 326.35

由表得知,进口设备的原价为:7 326.35万元

国内供销、运输、装卸和包装费=进口设备原价×费率=7 326.35×(0.4%+0.1%)=36.63(万元)

设备采保费=(进口设备原价+国内供销、运输、装卸和包装费)×采保费率=(7 326.35+

36.63)×1%＝73.63(万元)

进口设备国内运杂费＝国内供销、运输、装卸和包装费＋引进设备采保费＝36.63＋73.63＝110.26(万元)

进口设备购置费＝7 326.35＋110.26＝7 436.61(万元)

设备的安装费＝设备原价×安装费率＝7 326.35×10%＝732.64(万元)

第二节　工程项目经营期成本费用

工程项目投入使用后,即进入生产经营期。在生产经营期内,各年的成本费用由生产成本和期间费用两部分组成。

一、生产成本

生产成本亦称制造成本,是指生产活动的成本,即企业为生产产品而发生的成本。生产成本是生产过程中各种资源利用情况的货币表示,是衡量企业技术和管理水平的重要指标。

生产成本是生产单位为生产产品或提供劳务而发生的各项生产费用,包括各项直接支出和制造费用。直接支出包括直接材料(原材料、辅助材料、备品备件、燃料及动力等)、直接工资(生产人员的工资、补贴)、其他直接支出(如福利费);制造费用是指企业内的分厂、车间为组织和管理生产所发生的各项费用,包括分厂、车间管理人员工资、折旧费、维修费、修理费及其他制造费用(办公费、差旅费、劳保费等)。

为了核算生产成本,可设置生产成本账户进行核算,并可以分设基本生产成本和辅助生产成本账户核算。制造费用在未计入各产品成本计算对象之前,应先在制造费用账户中进行归集核算,然后再按一定标准分配计入各产品成本之中。

本期发生的生产成本加上期初产品成本,减去期末的产品成本,便能计算出本期完工产品成本。

二、期间费用

期间费用是指企业本期发生的、不能直接或间接归入营业成本,而是直接计入当期损益的各项费用,包括管理费用、营业费用和财务费用等。

管理费用是指企业行政管理部门为组织和管理生产经营活动而发生的各种费用。在股份有限公司,管理费用包括公司的董事会和行政管理部门在公司的经营管理中发生的,或者应由公司统一负担的公司经费(包括行政管理部门职工工资、修理费、物料消耗、低值易耗品摊销、办公费和差旅费等)、工会经费、待业保险费、劳动保险费、董事会费(包括董事会成员津贴、会议费和差旅费等)、聘请中介机构费、咨询费(含顾问费)、诉讼费、业务招待费、房产税、车船使用税、土地使用税、印花税、技术转让费、矿产资源补偿费、无形资产摊销、职工教育经费、研究与开发费、排污费、存货盘亏或盘盈(不包括应计入营业外支出的存货损失)、计提的坏账准备和存货跌价准备等。

营业费用是指企业在销售商品过程中发生的费用,包括运输费、装卸费、包装费、保险费、展览费和广告费,以及为销售本企业商品而专设销售机构(含销售网点、售后服务网点等)的职工工资及福利费、类似工资性质的费用、业务费等经营费用。

财务费用是指企业为筹集生产经营所需资金等而发生的费用,包括利息支出(减利息收入)、汇兑损失(减汇兑收益)以及相关的手续费等。

三、建设项目经济评价中成本费用的计算

对方案经济效果评价来说,投资、经营成本、营业收入和税金等经济量本身既是经济指标,又是导出其他经济效果评价指标的依据,所以它们是构成技术方案现金流量的基本要素,也是进行工程经济分析最重要的基础数据。

(一) 投资

投资是投资主体为了特定的目的,以达到预期收益的价值垫付行为。技术方案经济效果评价中的总投资是建设投资、建设期利息和流动资金之和。

1. 建设投资

建设投资是指技术方案按拟定建设规模(分期实施的技术方案为分期建设规模)、产品方案、建设内容进行建设所需的投入。在技术方案建成后按有关规定建设投资中的各分项将分别形成固定资产、无形资产和其他资产。形成的固定资产原值可用于计算折旧费,技术方案寿命期结束时,固定资产的残余价值(一般指当时市场上可实现的预测价值)对于投资者来说是一项在期末可回收的现金流入。形成的无形资产和其他资产原值可用于计算摊销费。

建设投资的分期使用计划应根据技术方案进度计划安排,应明确各期投资额以及其中的外汇和人民币额度。

2. 建设期利息

在建设投资分年计划的基础上可设定初步融资方案,对采用债务融资的技术方案应估算建设期利息。建设期利息系指筹措债务资金时在建设期内发生并按规定允许在投产后计入固定资产原值的利息,即资本化利息。

建设期利息包括银行借款和其他债务资金的利息,以及其他融资费用。其他融资费用是指某些债务融资中发生的手续费、承诺费、管理费、信贷保险费等融资费用,一般情况下应将其单独计算并计入建设期利息。

分期建成投产的技术方案,应按各期投产时间分别停止借款费用的资本化,此后发生的借款利息应计入总成本费用。

3. 流动资金

流动资金系指运营期内长期占用并周转使用的营运资金,不包括运营中需要的临时性营运资金。

流动资金的估算基础是经营成本和商业信用等,它是流动资产与流动负债的差额。流动资产的构成要素一般包括存货、库存现金、应收账款和预付账款;流动负债的构成要素一般只考虑应付账款和预收账款。

投产第一年所需的流动资金应在技术方案投产前安排,为了简化计算,技术方案经济效果评价中流动资金可从投产第一年开始安排。在技术方案寿命期结束时,投入的流动资金应予以回收。

4. 技术方案资本金

(1) 技术方案资本金的特点

技术方案的资本金(即技术方案权益资金)是指在技术方案总投资中,由投资者认缴的出资额,对技术方案来说是非债务性资金,技术方案权益投资者整体(即项目法人)不承担这部分资金的任何利息和债务;投资者可按其出资的比例依法享有所有者权益,也可转让其出资,但一般不得以任何方式抽回。

资本金是确定技术方案产权关系的依据,也是技术方案获得债务资金的信用基础,因为技术方案的资本金后于负债受偿,可以降低债权人债权回收风险。资本金没有固定的按期还本付息压力。股利是否支付和支付多少,视技术方案投产运营后的实际经营效果而定,因此,项目法人的财务负担较小。

技术方案资本金主要强调的是作为技术方案实体而不是企业所注册的资金。注册资金是指企业实体在工商行政管理部门登记的注册资金,通常指营业执照登记的资金,即会计上的"实收资本"或"股本",是企业投资者按比例投入的资金。在我国注册资金又称为企业资本金。因此,技术方案资本金是有别于注册资金的。

(2) 技术方案资本金的出资方式

技术方案的资本金是由技术方案的发起人、股权投资人以获得技术方案财产权和控制权的方式投入的资金。资本金出资形态可以是现金,也可以是实物、工业产权、非专利技术、土地使用权、资源开采权作价出资,但必须经过有资格的资产评估机构评估作价。通常企业未分配利润以及从税后利润提取的公积金可投资于技术方案,成为技术方案的资本金。以工业产权和非专利技术作价出资的比例一般不超过技术方案资本金总额的 20%(经特别批准,部分高新技术企业可以达到 35% 以上)。为了使技术方案保持合理的资产结构,应根据投资各方及技术方案的具体情况选择技术方案资本金的出资方式,以保证技术方案能顺利建设并在建成后能正常运营。

5. 技术方案资本金现金流量表中投资借款的处理

从技术方案投资主体的角度看,技术方案投资借款是现金流入,但同时将借款用于技术方案投资则构成同一时点、相同数额的现金流出,二者相抵,对净现金流量的计算无影响。因此,在技术方案资本金现金流量表中投资只计技术方案资本金。另一方面,现金流入又是因技术方案全部投资所获得,故应将借款本金的偿还及利息支付计入现金流出。

6. 维持运营投资

某些技术方案在运营期需要进行一定的固定资产投资才能得以维持正常运营,例如设备更新费用、油田的开发费用、矿山的井巷开拓延伸费用等。不同类型和不同行业的技术方案投资的内容可能不同,但发生维持运营投资时应估算其投资费用,并在现金流量表中将其作为现金流出,参与财务内部收益率等指标的计算。同时,也应反映在财务计划现金流量表中,参与财务生存能力分析。

维持运营投资是否能予以资本化,按照《企业会计准则——固定资产》,取决于其是否能为企业带来经济利益且该固定资产的成本是否能够可靠地计量。技术方案经济效果评价中,如果该投资投入延长了固定资产的使用寿命,或使产品质量实质性提高,或成本实质性降低等,使可能流入企业的经济利益增加,那么该维持运营投资应予以资本化,即应计入固定资产原值,并计提折旧。否则该投资只能费用化,不形成新的固定资产原值。

(二) 经营成本

1. 总成本

在技术方案运营期内,各年的总成本费用按生产要素构成计算,即

总成本费用＝外购原材料、燃料及动力费＋工资及福利费＋修理费＋折旧费＋摊销费
　　　　　＋财务费用(利息支出)＋其他费用

式中各分项的内容和估算要点如下:

(1) 外购原材料、燃料及动力费

对耗用量大的主要原材料、燃料及动力应分别按照其年消耗量和供应单价进行估算,然后汇总。即

外购原材料、燃料及动力费＝一年消耗量×原材料、燃料及动力供应单价

其他耗用量不大,但是种类繁多的原材料、燃料及动力成本可以参照类似企业统计资料计算的其他材料、燃料及动力占主要原材料、燃料及动力成本的比率进行估算。

原材料、燃料及动力价格是在选定价格体系下的预测价格,该价格应按到厂价格计,并考虑运输及仓储损耗。采用的价格时点和价格体系应与营业收入的估算一致。外购原材料、燃料及动力费估算要充分体现行业特点和技术方案具体情况。

(2) 工资及福利费

工资及福利费是指企业为获得职工提供的服务而给予各种形式的报酬以及其他相关支出,通常包括职工工资、奖金、津贴和补贴,职工福利费,以及医疗、养老、失业、工伤、生育等社会保险费和住房公积金中由职工个人缴付的部分。工资及福利费一般按照技术方案建成投产后各年所需的职工总数即劳动定员数和人均年工资及福利费水平测算,即

工资及福利费＝企业职工定员数×人均年工资及福利费

确定工资及福利费水平时需考虑技术方案性质、技术方案地点、行业特点等因素。依托老企业的技术方案,还要考虑原企业工资水平。

也可按照不同人员类型和层次分别估算不同档次职工的工资及福利费,然后汇总;同时可以根据工资及福利费的历史数据并结合工资及福利费的现行增长趋势确定一个合理的年增长率,在各年的工资及福利费水平中反映出这种增长趋势。

(3) 修理费

修理费是指为保持固定资产的正常运转和使用,充分发挥使用效能,对其进行必要修理所发生的费用。按修理范围的大小和修理时间间隔的长短可以分为大修理和中小修理。

技术方案评价中可直接按固定资产原值(扣除所含的建设期利息)或折旧额的一定百分数估算,百分数的选取应考虑行业的技术方案特点,修理费可按下列公式之一计算:

修理费＝固定资产原值×计提比率(%)

修理费＝固定资产折旧额×计提比率(%)

修理费允许直接在成本中列支,如果当期发生的修理费用数额较大,可采用预提或摊销的办法。在生产运营的各年中,修理费率的取值,一般采用固定值。根据技术方案特点也可以间断性地调整修理费率,开始取较低值,以后取较高值。

(4) 折旧费

固定资产折旧是指在固定资产使用寿命内,按照确定的方法对应计折旧额进行系统分摊。使用寿命是指固定资产的预计寿命,或者该固定资产所能生产产品或提供劳务的数量。

应计折旧额是指应计提折旧的固定资产的原价扣除其预计净残值后的金额。已计提减值准备的固定资产,还应扣除已计提的固定资产减值准备累计金额。

固定资产折旧的方法有多种,基本上可以分为两类,即直线法(包括年限平均法和工作量法)和加速折旧法(包括年数总和法和双倍余额递减法)。

(5) 摊销费

摊销费是指无形资产和其他资产在技术方案投产后一定期限内分期摊销的费用。

按照有关规定,无形资产从开始使用之日起,在有效使用期限内平均摊入成本。法律和合同规定了法定有效期限或者受益年限的,摊销年限从其规定,否则摊销年限应注意符合税法的要求。无形资产的摊销一般采用平均年限法,不计残值。其他资产的摊销可以采用平均年限法,不计残值,摊销年限应注意符合税法的要求。

(6) 利息支出

按照会计法规,企业为筹集所需资金而发生的费用称为借款费用,又称财务费用,包括利息支出(减利息收入)、汇兑损失(减汇兑收益)以及相关的手续费等。在技术方案的经济效果分析中,通常只考虑利息支出。利息支出的估算包括长期借款利息、流动资金借款利息和短期借款利息三部分。建设投资贷款在生产期间的利息支出应根据不同的还款方式和条件采用不同的计息方法;流动资金借款利息按照每年年初借款余额和预计的年利率计算。需要引起注意的是,在生产运营期利息是可以进入总成本的,因而每年计算的利息不再参与以后各年利息的计算。

(7) 其他费用

其他费用包括其他制造费用、其他管理费用和其他营业费用这三项费用,系指制造费用、管理费用和营业费用中分别扣除工资及福利费、折旧费、摊销费、修理费以后的其余部分,应计入生产总成本费用的其他所有费用。产品出口退税和减免税项目按规定不能抵扣的进项税额也可包括在内。

2. 经营成本

经营成本是工程经济分析中的专用术语,用于技术方案经济效果评价的现金流量分析。

在经济效果评价中,现金流量表反映技术方案在计算期内逐年发生的现金流入和流出。由于建设投资已按其发生的时间作为一次性支出被计入现金流出,在技术方案建成后建设投资形成固定资产、无形资产和其他资产。折旧是建设投资所形成的固定资产的补偿价值,如将折旧随成本计入现金流出,会造成现金流出的重复计算。同样,由于无形资产及其他资产摊销费也是建设投资所形成资产的补偿价值,只是技术方案内部的现金转移,而非现金支出,故为避免重复计算也不予考虑。贷款利息是使用借贷资金所要付出的代价,对于技术方案来说是实际的现金流出,但在评价技术方案总投资的经济效果时,并不考虑资金来源问题,故在这种情况下也不考虑贷款利息的支出。在资本金现金流量表中由于已将利息支出单列,因此经营成本中也不包括利息支出。由此可见,经营成本作为技术方案现金流量表中运营期现金流出的主体部分,是从技术方案本身考察的,在一定期间(通常为一年)内由于生产和销售产品及提供服务而实际发生的现金支出。按下式计算:

$$经营成本＝总成本费用－折旧费－摊销费－利息支出$$

或

$$经营成本＝外购原材料、燃料及动力费＋工资及福利费＋修理费＋其他费用$$

经营成本与融资方案无关。因此在完成建设投资和营业收入估算后,就可以估算经营成本,为技术方案融资前分析提供数据。

经营成本估算的行业性很强,不同行业在成本构成科目和名称上都可能有较大的不同。估算应按行业规定,没有规定的也应注意反映行业特点。

第三节　工程项目经营期收入、利润及税金

一、营业收入

(一) 营业收入

营业收入是指技术方案实施后各年销售产品或提供服务所获得的收入。即

$$营业收入＝产品销售量(或服务量)×产品单价(或服务单价)$$

主副产品(或不同等级产品)的销售收入应全部计入营业收入,所提供的不同类型服务收入也应同时计入营业收入。营业收入是现金流量表中现金流入的主体,也是利润表的主要科目。营业收入是经济效果分析的重要数据,其估算的准确性极大地影响着技术方案经济效果的评价。因此,营业收入的计算既需要在正确估计各年生产能力利用率(或称生产负荷或开工率)基础之上的年产品销售量(或服务量),也需要合理确定产品(或服务)的价格。

1. 产品年销售量(或服务量)的确定

在技术方案营业收入估算中,应首先根据市场需求预测确定技术方案产品(或服务量)的市场份额,进而合理确定企业的生产规模,再根据企业的设计生产能力和各年的运营负荷确定年产量(服务量)。为计算简便,假定年生产量即为年销售量,不考虑库存,即当期的产出(扣除自用量后)当期全部销售,也就是当期产品产量等于当期销售量。但须注意年销售量应按投产期与达产期分别测算。

技术方案各年运营负荷一般开始投产时负荷较低,以后各年逐步提高,提高的幅度应根据技术的成熟度、市场的开发程度、产品的寿命期、需求量的增减变化等因素,结合行业和技术方案特点,通过制定运营计划合理确定。有些技术方案的产出寿命期较短、更新快,达到一定负荷后,在适当的年份开始减少产量,甚至适时终止生产。

2. 产品(或服务)价格的选择

经济效果分析采用以市场价格体系为基础的预测价格,有要求时可考虑价格变动因素。它取决于产品的销售去向和市场需求,故应考虑国内外产品价格变化趋势来确定产品价格水平。产品销售价格一般采用出厂价格,即

$$产品出厂价格＝目标市场价格－运杂费$$

(1) 对国内市场销售的产品可在现行市场价格的基础上换算为产品的出厂价格;也可根据预计成本、利润和税金确定价格。

(2) 对于供出口的产品,应先按国际目标市场价格扣减海外运杂费并考虑其他因素影响后,确定离岸价格,然后换算为出厂价格;如果其销售价格选择离岸价格,则应同时将由技术方案所在地到口岸的运杂费计入成本。

(3) 对适用增值税的技术方案,运营期经济效果评价所用的价格可以是含增值税的价

格,也可以是不含增值税的价格,但需要在分析中予以说明。

总之,在选择产品(或服务)的价格时,要分析所采用的价格基点、价格体系、价格预测方法,特别应对采用价格的合理性进行说明。

3.生产多种产品和提供多项服务的营业收入计算

对生产多种产品和提供多项服务的,应分别计算各种产品及服务的营业收入。对不便于按详细的品种分类计算营业收入的,可采取折算为标准产品(或服务)的方法计算营业收入。

(二) 补贴收入

某些经营性的公益事业、基础设施技术方案,如城市轨道交通项目、垃圾处理项目、污水处理项目等,政府在项目运营期给予一定数额的财政补助,以维持正常运营,使投资者能获得合理的投资收益。对这类技术方案应按有关规定估算企业可能得到与收益相关的政府补助(与资产相关的政府补助不在此处核算,与资产相关的政府补助是指企业取得的、用于购建或以其他方式形成长期资产的政府补助),包括先征后返的增值税、按销量或工作量等依据国家规定的补助定额计算并按期给予的定额补贴,以及属于财政扶持而给予的其他形式的补贴等,应按相关规定合理估算,记作补贴收入。

补贴收入同营业收入一样,应列入技术方案投资现金流量表、资本金现金流量表和财务计划现金流量表。以上补贴收入,应根据财政、税务部门的规定,分别计入或不计入应税收入。

营业收入是指企业在从事销售商品,提供劳务和让渡资产使用权等日常经营业务过程中所形成的经济利益的总收入,分为主营业务收入和其他业务收入。

1.营业收入公式

$$营业收入＝主营业务收入＋其他业务收入$$

或

$$营业收入＝产品销售量(或服务量)×产品单价(或服务单价)$$

主副产品(或不同等级产品)的销售收入应全部计入营业收入;所提供的不同类型服务收入也应计入营业收入。

2.营业收入的影响

通常在营业收入管理中主要应考虑以下几项影响因素:价格与销售量、销售退回、销售折扣、销售折让。

销售退回是指在产品已经销售,营业收入已经实现以后,由于购货方对收到货物的品种或质量不满意,或者因为其他原因而向企业退货,企业向购货方退回货款。

销售折扣是企业根据客户的订货数量和付款时间而给予的折扣或给予客户的价格优惠。按折扣方式分为现金折扣和商业折扣。

现金折扣是企业给予在规定的日期以前付款的客户的价格优惠,这种折扣是企业为了尽快收回款项而采取的一种手段。

商业折扣是在公布的价格之外给予客户一定比例的价格折扣,通常是企业出于稳定客户关系,扩大销售量的目的。

销售折让是企业向客户交付商品后,因商品的品种、规格或质量等不符合合同的规定,经企业与客户协商,客户同意接受商品,而企业在价格上给予一定比例的减让。

3. 管理要求

(1) 加强对市场的预测分析,调整企业的经营战略。

(2) 根据市场预测,制定生产经营计划,组织好生产和销售,保证营业收入的实现。

(3) 积极处理好生产经营中存在的各种问题,提高企业的经济效益。

二、税金

税金,企业所得税法术语,指企业发生的除企业所得税和允许抵扣的增值税以外的企业缴纳的各项税金及其附加。即企业按规定缴纳的消费税、营业税、城乡维护建设税、关税、资源税、土地增值税、房产税、车船税、土地使用税、销售税金及附加。

1. 消费税

消费税是国家为了调节消费结构,正确引导消费方向,在普遍征收增值税的基础上,选择部分消费品,再征收一道消费税。消费税实行价内征收,企业交纳的消费税计入销售税金,抵减产品销售收入。应纳税额计算公式如下:

(1) 实行从价定率办法

$$应纳消费税额=销售额×比例税率$$

(2) 实行从量定额办法

$$应纳消费税额=销售数量×定额税率$$

(3) 实行复合计税办法

$$应纳消费税额=销售额×比例税率+销售数量×定额税率$$

2. 营业税

营业税是国家对提供各种应税劳务、转让无形资产或者销售不动产的单位和个人征收的税种。营业税按照营业额或交易金额的大小乘以相应的税率计算。

$$应纳营业税额=营业额×税率$$

营业税是价内税,包含在营业收入之内。

3. 城市维护建设税

城市维护建设税,简称城建税。为了加强城市的维护建设,扩大和稳定城市维护建设资金的来源,国家开征了城市维护建设税。是我国对有经营收入的单位和个人征收的一个税种。根据《中华人民共和国城市维护建设税暂行条例》的规定,地税征收机关对辖区内发生变化的区域,须按区域的属性分别按以下适用税率征收城市维护建设税:纳税人所在地为市区的,税率为 7%;纳税人所在地为县城、镇的,税率为 5%;纳税人所在地不属于市区、县城或镇的,税率为 1%。

4. 关税

关税是指一国海关根据该国法律规定,对通过其关境的进出口货物所征的一种税收。关税在各国一般属于国家最高行政单位指定税率的高级税种,对于对外贸易发达的国家而言,关税往往是国家税收乃至国家财政的主要收入。

(1) 从价计征时,应纳税额计算公式如下:

$$应纳关税额=完税价格×关税税率$$

(2) 从量计征时,应纳税额计算公式如下:

$$应纳关税额=货物数量×单位税额$$

我国仅对少数货物征收出口关税,而对大部分货物免征出口关税。若技术方案的出口产品属征税货物,应按规定估算出口关税。

5. 资源税

资源税是国家对在我国境内开采矿产品或者生产盐的单位和个人征收的税种。资源税按照应税产品的课税数量和规定的单位税额计算。

$$应纳资源税额 = 课税数量 \times 单位税额$$

6. 土地增值税

土地增值税是指转让国有土地使用权、地上的建筑物及其附着物并取得收入的单位和个人,以转让所取得的收入包括货币收入、实物收入和其他收入减除法定扣除项目金额后的增值额为计税依据向国家缴纳的一种税赋,不包括以继承、赠予方式无偿转让房地产的行为。

7. 房产税

房产税是以房屋为征税对象,按房屋的计税余值或租金收入为计税依据,向产权所有人征收的一种财产税。

8. 车船税

以车船为课征对象,向车辆、船舶的所有人或者管理人征收的一种税。此处所称车船是指依法应当在车船管理部门登记的车船。在中国其适用税额,依照《车船税税目税额表》执行。国务院财政部门、税务主管部门可以根据实际情况,在规定的税目范围和税额幅度内,划分子税目,并明确车辆的子税目税额幅度和船舶的具体适用税额。车辆的具体适用税额由省、自治区、直辖市人民政府在规定的子税目税额幅度内确定。

9. 土地使用税

土地使用税是指在城市、县城、建制镇、工矿区范围内使用土地的单位和个人,以实际占用的土地面积为计税依据,依照规定由土地所在地的税务机关征收的一种税赋。由于土地使用税只在县城以上城市征收,因此也称城镇土地使用税。

10. 教育费附加税

教育费附加是对缴纳增值税、消费税、营业税的单位和个人征收的一种附加费,是发展地方性教育事业和扩大地方教育经费的资金来源。教育费附加的征收率为3%。

三、利润

1. 利润总额

利润总额是指企业在生产经营过程中各种收入扣除各种耗费后的盈余,反映企业在报告期内实现的盈亏总额。

$$营业利润 = 营业收入 - 营业成本 - 营业税金及附加 - 期间费用 - 资产减值损失 + 公允价值变动收益 - 公允价值变动损失 + 投资收益 - 投资损失$$
$$利润总额 = 营业利润 + 营业外收入 - 营业外支出$$
$$净利润 = 利润总额 - 所得税费用$$

2. 利润的分配

利润分配是将企业实现的净利润,按照国家财务制度规定的分配形式和分配顺序,在企业和投资者之间进行的分配。利润分配的过程与结果,是关系到所有者的合法权益能否得到保护，企业能否长期、稳定发展的重要问题，为此，企业必须加强利润分配的管理和核算。

利润分配的顺序根据《中华人民共和国公司法》等有关法规的规定，企业当年实现的净利润，一般应按照下列内容、顺序和金额进行分配。

（1）计算可供分配的利润

将本年净利润（或亏损）与年初未分配利润（或亏损）合并，计算出可供分配的利润。如果可供分配的利润为负数（即亏损），则不能进行后续分配；如果可供分配利润为正数（即本年累计盈利），则进行后续分配。

（2）提取法定盈余公积金

在不存在年初累计亏损的前提下，法定盈余公积金按照税后净利润的 10% 提取。法定盈余公积金已达注册资本的 50% 时可不再提取。提取的法定盈余公积金用于弥补以前年度亏损或转增资本金。但转增资本金后留存的法定盈余公积金不得低于注册资本的 25%。

（3）提取任意盈余公积金

任意盈余公积金计提取标准由股东大会确定，如确因需要，经股东大会同意后，也可用于分配。

（4）向股东（投资者）支付股利（分配利润）

企业以前年度未分配的利润，可以并入本年度分配。

公司股东会或董事会违反上述利润分配顺序，在抵补亏损和提取法定公积金之前向股东分配利润的，必须将违反规定发放的利润退还公司。

本章小结

工程项目投资是指某项工程从筹建开始到全部竣工投产为止所发生的全部资金投入。工程项目总投资包括项目的固定资金投资（建设投资）和流动资金投资（运营投资）两部分。

建设投资估算是在对项目的建设规模、产品方案、工艺技术及设备方案、工程方案及项目实施进度等进行研究并基本确定的基础上，估算项目所需建设投资资金总额，在项目评价中起着举足轻重的作用。建设项目投资估算要根据主体专业设计的阶段和深度，结合各自行业的特点，所采用生产工艺流程的成熟性，以及编制者所掌握的国家及地区、行业或部门相关投资估算基础资料和数据的合理、可靠、完整程度（包括造价咨询机构自身统计和积累的可靠的相关造价基础资料），采用生产能力指数法、系数估算法、比例估算法、混合法（生产能力指数法与比例估算法、系数估算法与比例估算法等综合使用）、指标估算法进行建设项目投资估算。

生产成本是指生产活动的成本，是生产单位为生产产品或提供劳务而发生的各项生产费用，包括各项直接支出和制造费用。为了核算生产成本，可设置生产成本账户进行核算，并可以分设基本生产成本和辅助生产成本账户核算。制造费用在未计入各产品成本计算对象之前，应先在制造费用账户中进行归集核算，然后再按一定标准分配计入各产品成本之中。

营业收入是指技术方案实施后各年销售产品或提供服务所获得的收入，是现金流量表中现金流入的主体，也是利润表的主要科目。营业收入是经济效果分析的重要数据，其估算的准确性极大地影响着技术方案经济效果的评价。因此,营业收入的计算既需要在正确估计各年生产能力利用率(或称生产负荷或开工率)基础之上的年产品销售量(或服务量),也需要合理确定产品(或服务)的价格。

　　税金是指企业发生的除企业所得税和允许抵扣的增值税以外的企业缴纳的各项税金及其附加。即企业按规定缴纳的消费税、营业税、城乡维护建设税、关税、资源税、土地增值税、房产税、车船税、土地使用税、销售税金及附加。

　　利润是指企业在生产经营过程中各种收入扣除各种耗费后的盈余,反映企业在报告期内实现的盈亏总额。

复习思考题

1. 工程项目总投资由哪几部分构成?
2. 建设期利息的计算特点?
3. 分析经营成本与总成本费用的构成,简述两者之间的区别。
4. 税金包括哪些项目,应如何计算各类税金。
5. 建设投资估算的方法有哪些?

第三章　资金的时间价值

学习目标

知识目标

1. 了解资金时间价值的概念和衡量尺度；
2. 熟悉资金时间价值计算的基本方法；
3. 熟悉名义利率与实际利率之间的关系；
4. 掌握计算资金时间价值的普通复利公式。

能力目标

1. 能够正确绘制现金流量图。
2. 能够正确运用资金等值计算的基本方法解决工程实践中项目资金本利和的计算等相关实际问题。
3. 能够正确判断不同项目实际利率大小。

素质目标

1. 培养学生现金流量管理的意识。
2. 培养学生工程实践中的经济意识和金融风险意识。
3. 培养学生的资金时间价值理念。

情境导航

某建筑企业想向设备供应公司购买一种设备,设备供应公司现提供五种付款方式供该企业选择:

方式1. 一次付清10万元;

方式2. 买时支付4万元,在以后的十年内每年年末等额支付9 000元;

方式3. 买时支付1万元,在以后的十年内每年年末等额支付14 000元;

方式4. 买时不用付款,在以后的十年内每年年末等额支付15 000元;

方式5. 以买的时候为年初,从买时开始起十年内,每年年初等额支付14 500元。

若年利率为10%,如果你是公司负责人,你会选择哪种付款方式呢?

第一节　资金时间价值概述

资金时间价值是指资金随着时间的推移而发生的增值,是资金周转使用后的增值额。专家给出的定义:资金的时间价值就是指当前所持有的一定量资金比未来获得的等量资金具有更高的价值。从经济学的角度而言,现在的一单位资金与未来的一单位资金的购买力之所以不同,是因为要节省现在的一单位资金不消费而改在未来消费,则在未来消费时必须有大于一单位的资金可供消费,作为弥补延迟消费的补偿。

一、资金时间价值产生的原因

第一,资金时间价值是资源稀缺性的体现。经济和社会的发展要消耗社会资源,现有的社会资源构成资金的时间价值。利用现存社会财富创造出来的将来物质和文化产品构成了将来的社会财富,由于社会资源具有稀缺性特征,又能够带来更多社会产品,所以现在物品的效用要高于未来物品的效用。在货币经济条件下,货币是商品的价值体现,现在的货币用于支配现在的商品,将来的货币用于支配将来的商品,所以现在货币的价值自然高于未来货币的价值。市场利息率是对平均经济增长和社会资源稀缺性的反映,也是衡量资金时间价值的标准。

第二,资金时间价值是信用货币制度下,流通中货币的固有特征。在目前的信用货币制度下,流通中的货币是由中央银行基础货币和商业银行体系派生存款共同构成,由于信用货币有增加的趋势,所以货币贬值、通货膨胀成为一种普遍现象,现有货币也总是在价值上高于未来货币。市场利息率是可贷资金状况和通货膨胀水平的反映,反映了资金价值随时间的推移而不断降低的程度。

第三,资金时间价值是人们认知心理的反映。由于人在认识上的局限性,人们总是对现存事物的感知能力较强,而对未来事物的认识较模糊,结果人们存在一种普遍的心理就是比较重视现在而忽视未来,现在的资金能够支配现在商品满足人们现实需要,而将来资金只能支配将来商品满足人们将来不确定需要,所以现在单位资金价值要高于未来单位资金的价值,为使人们放弃现在资金及其价值,必须付出一定代价,利息率便是这一代价。

二、衡量资金时间价值的尺度

衡量资金时间价值的尺度有两种:其一为绝对尺度,即利息、盈利或收益;其二为相对尺度即利率、盈利率或收益率。

拓展阅读 3-1

24美元买下曼哈顿

1. 利息

利息,从其形态上看,是资金所有者因为借出货币资金而从借款者手中获得的报酬;从另一方面看,它是借贷者使用货币资金必须支付的代价。利息实质上是利润的一部分,是利润的特殊转化形式。盈利或净收益是指资金投入生产建设产生的资金增值。

利息作为资金的使用价格在市场经济运行中起着十分重要的作用,主要表现为以下几个方面:

(1)影响企业行为的功能

利息作为企业的资金占用成本已直接影响企业经济效益水平的高低。企业为降低成本、增进效益,就要千方百计减少资金占压量,同时在筹资过程中对各种资金筹集方式进行成本比较。全社会的企业若将利息支出的节约作为一种普遍的行为模式,那么,经济成长的效率也肯定会提高。

(2)影响居民资产选择行为的功能

在中国居民实际收入水平不断提高、储蓄比率日益加大的条件下,出现了资产选择行为,金融工具的增多为居民的资产选择行为提供了客观基础,而利息收入则是居民资产选择行为的主要诱因。居民部门重视利息收入并自发地产生资产选择行为,无论对宏观经济调控还是对微观基础的重新构造都产生了不容忽视的影响。从中国目前的情况看,高储蓄率已成为中国经济的一大特征,这为经济高速增长提供了坚实的资金基础,而居民在利息收入诱因下做出的种种资产选择行为又为实现各项宏观调控做出了贡献。

(3)影响政府行为的功能

由于利息收入与全社会的赤字部门和盈余部门的经济利益息息相关,因此,政府也能将其作为重要的经济杠杆对经济运行实施调节。例如:中央银行若采取降低利率的措施,货币就会更多地流向资本市场,当提高利率时,货币就会从资本市场流出。如果政府用信用手段筹集资金,可以用高于银行同期限存款利率来发行国债,将民间的货币资金吸收到政府手中,用于各项财政支出。

2. 利率

利率是指一定时期内利息与本金的比率,也称为使用资金的报酬率,它反映了资金随时间变化的增值率,是衡量资金时间价值的相对尺度。

表示计算利息的时间单位,称为计息周期,有年、季、月或日等不同的计息长度。

因为计息周期不同,表示利率时应注明时间单位,单说利息为多少是没有意义的。年息通常以"%"表示,月息以"‰"表示。

利率分类:

(1)根据计算方法不同,分为单利和复利

单利是指在借贷期限内,只对本金计算利息,对本金所产生的利息不再另外计算利息。复利是指在借贷期限内,除了在原来本金上计算利息外,还要把本金所产生的利息重新计入本金、重复计算利息,俗称"利滚利"。

(2)根据与通货膨胀的关系,分为名义利率和实际利率

名义利率是指没有剔除通货膨胀因素的利率,也就是借款合同或单据上标明的利率。实际利率是指已经剔除通货膨胀因素后的利率。

当利率的支付周期与计息周期不一致时,资金等值计算中就需要对名义利率和实际利率进行换算。实际利率也称作有效利率,是资金在计息周期所发生的利率。名义利率是每个计息周期的实际利率乘计息次数所得的年利率。

(3)根据确定方式不同,分为法定利率和市场利率

法定利率是指由政府金融管理部门或者中央银行确定的利率。公定利率是指由金融机构或银行业协会按照协商办法确定的利率,这种利率标准只适合于参加该协会的金融机构,对其他机构不具约束力,利率标准也通常介于法定利率和市场利率之间。市场利率是指根据市场资金借贷关系紧张程度所确定的利率。

(4)根据国家政策意向不同,分为一般利率和优惠利率

一般利率是指在不享受任何优惠条件下的利率。优惠利率是指对某些部门、行业、个人所制定的利率优惠政策。

(5)根据银行业务要求不同,分为存款利率、贷款利率

存款利率是指在金融机构存款所获得的利息与本金的比率。贷款利率是指从金融机构贷款所支付的利息与本金的比率。

（6）根据与市场利率供求关系，分为固定利率和浮动利率

固定利率是在借贷期内不作调整的利率。使用固定利率便于借贷双方进行收益和成本的计算，但同时，不适用于在借贷期间利率会发生较大变动的情况。利率的变化会导致借贷的其中一方产生重大损失。

浮动利率是在借贷期内随市场利率变动而调整的利率。使用浮动利率可以规避利率变动造成的风险，但同时，不利于借贷双方预估收益和成本。

（7）根据利率之间的变动关系，分为基准利率和套算利率

基准利率是在多种利率并存的条件下起决定作用的利率，我国是中国人民银行对商业银行贷款的利率。

利率是调节货币政策的重要工具，亦用以控制例如投资、通货膨胀及失业率等，继而影响经济增长。主要影响因素：

（1）利润率水平

社会主义市场经济中，利息仍作为平均利润的一部分，因而利息率也是由平均利润率决定的，即利率的高低首先取决于社会平均利润率的高低。根据中国经济发展现状与改革实践，这种制约作用可以概括为：利率的总水平要适应大多数企业的负担能力。

也就是说，利率总水平不能太高，太高了大多数企业承受不了；相反，利率总水平也不能太低，太低了不能发挥利率的杠杆作用。

（2）资金供求状况

在平均利润率既定时，利息率的变动则取决于平均利润分割为利息与企业利润的比例。而这个比例是由借贷资本的供求双方通过竞争确定的。

一般地，当借贷资本供不应求时，借贷双方的竞争结果将促进利率上升；相反，当借贷资本供过于求时，竞争的结果必然导致利率下降。在中国市场经济条件下，由于作为金融市场上的商品的"价格"——利率，与其他商品的价格一样受供求规律的制约，因而资金的供求状况对利率水平的高低仍然有决定性作用。

（3）物价变动幅度

由于价格具有刚性，变动的趋势一般是上涨，因而怎样使自己持有的货币不贬值，或遭受贬值后如何取得补偿，是人们普遍关心的问题。

这种关心使得从事经营货币资金的银行必须使吸收存款的名义利率适应物价上涨的幅度，否则难以吸收存款；同时也必须使贷款的名义利率适应物价上涨的幅度，否则难以获得投资收益。所以，名义利率水平与物价水平具有同步发展的趋势，物价变动的幅度制约着.名义利率水平的高低。

（4）国际经济环境

改革开放以后，中国与其他国家的经济联系日益密切。在这种情况下，利率也不可避免地受国际经济因素的影响，表现在以下几个方面：

① 国际间资金的流动，通过改变中国的资金供给量影响中国的利率水平；

② 中国的利率水平还要受国际间商品竞争的影响；

③ 中国的利率水平，还受国家的外汇储备量的多少和利用外资政策的影响。

（5）政策性因素

自1949年新中国成立以来，我国的利率基本上属于管制利率类型，利率由国务院统一

制定,由中国人民银行统一管理,在利率水平的制定与执行中,要受到政策性因素的影响。中国长期实行低利率政策,以稳定物价、稳定市场。

1978年以来,对一些部门、企业实行差别利率,体现出政策性的引导或政策性的限制。可见,在我国社会主义市场经济中,利率不是完全随着信贷资金的供求状况自由波动,它还取决于国家调节经济的需要,并受国家的控制和调节。

技术经济分析中,利息、利率与盈利率、收益率是不同的概念。研究某项目投资的经济效果时,常使用净收益(盈利、收益率)等概念;计算分析资金信贷时,使用利息、利率。

三、基本概念

1. 现金流量

微课

现金流量与现金流量图的画法

企业在研究周期内,实际支出(流出)的资金与收入(流入)的资金,称为现金流量。现金流入量,如产品销售收入,固定资产残值,回收资金,表示为"+";现金流出量,如投资,流动资金,经营成本及各项费用,表示为"-"。净现金流量指现金流入量与现金流出量的代数和。净现金流量有正负之分,正的现金流量表示在一定研究周期内的净收入;负的现金流量表示在一定研究周期内现金流量的净支出。

2. 现金流量图

将现金流量表示在一时间二维坐标图上,则此图称为现金流量图。如图3-1所示。

正的现金流量:在时间标尺的上方画一向上的箭头;

负的现金流量:在时间标尺的下方画一向下的箭头。

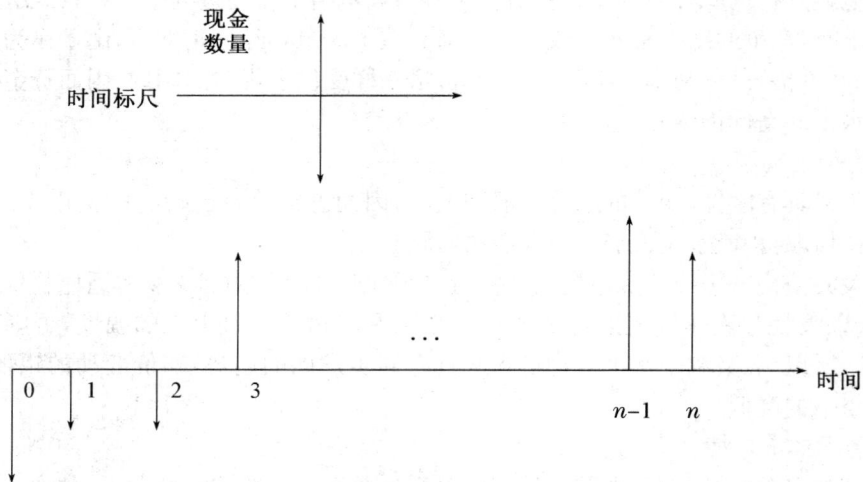

图3-1

现金流量图几点说明:

(1)画一水平线为时间标尺,时间的推移自左向右,每一格表示一个时间单位(每一格为一个计息周期,计息周期为年、月等),应注意的是每一格的终点与下一格的起点是重合的,即每一个计息周期的终点和下一个计息周期的起点是重合的。

3格表示3年,表示3个计息周期,以年为例,标上顺序自左向右,第一年末与第二年初是重合的。

（2）箭头表示现金流动的方向。在时间标尺的下方,向下的箭头表示（现金的减少）支出;在时间标尺的上方,向上的箭头表示（现金的增加）收入。

箭头的位置要画在计息周期的起点或终点的位置且与时间标尺垂直。

箭头的长短与收入（或支出）的大小成比例。在箭头的地方,标明资金的数额,最后标明利率。

（3）现金流量图因借贷双方"立脚点"不同,理解不同。如图 3-2、图 3-3 所示。

① 在第一年年初借来 1 000 元,每年计息一次,第四年末需还 1 262 元,利率 $i=6\%$。

② 在第一年年初借出 1 000 元,每年计息一次,第四年末应得 1 262 元,利率 $i=6\%$。

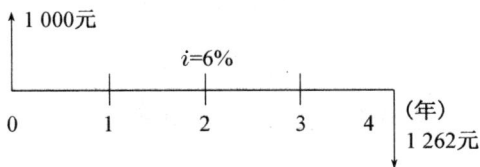
图 3-2

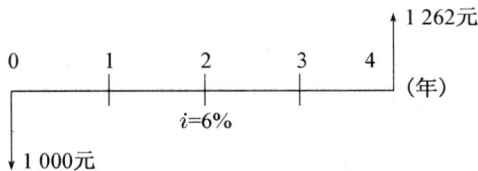
图 3-3

同步训练 3-1

拟建某工程项目,2 年建成交付营业。资金来源为自有资金,营业期 10 年。

① 建设投资共计 44 166 万元,2 年的投入比例各为 50%;

② 第 3 年注入流动资金 7 170 万元;

③ 预测年营业收入 25 900 万元;

④ 预计年销售税金及附加为营业收入的 7%;

⑤ 预计年经营成本为 13 237 万元;

⑥ 建设投资全部形成固定资产,净残值率为 5%。

要求:根据以上工程项目数据资料,绘制该拟建项目现金流量图。

同步训练 3-1

答案

3. 现值 P

即发生在（或折算为）某一特定时间序列起点处的资金值。

4. 终值 $F(S)$

即资金发生在（或折算为）某一特定时间序列终点时的价值。

5. 等额年金 $R(A)$

发生在或折算为某一特定时间序列各计息期末（不包括 0 期）的等额序列。

6. 时值

资金随时间增值,在每个计息期末的数值不等,在时点的资金。时点即时间点。

7. 贴现和贴现率

把将来的现金流量折算为现值,就称为贴现（折现）。贴现值所用的利率即为贴现率（折现率）。

8. 等值

"等值"是指在时间因素的作用下,即使金额相同,因其发生在不同时间,其价值就不相同。反之,在不同的时间点绝对值不等的资金而具有相同的价值。这些不同时期、不同数额但其"价值等效"的资金称为等值,又叫等效值。等值的三要素是时间、金额和利率。

如现在的 100 元,与一年后的 106 元,虽然绝对数量不等,但如果在年利率为 6% 的情况下,则这两个时间点上的两笔绝对值不等的资金是"等值"的。

等值是技术经济分析、比较和评价不同时期的资金使用效果的重要依据。在方案比较中,由于资金的时间价值作用,各方案在不同时间点上发生的现金流量无法直接比较,必须把在不同时间点上的现金按照某一利率折算至某一相同的时间点上,使之等值后方可比较。这种计算过程称为资金的等值计算。资金的等值计算通常要用到现金流量图。

四、资金时间价值的计算方法

计算资金时间价值的方法也是计算利息的方法,分为单利法和复利法两种。

1. 单利法

仅用本金来计算利息,不计算利息的利息,即利息不再生利,所获得利息与时间成正比。单利计息的利息公式为:

$$I = P \cdot n \cdot i$$

单利法计算公式:

$$F = P + P \cdot n \cdot i = P(1 + n \cdot i)$$

式中:i——利率(用百分数 % 表示);

n——计息周期数(通常为年);

I——利息;

P——本金(投资的现值);

F——本利和＝本金＋利息(投资的未来值)。

【例 3-1】 如图 3-4 所示,借出 1 000 万元,四年后偿还,年利率为 3%,单利计息,求四年后应得的本利和为多少?

已知:$P = 1\,000$ 万元,$n = 4$ 年,$i = 3\%$。求 $F = ?$

解:$F = P(1 + n \cdot i)$
      $= 1\,000 \times (1 + 4 \times 0.03)$
      $= 1\,120$(万元)

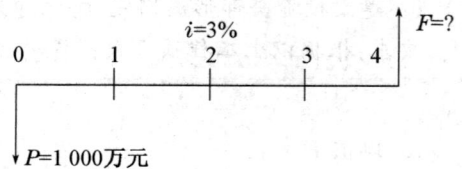

图 3-4

计息周期(年)	年初本金(万元)	当年利息(万元)	年末本利和(万元)
1	1 000	1 000×3%=30	1 000+30=1 030
2	1 000	1 000×3%=30	1 030+30=1 060
3	1 000	1 000×3%=30	1 060+30=1 090
4	1 000	1 000×3%=30	1 090+30=1 120
…	…	…	…
n	P	$P \cdot i$	$F = P + n \cdot P \cdot i$

单利法特点:在一定程度上考虑了资金的时间价值,但不彻底。因为以前已经产生的利息没有计算利息,所以单利法是一种不完善的方法。目前工程经济分析中一般不采用单利计息的方法。

2. 复利法

复利法是以本金和累计利息之和为基数计算利息的方法。也就是除了本金的利息之外,还要计算利息的利息,即"利滚利"。

复利利息计算公式:$I_n = i \cdot F_{n-1}$

复利本利和计算公式:$F_n = P(1+i)^n$

F_{n-1}表示第$n-1$期期末的复利本利和。式中其他各参数含义同单利法。

复利本利和计算公式推导过程如下表所示:

计息期数	期初本金	期末利息	期末本利和
1	P	$P \cdot i$	$F_1 = P + P \cdot i = P(1+i)$
2	$P(1+i)$	$P(1+i) \cdot i$	$F_2 = P(1+i) + P(1+i) \cdot i = P(1+i)^2$
3	$P(1+i)^2$	$P(1+i)^2 \cdot i$	$F_3 = P(1+i)^2 + P(1+i)^2 \cdot i = P(1+i)^3$
…	…	…	…
$n-1$	$P(1+i)^{n-2}$	$P(1+i)^{n-2} \cdot i$	$F_{n-1} = P(1+i)^{n-2} + P(1+i)^{n-2} \cdot i = P(1+i)^{n-1}$
n	$P(1+i)^{n-1}$	$P(1+i)^{n-1} \cdot i$	$F_n = P(1+i)^{n-1} + P(1+i)^{n-1} \cdot i = P(1+i)^n$

【例3-2】　贷款1 000万元,年利率为3%,按复利计息,计算四年后偿还的本利和是多少?

解:$F_n = P(1+i)^n$

$\qquad = 1\,000(1+3\%) = 1\,125.51$(万元)

计息周期(年)	年初本金P(万元)	当年利息$P \cdot i$(万元)	年末本利和(万元)
1	1 000	$1\,000 \times 3\% = 30$	$1\,000 + 30 = 1\,030$
2	1 030	$1\,030 \times 3\% = 30.9$	$1\,030 + 30.9 = 1\,060.9$
3	1 060.9	$1\,060.9 \times 3\% = 31.83$	$1\,060.9 + 31.83 = 1\,092.73$
4	1 092.73	$1\,092.73 \times 3\% = 32.78$	$1\,092.73 + 32.78 = 1\,125.51$

由上表计算结果可以看出,复利法不仅本金逐期计息,而且以前累计的利息也逐期加利,即"利滚利"。这与单利法不同,复利法特点是能够较充分地反映资金的时间价值,也更符合客观实际。这是国外普遍采用的计息方法,也是我国现行信贷制度正在推行的方法。工程经济分析中普遍采用复利计息。

同步案例 3-1

瑞士田纳西镇的账单

如果你突然收到一张事先不知道的1 260亿美元的账单,你一定会大吃一惊,而这样的事件却发生在瑞士的田纳西镇的居民身上。纽约布鲁克林法院判决田纳西镇的居民应向美国投资者支付这笔钱。最初,田纳西镇的居民

同步案例 3-1

分析提示

以为这是一件小事,但当他们收到账单时,被这巨额的账单惊呆了。他们的律师指出,若高级法院支持这一判决,为偿还债务,所有田纳西镇的居民在余生中不得不靠吃麦当劳等廉价快餐度日。

田纳西镇的问题源于 1986 年的一笔存款。斯兰黑不动产公司在内部交换银行(田纳西镇的一个银行)存入的一笔 6 亿美元的存款。存款协议要求银行按每周 1‰的利率(复利)付息(难怪该银行第 2 年破产)。1994 年,纽约布鲁克林法院做出判决:从存款日到田纳西镇对该银行进行清算的约 7 年中,这笔存款应按每周 1‰的复利计息,而在银行清算后的 21 年中,每年按 8.54%的复利计息。

问题:

(1) 请用你所学的知识说明 1 260 亿美元是如何计算出来的?

(2) 如利率为每周 1‰,按复利计算,6 亿美元增加到 12 亿美元需多长时间?增加到 1 000 亿美元需多长时间?

(3) 本案例对你有何启示?

第二节　计算资金时间价值的普通复利公式

普通复利公式:以年复利公式计息,按年进行支付的复利计算公式。按支付方式和等值换算的时点不同,可分为不同的类型。

一、一次支付序列复利公式

一次支付又称整付,是指所分析系统的现金流量,无论是流入还是流出均在某一个时点上一次发生。它又包括两个计算公式:

1. 一次支付序列将来值公式

问题:现在投资 P 元,利率为 i,到第 n 年末累计本利和将为多少?

现金流量图:

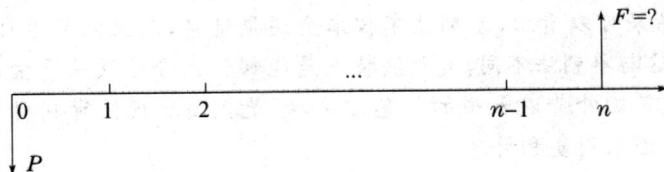

$$F=?$$

$$0 \quad 1 \quad 2 \quad \cdots \quad n-1 \quad n$$

$$P$$

图 3-5

公式: $$F=P(1+i)^n$$

为计算方便,按不同利率 i 和计息周期 n,计算出的 $(1+i)^n$ 列成一个系数表,称为一次支付将来值系数,通常用 $(F/P,i,n)$ 来表示。

上式可改写为: $$F=P(F/P,i,n)$$

将来值系数组成:(未知量/已知量,利率,计息周期数),可以查普通复利表。

查表步骤:先找到利率 i,然后查系数 $(F/P,i,n)$,找到 $n=4$,对应的值即为所求。

【例3-3】　贷款1 000万元,年利率为3%,按复利计息,计算四年后偿还的本利和是多少?

解:作现金流量图如图:

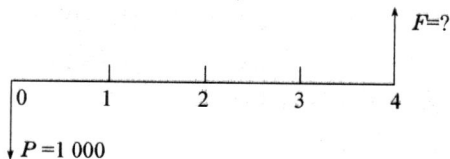

图3-6

已知 $P=1\,000$ 元,$n=4$,$i=3\%$,求 $F=?$

$$F_n=P(1+i)^n=1\,000\times(1+3\%)^4=1\,125.51(万元)$$

或 $F_n=P(F/P,i,n)=1\,000\times(F/P,3\%,4)=1\,000\times1.125\,51=1\,125.51(万元)$

2. 一次支付序列现值公式

一次支付序列现值公式(与将来值倒数关系)。

折现(贴现):把将来一定时间所得的收益换算成现在时刻的价值。

问题:想在 n 年末得到 F 资金,在年利率为 i 下,现应投资多少?

现金流量图:

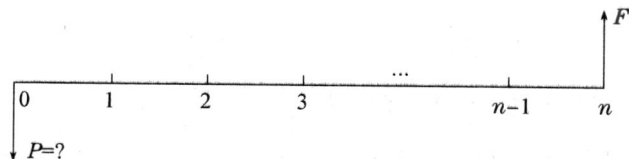

图3-7

公式:
$$P=\frac{F}{(1+i)^n}=F(1+i)^{-n}=F(P/F,i,n)$$

$(P/F,i,n)$——一次支付序列现值系数。

式中 $(1+i)^{-n}$ 叫作一次支付现值系数,用 $(P/F,i,n)$ 来表示,该现值系数可以查普通复利系数表。

【例3-4】　为在四年后,得到1 216元,按复利计息,年利率为5%,现投资多少?

解:作现金流量图如图:

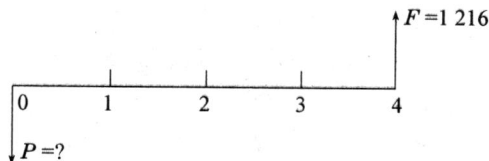

图3-8

已知 $F=1\,216$ 元,$n=4$,$i=5\%$,求 $P=?$

$$P=F/(1+i)^n=1\,216/(1+0.05)^4=1\,000(元)$$

或 $P=F(P/F,i,n)=1\,216\times(P/F,5\%,4)=1\,216\times0.822\,7=1\,000(元)$

二、等额支付序列复利公式

等额支付是指所分析的系统中现金收入与现金流出可在多个时间点上发生,而不是集中在某一个时间点,即形成一个序列现金流量,并且这个序列现金流量额的大小是相等的。它包括四个基本公式。

1. 等额支付序列终值公式

问题:在各计息期末等额支付值为 R,n 年后,包括利息在内的累计终值是多少?类似于我们平常储蓄中的零存整取。

现金流量图:

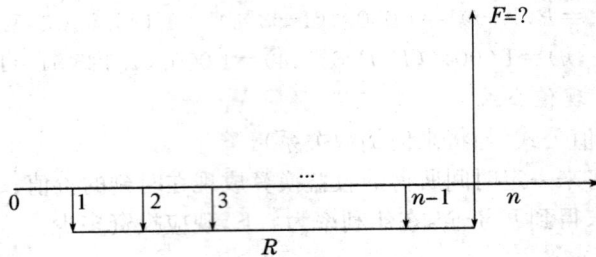

图 3-9

公式:
$$F=R\left[\frac{(1+i)^n-1}{i}\right]=R(F/R,i,n)$$

$(F/R,i,n)$——等额支付序列未来值系数。

式中 $\left[\dfrac{(1+i)^n-1}{i}\right]$ 叫作等额支付序列未来值系数,可以用 $(F/R,i,n)$ 表示。

故上式又可以表示为 $F=R(F/R,i,n)$。

推导:将等额支付分解成 n 个一次支付序列,由一次支付将来值公式: $F=P(1+i)^n$,得

$$F_1=R(1+i)^{n-1}$$
$$F_2=R(1+i)^{n-2}$$
$$F_3=R(1+i)^{n-3}$$
$$\cdots\cdots$$
$$F_{n-1}=R(1+i)$$
$$F_n=R$$
$$F=F_1+F_2+F_3+\cdots+F_{n-1}+F_n$$
$$=R(1+i)^{n-1}+R(1+i)^{n-2}+R(1+i)^{n-3}+\cdots+R(1+i)+R$$

等式两边同时乘以 $(1+i)$,则有

$$F(1+i)=R(1+i)^n+R(1+i)^{n-1}+R(1+i)^{n-2}+R(1+i)^{n-3}+\cdots+R(1+i)$$

后式减前式得

$$F(1+i)-F=R(1+i)^n-A$$

即

$$F=R\left[\frac{(1+i)^n-1}{i}\right]=R(F/R,i,n)$$

$(F/R,i,n)$——等额支付序列未来值系数。

【例3-5】 某人每到年末在某银行存款 500 元,连续五年,银行年复利率为 5%,在第五年末存入第五次存款时,账上共有多少钱?

解: 作现金流量图如图:

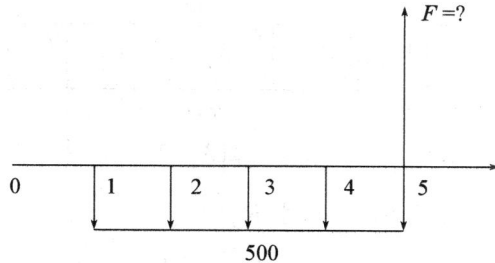

图 3-10

已知 $R=500$ 元,$n=5$,$i=5\%$,求 $F=?$

$$F=R\left[\frac{(1+i)^n-1}{i}\right]$$
$$=500\times5.526=2\,763(元)$$

2. 等额支付序列偿债基金公式

问题:为了筹集未来 n 年后需要的一笔偿债资金 F,在利率为 i 的情况下,从现在起,每年年末必须投入多少资金 R(存储基金)?

现金流量图:

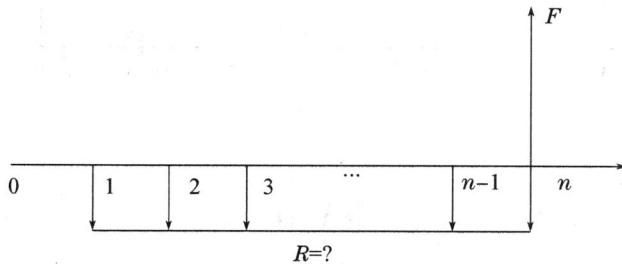

图 3-11

公式: $$R=F\left[\frac{i}{(1+i)^n-1}\right]$$

式中 $\left[\dfrac{i}{(1+i)^n-1}\right]$ 为等额支付序列的偿债基金系数,用 $(R/F,i,n)$ 表示,与将来值系数互为倒数。则上式又可写成:$R=F(R/F,i,n)$。

【例3-6】 若要在 8 年后,得到包括利息在内的 300 万元资金,利率为 8% 的情况下,每年应投入的(存储)基金为多少?

解: 作现金流量图如图:

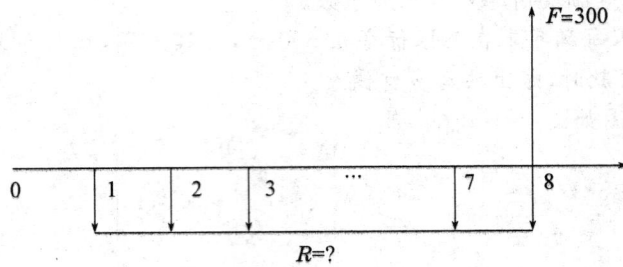

图 3 - 12

已知 $F=300$ 万元, $i=8\%$, $n=8$, 求 $R=?$

$$R = F\left[\frac{i}{(1+i)^n-1}\right]$$
$$= 300 \times 0.094$$
$$= 28.20(万元)$$

3. 等额支付序列资金回收公式

问题: 若按年利率 i, 期初一次性投入一笔资金为 P, 希望在 n 年内, 每年年末提取等额资金 R 的方式回收, 其 R 值是多少?

现金流量图:

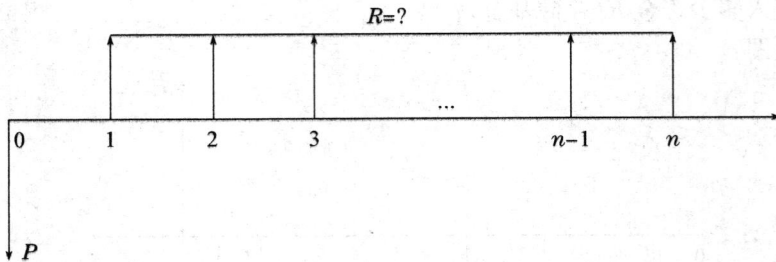

图 3 - 13

公式:
$$R = P(1+i)^n\left[\frac{i}{(1+i)^n-1}\right]$$
$$= P\left[\frac{i(1+i)^n}{(1+i)^n-1}\right]$$

式中 $\left[\frac{i(1+i)^n}{(1+i)^n-1}\right]$ 称为等额支付序列资金回收系数, 可用 $(R/P,i,n)$ 表示, 则公式可表示为: $R=P(R/P,i,n)$。

推导: 由偿债基金公式

$$R = F\left[\frac{i}{(1+i)^n-1}\right]$$

一次支付序列将来值公式

$$F = P(1+i)^n$$

可得

$$R = P(1+i)^n \left[\frac{i}{(1+i)^n-1} \right]$$

$$= P \left[\frac{i(1+i)^n}{(1+i)^n-1} \right]$$

注意:资金回收系数是一个重要的系数,它的含义是对应于工程项目的单位初始投资,在项目寿命周期内每年至少应该回收的金额。在工程项目经济分析中,如果对应于单位初始投资的每年的实际回收金额小于相应的资金回收金额,就表示在给定利率 i 的条件下,在项目的寿命周期内不可能将全部投资收回。

【例3-7】 某项目投资 100 万元,计划在 8 年内全部收回投资,若已知年利率为 8%,问该项目每年平均净收益至少应达到多少?

解: 作现金流量图如图:

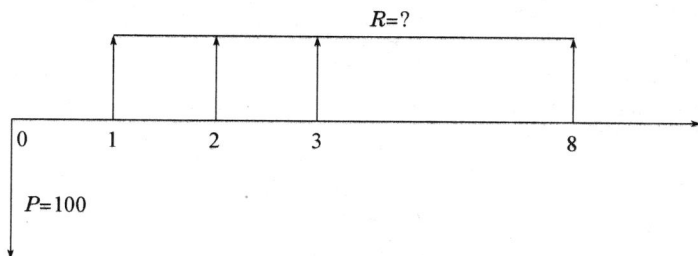

图3-14

已知 $P=100$ 万元,$i=8\%$,$n=8$,求 $R=?$

$$R = P \left[\frac{i(1+i)^n}{(1+i)^n-1} \right]$$

$$= 100 \times 0.174$$

$$= 17.40(万元)$$

4. 等额支付序列现值公式

问题:在利率为 i 的情况下,在 n 年内,每年年末能提取等额存款为 R,现需要投入多少资金?

现金流量图:

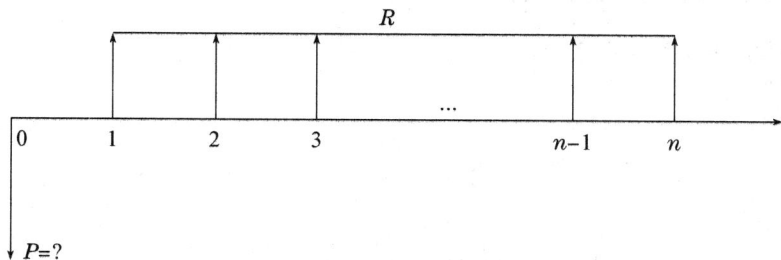

图3-15

公式:

$$P = R \left[\frac{(1+i)^n-1}{i(1+i)^n} \right]$$

式中 $\left[\dfrac{(1+i)^n-1}{i(1+i)^n} \right]$ 为等额支付序列的现值系数,用 $(P/R,i,n)$ 表示,其恰好是资金回收

系数的倒数。则上式可表示为：$P=R(P/R,i,n)$。

【例 3-8】 为在未来的 15 年中的每年末取回 8 万元，现需以 8% 的利率向银行存入现金多少？

解： 作现金流量图如图：

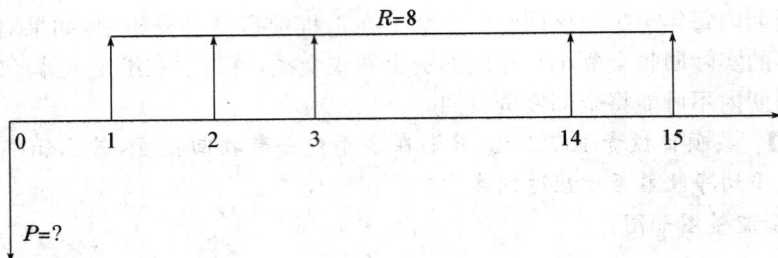

图 3-16

已知 $R=8$ 万元，$n=15$，$i=8\%$，求 $P=?$

$$P=R\left[\frac{(1+i)^n-1}{i(1+i)^n}\right]$$
$$=8\times8.559$$
$$=68.48（万元）$$

同步训练 3-2

某建筑公司 2015 年初贷款 1 200 万元，2017 年初又贷款 500 万元，2018 年末再贷款 300 万元，该公司从 2015 年初起施工，为期 5 年。若该公司计划项目运营后 5 年内还清本息，每年末应等额偿还多少？若在运营后第 5 年末一次偿还本息，应偿还多少？（年复利率 10%）

同步训练 3-2

分析提示

四、不等额序列的现值和终值

1. 不等额序列的终值

现金流量图：

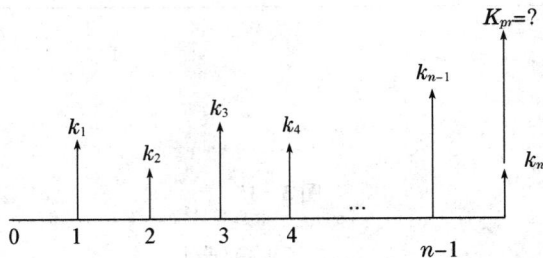

图 3-17

公式：
$$K_{pr} = k_1(1+i)^{n-1} + k_2(1+i)^{n-2} + \cdots + k_n$$
$$= \sum_{t=1}^{n} k_t(1+i)^{n-t}$$

式中，K_{pr}——工程开始建成时计划投资总额（即投资额），元或万元；

k_1、k_2、$\cdots$、k_n——工程建设期内各年分别使用的计划投资额。

【例 3 - 9】 某工程计划总投资额为 3 000 万元，三年建成，第一年投资 1 200 万元，第二年投资 1 000 万元，第三年投资 800 万元，年利率为 8%，则第三年完成时实际投资总额为多少？

$K_{pr} = 1\,200 \times (1+0.08)^3 + 1\,000 \times (1+0.08)^2 +$
　　　$800 \times (1+0.08)$

　　$= 1\,511.65 + 1\,166.4 + 864$

　　$= 3\,542.05$（万元）

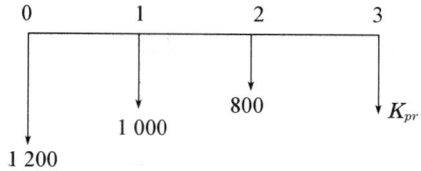

图 3 - 18

从计算结果可知，计算投资 3 000 万元，到工程建成时，实际所花的投资为 3 542.05 万元。

2. 不等额序列的现值

若每期（从 1 至 n 期）末的净现金流量分别为 K_1、K_2、$\cdots$、K_n，折算到零年末的现值可按下式计算，其现金流量图如图：

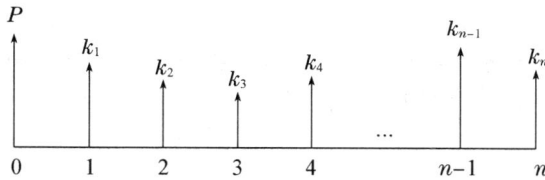

图 3 - 19

公式：
$$P = \sum_{t=1}^{n} \frac{k_t}{(1+i)^t}$$

式中，P——实际投资的现值资金总额（元或万元）

【例 3 - 10】 某工程，国家要求建成投产前的投资总额不能超出 3 000 万元，三年建成，按计划分配，第一年投资 1 200 万元，第二年投资 1 000 万元，第三年投资 800 万元，建设银行贷款年利息率为 8%，则每年实际可用于建设工程的投资现值额及实际用于建设的投资现值总额为多少？

解：（1）假设投资在年初

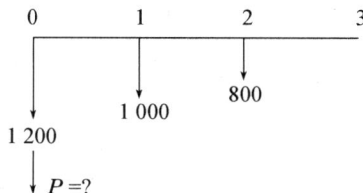

图 3 - 20

$$P = \frac{1\ 200}{1.08} + \frac{1\ 000}{1.08^2} + \frac{800}{1.08^3}$$
$$= 1\ 111.1 + 857.3 + 635$$
$$= 2\ 603.48(万元)$$

(2) 假设投资在年末,其计算方法同例 3 – 9

微课

名义利率和实际利率

第三节　名义利率和实际利率

以上的复利计息中,都把计息周期作为一年。在实际应用中,计息周期并不一定以一年为一个周期,它可按半年计息一次或每月计息一次,在伦敦、纽约、巴黎等金融市场上,短期利率通常以日计算。因此,同样的年利率,由于计息期数不同,本金所产生的利息也不同。因而,当利率所标明的计息周期单位与计算利息实际所用的利息周期单位不一致时,就出现了名义利率和实际利率的差别。

例如:每半年计息一次,每半年的计息期利率为 3%,3% 是实际计息用的利率,即为实际利率;年利率为 12%,每月计息一次,则 12% 为年名义利率。

一、概念

1. 名义利率(r)

是指非实效的利率,通常指按年计息的利率,即计息周期为一年的利率。年名义利率(r)=周期利率(i)×每年的计息周期数(n)。

2. 实际利率(i)

又称有效利率,是指实际计息周期的利率。

实际年利率:当计息周期为一年时,此时的有效利率为实际年利率;当计息周期小于一年时,年实际利率大于年名义利率。

【例 3 – 11】 某项存款按复利计息,利息周期利率为 4%,半年计息一次,存 1 000 元一年后的未来值是多少?(按名义、实际利率计算)

解:(1) 按年名义利率计算

$$r = 4\% \times 2 = 8\%$$
$$F_{名} = P(1+i)$$
$$= 1\ 000 \times (1+0.08)$$
$$= 1\ 080(元)$$

忽略了利息的时间因素。

解:按实际的半年利率计算

4% 为实际半年利率

$$F_{实} = P(1+i)^n$$
$$= 1\ 000 \times (1+0.04)^2$$
$$= 1\ 081.6(元)$$

二、计算公式及应用

1. 用年名义利率来计算年实际利率的计算公式

$$i=(1+r/m)^m-1$$

式中:i——年实际利率;

r——年名义利率;

m——每年的计息次数。

推导过程:

设名义利率为 r,每年的计息次数为 m,则每一个计息期的利率为 r/m。若年初借款 P 元,一年后本利和为:$F=P(1+r/m)^m$;利息为 $F-P=P(1+r/m)^m-P$。

根据利率定义可知,利率等于利息与本金之比。当名义利率为 r 时,实际利率为:

$$i=I/P=(F-P)/P=[P(1+r/m)^m-P)]/P$$

即

$$i=(1+r/m)^m-1$$

分析上式,当 $m=1$ 时,即计息周期为一年时,$r=i$ 年;当 $m>1$ 时,$i>r$,且 m 越大,两者的差异越大。

在复利计算中,对于名义利率有两种处理方法:一是将名义利率换算成实际利率,再计算复利;二是将周期利率代入复利公式,复利次数变为 $m\times n$。

【例 3-12】　实际月利率为 1%,每年的利息周期数为 12,则年名义利率为 $r=1\%\times12=12\%$。分别计算出按每年结算、每半年结算、每月结算的年实际利率?

解:每年结算一次:$n=1,i=r=12\%$

每半年结算一次:$m=2$,

$$i=(1+r/2)^2-1$$
$$=(1+0.06)^2-1=12.36\%$$

每月结算一次:$m=12$,

$$i=(1+r/12)^{12}-1$$
$$=(1+0.01)^{12}-1=12.683\%$$

【例 3-13】　甲银行年利率为 17%,计息周期为年,乙银行年利率为 16%,但按月复利计息,试比较向哪家银行贷款比较合适?

解:甲银行:$m=1,i=r=17\%$

乙银行:$m=12,r=16\%$,

$$i=(1+r/12)^{12}-1$$
$$=(1+16\%/12)^{12}-1$$
$$=17.227\%$$

乙银行的年实际利率高于甲银行,应选择甲银行贷款。

结论:由于计息周期的长短不同,同一笔资金在占用的总时间相等的情况下,所付的利息会有明显的差别,结算次数越多,给定利率所产生的利息就越高。

在进行工程方案的技术经济分析时,若按照复利计息,而各方案在一年中计息的次数不同,就很难比较各方案的经济效益的优劣,这就需要将各方案计息的名义利率全部换算成实际利率,然后进行比较。

2. 应用

(1) 计息期为 1 年

【例 3 - 14】 当年利率为 10% 时,从现在起连续 6 年的年末等额支付为多少时才与第 6 年年末的 1 000 元等值?

解:$R=F(R/F,i,n)=1\,000\times(R/F,10\%,6)=1\,000\times0.129\,6=129.62$(元)

(2) 计息期短于 1 年

① 计息期与支付期相同

【例 3 - 15】 年利率为 12%,每半年计息 1 次,从现在起连续 3 年每半年等额年末存款为 200 元,问与其等值的第 0 年的现值是多少?

解:计息期为半年的有效利率 $i=0.12/2=0.06$,计息期数为 $n=2\times3=6$(次),则
$$P=R(P/R,i,n)=200\times(P/R,6\%,6)=200\times4.917\,3=983.46$$(元)

② 计息期短于支付期

【例 3 - 16】 年利率为 10%,每半年计息 1 次,从现在起连续 3 年的等额年末支付为 500 元,与其等值的第 0 年的现值是多少?

解:先求出支付期的有效利率,支付期为 1 年,则有效年利率为 $i=(1+r/m)^m-1=(1+10\%/2)^2-1=10.25\%$,$n=3$,代入公式,则
$$P=R\left[\frac{(1+i)^n-1}{i(1+i)^n}\right]$$
$$=1\,237.97$$(元)

③ 计息期长于支付期

由于计息期内有不同时刻的支付,通常规定存款必须存满一个计息周期时才计利息,即在计息周期间存入的款项在该期不计算利息时,要在下一期才计算利息。因此,原财务活动的现金流量图应按以下原则进行整理:相对于投资方来说,计息期的存款放在期末,计息期提款放在期初,计息期分界点处的支付保持不变。

【例 3 - 17】 现金流量图如图 3 - 22 所示,年利率为 12%,每季度计息 1 次,求年末终值 F 为多少?

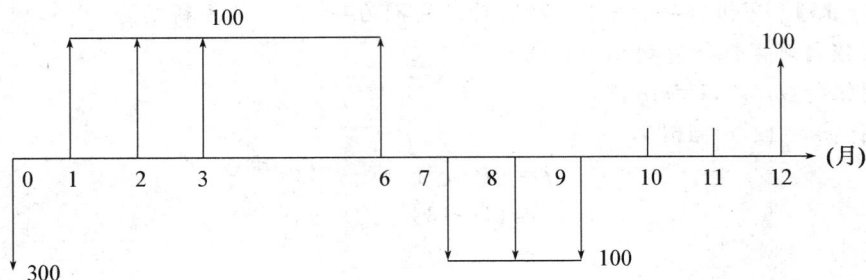

图 3 - 22

解:按上述原则进行整理,得到等值的现金流量图如图 3 - 23 所示。

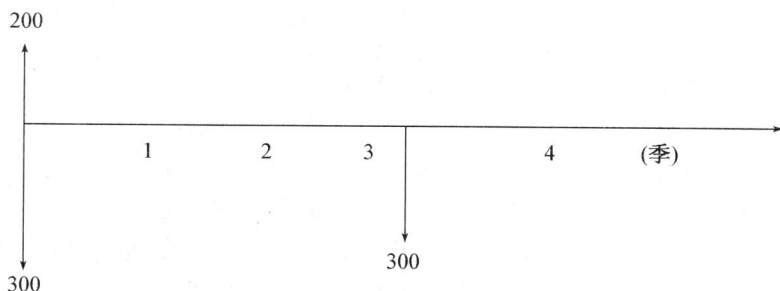

图 3 - 23

根据整理过的现金流量图求得终值

$$F = (-300+200)\times(1+0.12/4)^4 + 300\times(0.12/4)^3 + 100\times(0.12/4)^2 - 300\times$$
$$(0.12/4)+100$$
$$=112.36(元)$$

本章小结

　　资本只有在运动中才能增值。利润和利息是衡量资本增值的尺度。资金时间价值分析的根本目的是促进资金使用价值的提高。

　　利率是单位时间内所得利息额与本金之比。有单利率和复利率、名义利率和实际利率。

　　拟建项目在整个项目计算期内各个时点上实际发生的现金流入、现金流出叫作现金流量,包括现金流入量、现金流出量和净现金流量。现金流量可用现金流量图表示。

　　资金等值是工程经济分析中非常重要的概念。它是指在考虑资金时间价值的前提下,将不同时间点上发生的数值相等或不等的现金流量换算为同一时间点上,从而满足资金收支在时间上的可比要求。决定资金等值的因素是资金数额大小、发生的时间和利率。资金的等值计算也就是资金时间价值的计算,主要有一次支付类型、等额支付类型等。

复习思考题

　　1. 若已知 $P=1000$ 元,$i=6\%$,四年后现在 1 000 元的未来值 $F=$？用单利法和复利法分别计算。

　　2. 如每年年终储蓄 1 000 元,年利率 6%,连续存 5 年的未来值为多少？

　　3. 若现在投资 1 000 元,预计利率 6%,分 8 年等额回收,每年可回收资金多少？

　　4. 当年利率为 5% 时,希望今后 8 年,每年年末收入现金 154.7 元,现在应投资多少？

　　5. 若某人现在存入 1 000 元,4 年后再存入 3 000 元,6 年后又存入 1 500 元,年利率 6%,半年复利一次,问 10 年后存款金额为多少？

　　6. 十五年前,某企业投资 10 000 元于一项产业,该公司出卖此产业得 22 000 元,问这

10 000 元投资的收益率是多少？

7. 假定利率为 5％，需要多少年可使 1 000 元变成 2 000 元？

8. 某工程建设总投资为 2 000 万元，计划三年建成，第一年投资 800 万元，第二年投资 700 万元，第三年投资 500 万元，年利率为 5％，求实际投资总额为多少？

9. 某工程计划投资总额不得超过 2 000 万元，三年建成，按计划分配，第一年投资为 800 万元，第二年投资 700 万元，第三年投资为 500 万元，投资系银行贷款，年利率 5％，问每年实际用于建设工程的投资现值额及实际用于建设的投资总额的现值为多少？

10. 某企业目前急需贷款 2 亿元，还款期限为 10 年。经市场了解，甲银行贷款利率为 13％，按年计息；乙银行贷款利率为 12％，按月计息，该企业向哪家银行贷款合适？在 10 年内利息差额为多少？

11. 有一笔资金为 1 000 元，年利率为 12％，计息周期为半年，一年后的本利和为多少？

12. 某厂技术改造投资 50 万元，10 年后残值为 5 万元，若年利率为 10％，每年资金的回收成本应为多少？

13. 5 000 元借债，在利率为 8％时，支付计划偿还第 1 年 500 元，第 2 年 1 000 元，第 3 年 1 500 元，第 4 年 2 000 元，求：第 5 年末偿还金额是多少？

14. 现在存入 1 000 元，4 年后再存入 3 000 元，6 年后又存入 1 500 元，年利率 6％，半年复利一次，问 10 年后存款金额是多少？

15. 某企业目前急需贷款 2 亿元，还款期限为 10 年，经市场了解，甲行贷款利率为 13％，按年计息；乙行的贷款利率为 12％，按月计息，该企业应向哪家银行贷款比较合适？ 10 年内利息差额是多少？

第四章　建设项目经济效果评价指标

学习目标

知识目标

1. 了解静态评价指标和动态评价指标的区别;
2. 了解静态评价指标和动态评价指标的构成;
3. 理解回收期的计算思路;
4. 理解净现值和内容收益率的内涵,掌握净现值和内部收益率计算的程序;
5. 弄清方案之间的关系类型;理解各种不同方案的比选思路及原则。

能力目标

1. 能够计算静态投资回收期等静态指标;
2. 能够计算项目的净现值和内部收益率等动态指标,并能根据判别标准对项目可行性进行分析;
3. 能够选择正确的指标和方法对不同类型的多方案进行经济评价,以做出正确的选择。

素质目标

1. 培养学生进行方案选择时的定量分析的意识。
2. 培养学生机会成本意识。
3. 培养学生应用所学知识解决问题的能力,提高辩证思维和逻辑思维能力。

情 境 导 航

　　某集团公司下属 A 和 B 两个分公司,在进行年度项目建设论证时,A、B 两个分公司分别提出了 X 工程和 Y 工程两个项目方案建议。X 工程要求现在投资 25 万元,估计在 25 年内每年收入 8.8 万元,除了所得税外,每年支出 3.2 万元,每年所得税为 2.4 万元。Y 工程要求现在投资 35 万元,估计在 25 年内每年收入 10 万元,除了所得税外,每年支出 4 万元,每年所得税为 2.4 万元。每个工程估计在计算期末有 5 万元的残值,假定基准利率为 10%。

　　假如你是集团公司投资部负责人,应如何决策?请根据必要的计算,来提出选择项目具体的建议,并说明原因。

　　思考:首先应搞清楚两个分公司提出的方案之间的关系,集团公司的年度投资计划和投资总额对决策结果也会有影响。

　　对于多个投资方案必选或优选的问题,需要明确方案之间的关系类型。不同的方案类型,所采用的经济评价指标也是不同的。建设项目经济评价指标的计算、工程项目方案类型和关系的确定、不同方案类型的多方案的经济评价和选择是本单元学习的主要内容。

第一节　建设项目经济评价指标体系

　　建设工程项目投资巨大,建设周期长,为了增强决策的正确性和科学性,避免或最大限度地减小工程项目投资的风险,必须对建设项目各种可能方案进行经济评价,测算出该建设方案投资的盈利水平,最大限度地提高工程项目投资的综合经济效益。

　　在对投资项目进行经济评价之前,首先需要建立一套评价指标体系,并确定一套科学的评价标准。评价指标是投资项目经济效益或投资效果的定量化及其直观的表现形式,它通常是通过对投资项目所涉及的费用和效益的量化和比较来确定的。

　　在工程项目评价中,按计算评价指标时是否考虑资金的时间价值,将评价指标分为静态评价指标和动态评价指标(图4-1)。

　　另外,按评价指标的性质划分,可将项目经济评价指标分盈利能力分析指标、债务清偿能力分析指标和财务生存能力分析指标(图4-2)。

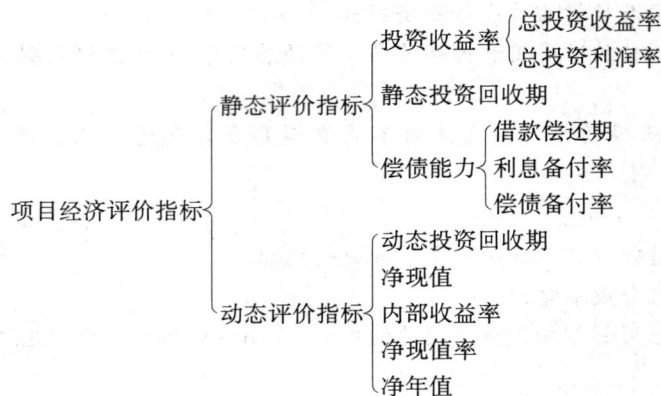

图 4-1　建设工程项目经济评价指标体系

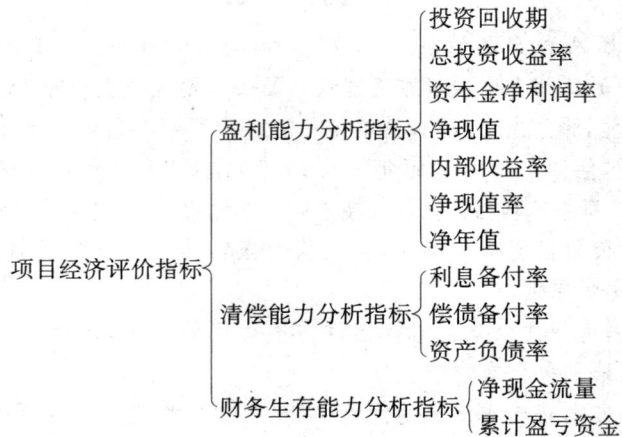

图 4-2　按项目经济评价的性质划分的评价指标体系

第二节　静态评价指标

不考虑资金的时间价值的评价指标称为静态评价指标,其优点是计算简单,计算量较小,使用较方便,但分析比较粗糙,与实际情况相比可能会产生一定误差,有时候可能会影响对投资项目或方案的正确评价与决策。静态评价指标大多用于投资额较小、规模小、计算期短的项目或方案,同时也用于技术经济数据不完备和不精确的项目初选阶段;动态评价指标将不同时间内资金的流入和流出,换算成同一时点的价值,从而为不同方案的经济比较提供了可比基础,能反映方案在未来一定时期的发展变化情况。在项目方案评价中,一般以动态评价方法为主,以静态评价方法为辅,配合使用,相互补充。

一、投资收益率(ROI)

投资收益率是衡量投资方案获利水平的静态评价指标,指项目投资方案达到设计生产能力后正常生产年份的年净收益总额与该方案投资总额的比率,表明该投资方案在正常生产年份单位投资所创造的年净收益额。对于生产期内各年的净收益额变化幅度较大的方案,可计算生产期年平均净收益额与投资总额的比率。投资收益率的计算公式为

$$ROI = \frac{A}{I} \times 100\% \tag{4-1}$$

式中:ROI——投资收益率;

A——年净收益额或年平均净收益额;

I——总投资(包括建设投资、建设期贷款利息和流动资金)。

应用投资收益率衡量项目可行性时,将通过公式(4-1)计算出的投资收益率(ROI)与所确定的基准投资收益率(ROI_c)进行比较。若$ROI \geqslant ROI_c$,则方案可行,可以考虑接受;若$ROI < ROI_c$,则该方案不可行。

现实中,根据分析目的的不同,投资收益率又具体分为:总投资收益率(ROI_z)和总投资利润率(ROI_z')。

总投资收益率(R_z):

$$R_z = \frac{F+Y+D}{I} \times 100\% \tag{4-2}$$

式中:F——年销售利润(销售利润=销售收入-经营成本-折旧费和摊销费-与销售相关的税金-利息);

Y——年贷款利息;

D——年折旧费和摊销费。

总投资利润率(R_z'):

$$R_z' = \frac{F+Y}{I} \times 100\% \tag{4-3}$$

总投资收益率(R_z)和总投资利润率(R_z')是用来衡量投资方案的获利能力,要求项目的总投资收益率(或总投资利润率)应大于行业基准投资收益率(或行业基准投资利润率)。总投资收益率(或总投资利润率)越高,项目所获得的收益或利润就越多。对于建设工程方案

而言,若总投资利润率高于同期银行利率,可利用财务杠杆的效应,适度举债是有利的;反之,过高的负债比率将损害企业和投资者的利益。因此,总投资利润率指标不仅可用来衡量工程建设方案的获利能力,还可作为建设工程筹资决策参考的依据。

投资收益率(R)指标经济意义明确、直观,计算简便,在一定程度上反映了投资效果的优劣,可适用于各种投资规模。不足的是没有考虑投资收益的时间因素,也忽视了资金具有时间价值的重要性。因此,如果以投资收益率指标作为主要的决策依据则不太可靠。

二、静态投资回收期(P_t)

微课

投资回收期也称投资返本期,是反映项目投资回收能力的重要指标,按是否考虑资金的时间价值,分为静态投资回收期和动态投资回收期。静态投资回收期是在不考虑资金时间价值的条件下,以方案的净收益回收其总投资(包括建设投资和流动资金)所需要的时间。投资回收期可以

静态投资回收期和动态投资回收期

自项目建设开始年算起,也可以自项目投产年开始算起。如果项目自建设开始年算起,投资回收期 P_t(以年表示)的计算公式如下:

$$\sum_{t=0}^{P_t} (CI - CO)_t = 0 \qquad (4-4)$$

式中:P_t——静态投资回收期;

$(CI - CO)_t$——第 t 年净现金流量。

当项目建成投产后各年的净收益(即净现金流量)均相同时,则静态投资回收期的计算公式如下:

$$P_t = \frac{I}{A} + 建设期 \qquad (4-5)$$

式中:I——项目总投资;

A——每年的净收益(净现金流量)。

同步训练 4-1

某工程项目建设期和生产期的现金流如表 4-1 所示,基准投资回收期为 10 年,试用静态投资回收期法评价该方案是否可行。

同步训练 4-1

答案

表 4-1　现金流量表

时期	建设期			生产期							
年份	0	1	2	3	4	5	6	7	8	9	10
投资	180	240	330								
年净收益				50	100	150	150	150	150	150	150
累计净收益	−180	−420	−750	−700	−600	−450	−300	−150	0		

【例 4-1】　某建设项目估计总投资 2 800 万元,项目建设期 3 年,建成后各年净收益为

450 万元,则该项目的静态投资回收期为

$$P_t = \frac{2\,800}{450} + 3 = 9.22(\text{年})$$

当项目建成投产后各年的净收益不相同时,静态投资回收期就需要根据累计净现金流量求得累计净现金流量由负值转向正值之间的年份。其计算公式为

$$P_t = (\text{累计净现金流量开始出现正值的年份数} - 1) + \frac{\text{上一年累计净现金流量的绝对值}}{\text{出现正值年份的净现金流量}}$$

$$(4-6)$$

同步训练 4-2

某项目的现金流量如下表,设基准投资回收期为 8 年,试初步判断方案的可行性。

同步训练 4-2

答案

表 4-2　现金流量表　　　　　单位:万元

年份 项目	0	1	2	3	4	5	6	7	8~N
净现金流量	-100	-50	0	20	40	40	40	40	40
累计净现金流量	-100	-150	-150	-130	-90	-50	-10	30	70

【例 4-2】　某项目财务现金流量表的数据如表 4-3 所示,计算该项目的静态投资回收期。

表 4-3　净现金流量表　　　　　单位:万元

计算期	0	1	2	3	4	5	6	7	8
1. 现金流入	—	—	600	800	1 200	1 200	1 200	1 200	1 200
2. 现金流出	1 000	600	400	500	700	700	700	700	700
3. 净现金流量	-1 000	-600	200	300	500	500	500	500	500
4. 累计净现金流量	-1 000	-1 600	-1 400	-1 100	-600	-100	400	900	1 400

解:根据式(4-6),可得

$$P_t = (6-1) + \frac{|-100|}{500} = 5.25(\text{年})$$

应用回收期指标衡量项目是否可行,可将计算出的静态投资回收期 P_t 与所确定的基准投资回收期 P_c 进行比较。若 $P_t \leqslant P_c$,表明项目投资能在规定的时间内收回,则方案可以接受;若 $P_t > P_c$,则方案是不可行的。

按静态分析计算的投资回收期较短,决策者可能认为经济效果尚可以接受。但若考虑时间因素,用折现法计算出的动态投资回收期,要比用传统方法计算出的静态投资回收期长些,该方案未必能被接受。因此静态投资回收期更多用于分析短期的投资项目。

投资回收期指标容易理解,计算也比较简便;项目投资回收期在一定程度上显示了资本的周转速度。显然,资本周转速度愈快,回收期愈短,风险愈小,盈利愈多。对于那些技术上

更新迅速的项目,或资金相当短缺的项目,或未来的情况很难预测而投资者又特别关心资金补偿的项目,采用投资回收期评价特别有实用意义。但不足的是投资回收期没有全面地考虑投资方案整个计算期内现金流量,即只考虑回收之前的效果,不能反映投资回收之后的情况,故无法准确衡量方案在整个计算期内的经济效果。所以,投资回收期作为方案选择和项目排队的评价准则是不可靠的,它只能作为辅助评价指标,或与其他评价指标结合应用。

三、偿债能力指标

拓展阅读 4-1

静态投资回收期的局限性案例

在现实经济活动中,债务人(企业)非常关心自身的偿债能力,极力维护自身的企业信誉;同时,债权人极为关心借款的安全。偿债能力是指投资项目投入生产后偿还到期债务的能力,偿债能力指标主要有:借款偿还期、利息备付率、偿债备付率。

1. 借款偿还期

借款偿还期,是指根据国家财税规定及投资项目的具体要求,以可作为偿还贷款的项目收益(利润、折旧、摊销费及其他收益)来偿还项目投资借款本金和利息所需要的时间。它是反映项目借款偿债能力的重要指标,借款偿还期的计算式如下:

$$I_d = \sum_{t=1}^{P_d} (R_p + D + R_0 - R_r)_t \qquad (4-7)$$

式中:P_d——借款偿还期(从借款开始年计算;当从投产年算起时,应予注明);

$\quad$ I_d——投资借款本金和利息(不包括已用自有资金支付的部分)之和;

$\quad$ R_p——第 t 年可用于还款的利润;

$\quad$ D——第 t 年可用于还款的折旧和摊销费;

$\quad$ R_0——第 t 年可用于还款的其他收益;

$\quad$ R_r——第 t 年企业留利。

在实际工作中,借款偿还期可通过借款还本付息计算表推算,以年表示。其具体推算公式如下:

$$P_d = (借款偿还开始出现盈余的年份数 - 1) + \frac{盈余当年应偿还借款额}{盈余当年可用于还款的余额} \qquad (4-8)$$

【例 4-3】 已知某项目借款还本付息数据如表 4-4 所示(假设借款为期初,还款为期末)。计算该项目的借款偿还期。

表 4-4 借款还本付息计算表 单位:万元

序号	计算期(年)	0	1	2	3	4	5
1	本年借款						
1.1	本金	800.00	600.00				
1.2	利息($i=8\%$)		64.00	117.12	94.49	62.05	27.01
2	还款资金来源			400.00	500.00	500.00	500.00
2.1	利润总额			200.00	310.00	310.00	310.00

（续表）

序号	计算期（年）	0	1	2	3	4	5
2.2	用于还款的折旧和摊销费			250.00	250.00	250.00	250.00
2.3	还款期企业留利			50.00	60.00	60.00	60.00
3	年末借款余额	800.00	1 464.00	1 181.12	775.61	337.66	−135.33

解：各年利息以上期年末借款余额为基数计算，则各年利息计算如下：

$$I_1＝800×8\%＝64$$
$$I_2＝1\ 464×8\%＝117.12$$
$$I_3＝1\ 181.12×8\%＝94.49$$
$$I_4＝775.61×8\%＝62.05$$
$$I_5＝337.66.61×8\%＝27.01$$

根据式（4-8），可以得到

$$P_d＝(5-1)+\frac{337.66+27.01}{500}≈4.73（年）$$

借款偿还期满足贷款机构的要求期限时，即认为项目是有借款偿债能力的。

借款偿还期指标适用于那些不预先给定借款偿还期限，且按最大偿还能力计算还本付息的项目；它不适用于那些预先给定借款偿还期的项目。对于预先给定借款偿还期的项目，应采用利息备付率和偿债备付率指标分析项目的偿债能力。

2. 利息备付率

利息备付率也称已获利息倍数，是指项目在借款偿还期内各年可用于支付利息的税息前利润与当期应付利息费用的比值。其表达式为

$$利息备付率＝\frac{税息前利润}{当期应付利息费用} \qquad (4-9)$$

式中：税息前利润——利润总额与计入总成本费用的利息费用之和，即税息前利润＝利润总额＋计入总成本费用的利息费用；

当期应付利息——计入总成本费用的全部利息。

利息备付率可以分年计算，也可以按整个借款期计算。但分年的利息备付率更能反映偿债能力。

利息备付率从付息资金来源的充裕性角度反映项目偿付债务利息的能力，它表示使用项目税息前利润偿付利息的保证倍率。对于正常经营的项目，利息备付率应当大于2。否则，表示项目的付息能力保障程度不足。尤其是当利息备付率低于1时，表示项目没有足够资金支付利息，偿债风险很大。

3. 偿债备付率

偿债备付率是指项目在借款偿还期内，各年可用于还本付息的资金与当期应还本付息金额的比值。其表达式为

$$偿债备付率＝\frac{可用于还本付息的资金}{当期应还本付息的金额} \qquad (4-10)$$

式中：可用于还本付息的资金——包括可用于还款的折旧和摊销、成本中列支的利息费用、

可用于还款的利润等;

当期应还本付息的金额——包括当期应还贷款本金额及计入成本费用的利息。

偿债备付率可以分年计算,也可以按项目的整个借款期计算。同样,分年计算的偿债备付率更能反映偿债能力。

偿债备付率表示可用于还本付息的资金偿还借款本息的保证倍率。正常情况应当大于1,且越高越好。当指标小于1时,表示当年资金来源不足以偿付当期债务,需要通过短期借款偿付已到期债务。

第三节　动态评价指标

一、动态投资回收期

动态投资回收期是先把投资项目各年的净现金流量按基准收益率折成现值之后,再来推算投资回收期,动态投资回收期就是累计现值等于零时的年份。它与静态投资回收期的根本区别在于考虑了资金的时间价值。其计算表达式为

$$\sum_{t=0}^{P'_t} (CI-CP)_t(1+i_c)^{-t} = 0 \qquad (4-11)$$

式中:P'_t——动态投资回收期;

i_c——基准收益率。

在实际应用中根据项目的现金流量表中的净现金流量现值,通常用下列公式计算:

P'_t=累计净现金流量现值开始出现正值的年份－1+上一年累计净现金流量现值的绝对值÷开始出现正值的年份的净现金流量现值 (4-12)

【例4-4】 某项目财务现金流量数据与例4-2相同(表4-5),已知基准投资收益率$i_c=8\%$。试计算该项目的动态投资回收期。

表4-5　某项目财务现金流量表　　　　单位:万元

计算期	0	1	2	3	4	5	6	7	8
1. 净现金流量	−1 000	−600	200	300	500	500	500	500	500
2. 折现系数	1	0.93	0.86	0.79	0.74	0.68	0.63	0.58	0.54
3. 净现金流量现值	−1 000	−555.56	171.47	238.15	367.51	340.29	315.08	291.75	270.13
4. 累计净现金流量现值	−1 000	−1 555.56	−1 384.09	−1 145.94	−778.42	−438.13	−123.05	168.70	438.83

解:根据式(4-12),可以得到

$$P'_t=(7-1)+\frac{|-6.07|}{291.75}=6.23(年)$$

与静态回收期的判定规则相似,若$P'_t<P_c$(基准投资回收期)时,说明该方案能在要求的时间内收回投资,则方案是可行的;若$P'_t>P_c$时,则该方案不可行,应予拒绝。

二、净现值(NPV)

净现值(NPV——Net Present Value)是反映投资方案在计算期内获利能力的动态评价指标。投资方案的净现值是指用一个预定的基准收益率(或设定的折现率)i_c,分别把整个计算期间内各年所发生的净现金流量都折现到投资方案开始实施时的现值之和。其实质是将发生在不同时点的现金流,统一折算到 0 点位置,再进行代数求和。净现值 NPV 计算公式为:

微课
净现值优化

$$NPV = \sum_{t=0}^{n} (CI - CO)_t (1 + i_c)^{-t} \qquad (4-13)$$

式中:NPV——净现值;

$(CI-CO)_t$——第 t 年的净现金流量;

i_c——基准收益率;

n——方案计算期。

净现值(NPV)是评价项目盈利能力的绝对指标。当 $NPV \geq 0$ 时,说明该方案达到或超过行业基准收益的水平,经济上是可行;当 $NPV < 0$ 时,说明该方案不可行。

【例 4-5】 某投资项目前 3 年每年年初投资额分别为 200 万元,500 万元和 100 万元,从第 4 年初开始收益,其中第 4 年初收益 150 万元,第 5 年初开始到第 10 年末每年收益为 200 万元,已知基准投资收益率 $i_c = 8\%$。试计算该项目的净现值。

解: 根据题意,画出现金流量图(图 4-3)

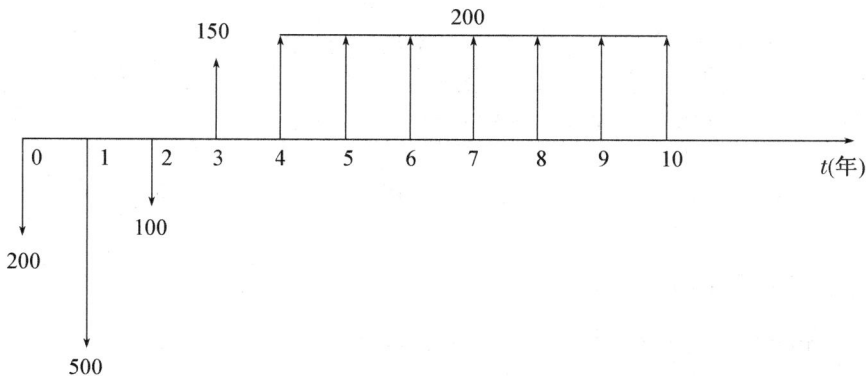

图 4-3 现金流量图

$FNPV = -200 - 500(P/F, 8\%, 1) - 100(P/F, 8\%, 2) + 150(P/F, 8\%, 3) + 200(P/A, 8\%, 7)/(P/F, 8\%, 3)$

$= -200 - 500 \times 0.925\,9 - 100 \times 0.857\,3 + 150 \times 0.793\,8 + 200 \times 5.206\,4 \div 0.793\,8$

$= 682.16$(万元)

【例 4-6】 某项目现金流量数据与例 4-4 相同(表 4-6),已知基准投资收益率 $i_c = 8\%$。试计算该项目的净现值并判断其是否可行。

表 4-6 　某项目财务现金流量表　　　　　　单位:万元

计算期	0	1	2	3	4	5	6	7	8
1. 净现金流量	−1 000	−600	200	300	500	500	500	500	500
2. 折现系数	1	0.93	0.86	0.79	0.74	0.68	0.63	0.58	0.54
3. 净现金流量现值	−1 000	−555.56	171.47	238.15	367.51	340.29	315.08	291.75	270.13
4. 累计净现金流量现值	−1 000	−1 555.56	−1 384.09	−1 145.94	−778.42	−438.13	−123.05	168.70	438.83

从上表可知,该方案的净现值为 438.83 万元,即 $NPV>0$,故该方案可行。

净现值(NPV)指标考虑了资金的时间价值,并全面考虑了项目在整个计算期内的经济状况;经济意义明确直观,能够直接以货币额表示项目的盈利水平,判断直观;可以直接应用于寿命期相等的互斥方案的比较。但不足之处是必须首先确定一个符合经济现实的基准收益率,而基准收益率的确定往往是比较困难的;而且在互斥方案评价时,净现值必须慎重考虑互斥方案的寿命,如果互斥方案寿命不等,必须构造一个相同的分析期限,才能进行各个方案之间的比选;同样,净现值也不能真正反映项目投资中单位投资的使用效率。

同步训练 4-3

某项目的期初投资 1 000 万元,投资后一年建成并获益。每年的销售收入为 400 万元,经营成本为 200 万元,该项目的寿命期为 10 年。若基准折现率为 5%,不考虑残值。利用项目净现值指标评价该项目是否可行?

同步训练 4-3

答案

三、内部收益率(IRR)

对具有常规现金流量(即在计算期内,开始时有支出而后才有收益;且方案的净现金流量序列的符号只改变一次的现金流量)的投资方案,其财务净现值的大小与折现率的高低有直接的关系。

当净现金流量和项目寿命期固定不变时,从净现值计算公式(4-13)可以得出以下规律:工程经济中常规投资项目的净现值函数曲线在其定义域(即 $-1<i<+\infty$)内,随着折现率的逐渐增大,净现值由大变小,由正变负。常规投资项目 NPV 与 i 之间的关系如图 4-4 所示。

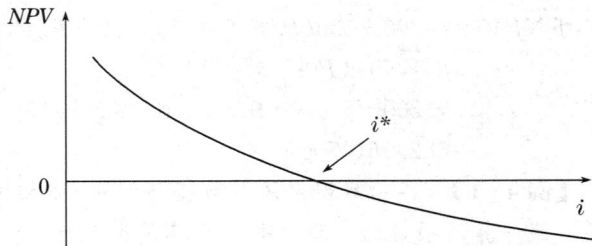

图 4-4 　常规投资项目的净现值函数曲线 1

按照净现值的评价准则，只要 $NPV(i) \geqslant 0$，方案或项目就可接受，但由于 $NPV(i)$ 是 i 的递减函数，故折现率 i 定得越高，方案被接受的可能性越小。很明显，i 可以大到使 $NPV(i) = 0$，这时 $NPV(i)$ 曲线与横轴相交，i 达到了其临界值 i^*，可以说 i^* 是净现值评价准则的一个分水岭，将 i^* 称为内部收益率（internal rate of return，IRR）。其实质就是使投资方案在计算期内各年净现金流量的现值累计等于零时的折现率。其数学表达式为

$$NPV(IRR) = \sum_{t=0}^{n} (CI - CO)_t (1 + IRR)^{-t} = 0 \qquad (4-14)$$

内部收益率是一个未知的折现率，由式（4-14）可知，求方程式中的折现率需解高次方程，应用手工难以求解。因此在实际工作中，一般通过计算机计算，手算时可采用试算法确定内部收益率 IRR。试算法的主要步骤如下：

1. 根据已知数据计算各年的净现金流量；

2. 在满足以下两个条件的基础上预先估计两个适当的折现率 i_1 和 i_2，见图 4-5；

(1) $i_1 < i_2$ 且 $i_2 - i_1 \leqslant 5\%$；

(2) $NPV(i_1) > 0$，$NPV(i_2) < 0$。

如果 i_1 和 i_2 不满足这两个条件要重新预估，直至满足以上两个条件为止。

3. 用线性插值法近似求得内部收益率 IRR。

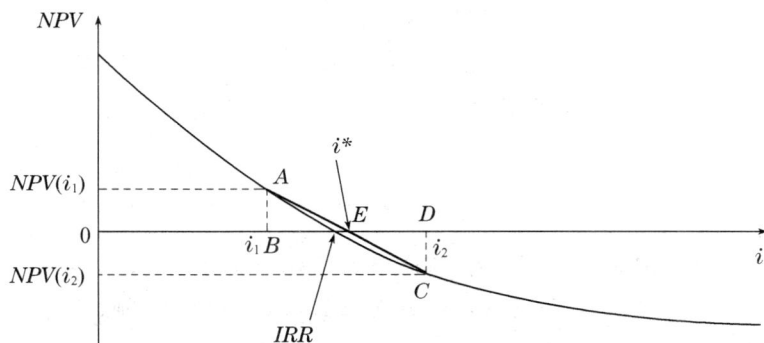

图 4-5　常规投资项目的净现值函数曲线 2

将 A 点和 C 点直线相连，由于 i_1 和 i_2 相差较小，则曲线 AC 近似于直线 AC，见图 4-5，可以推导出以下公式：

$$\triangle ABE \approx \triangle DCE$$

故 $AB : CD = BE : DE$，即

$$\frac{NPV(i_1)}{|NPV(i_2)|} = \frac{i^* - i_1}{i_2 - i^*}$$

$$IRR \approx i^* = i_1 + \frac{NPV(i_1)}{NPV(i_1) + |NPV(i_2)|}(i_2 - i_1) \qquad (4-15)$$

内部收益率计算出来后，将其与基准收益率进行比较。若 $IRR \geqslant i_c$，则方案在经济上可以接受；若 $IRR < i_c$，则方案在经济上应予拒绝。

内部收益率的经济含义为：内部收益率反映的是项目全部投资所能获得的实际最大收益率，是项目借入资金利率的临界值。假设一个项目的全部投资均来自借入资金，从理论上

讲,若借入资金的利率 $i<IRR$,则项目会有盈利;若 $i>IRR$,则项目就会亏损;若 $i=IRR$,则由项目全部投资所得的净收益刚好用于偿还借入资金的本金和利息。

【例 4-7】 某项目投资方案现金流量数据见表 4-7,假设基准收益率为 15%,请用 IRR 指标来判断方案的可行性。

表 4-7 现金流量表 单位:万元

年份	0	1	2	3	4	5	6
净现金流量	-140	30	40	40	40	40	40

解: 先将 $i_c=15\%$ 代入净现值的计算公式,则有

$$NPV(i_c)=-150+30(P/F,0.15,1)+40(P/A,0.15,5)(P/F,0.15,1)$$
$$=-7.309(万元)$$

故设 $i_1=12\%$, $i_2=15\%$(如果 $NPV(i_c)>0$,则取 $i_1=15\%$),故

$$NPV(i_1)=-150+30(P/F,0.12,1)+40(P/A,0.12,5)(P/F,0.12,1)$$
$$=-5.536(万元)$$

用内插法求得

$$IRR=i_1+\frac{NPV(i_1)}{NVP(i_1)+|NVP(i_2)|}(i_2-i_1)$$
$$=12\%+\frac{5.536}{5.126+7.309}(15\%-12\%)\approx13.33\%$$

由于 $IRR<15\%$,故该方案不可行。

同步训练 4-4

某项目期初一次性投入 2 000 万元,预计项目的寿命期为 5 年,各年的净现金流量情况如表 4-8 所示。假定基准收益率为 10%,试采用内部收益率指标对该项目进行经济效果评价。

同步训练 4-4

表 4-8 项目的净现金流量表 单位:万元

年份(年末)	0	1	2	3	4	5
净现金流量	-2 000	300	500	500	500	1 200

答案

内部收益率(IRR)指标考虑了资金的时间价值以及项目在整个计算期内的经济状况;而且避免了像净现值之类的指标那样须事先确定基准收益率这个难题,而只需要知道基准收益率的大致范围即可。但不足的是内部收益率是根据方案本身数据计算得出,而不是专门给定,所以不能直接反映资金价值的大小;另外,计算时需要大量与投资项目有关的数据,计算比较麻烦;对于具有非常规现金流量的项目来讲,其内部收益率在某些情况下甚至不存在或存在多个内部收益率。

四、净现值率(NPVR)

净现值率(net present value rate,NPVR)是项目净现值与项目总投资现值之比,其经

济含义是单位投资现值所能带来的净现值,是一个考察项目单位投资盈利能力的指标。由于净现值不直接考察项目投资额的大小,故为考察投资的利用效率,常用净现值率作为净现值的辅助评价指标。净现值率($NPVR$)的计算式如下:

$$NPVR = \frac{NPV}{I_p} \tag{4-16}$$

$$I_p = \sum_{t=0}^{k} I_t(P/F, i_c, t) \tag{4-17}$$

式中:I_p——投资现值;

　　　I_t——第 t 年投资额;

　　　k——投资年数;

　　　$(P/F, i_c, t)$——现值系数。

应用 $NPVR$ 评价方案时,一般来说,$NPVR$ 值越大,说明单位投资的收益能力越强。因此对于独立方案,应使 $NPVR \geqslant 0$,方案即可接受,而且越大越好;对于多方案评价,凡 $NPVR < 0$ 的方案先行淘汰,在余下方案中,应将 $NPVR$ 与投资额、净现值结合选择方案,而且在评价时应注意计算投资现值与净现值的折现率应一致。

第四节　基准收益率

一、基准收益率的概念及其确定的影响因素

基准收益率也称基准折现率,是企业、行业或投资者以动态的观点所确定的、可接受的、投资方案最低标准的收益水平。它是评价和判断投资方案在经济上是否可行的依据,是一个重要的经济参数。

二、影响基准收益率的因素

根据从不同角度编制的现金流量表,计算所需的基准收益率应有所不同。基准收益率的确定一般应综合考虑以下因素。

1. 资金成本与投资机会成本(i_1)

资金成本是为取得资金使用权所支付的费用,主要包括筹资费和资金的使用费。筹资费是指在筹集资金过程中发生的各种费用,如委托金融机构代理发行股票、债券而支付的注册费和代理费等,向银行贷款而支付的手续费等。资金的使用费是指因使用资金而向资金提供者支付的报酬,如使用发行股票筹集的资金,要向股东支付红利;使用发行债券和银行贷款借入的资金,向债权人支付的利息等。

投资的机会成本是指投资者将有限的资金用于拟建项目而放弃的其他投资机会所能获得的最好收益。凡是技术经济活动都含有机会成本,如建厂占用耕地的代价是减少农业收入。机会成本的表现形式也是多种多样的。货币形式表现的机会成本,如销售收入、利润等;由于利率大小决定货币的价格,采用不同的利率(贴现率)也表示货币的机会成本。应当看到机会成本是在方案外部形成的,它不可能反映在该方案财务上,必须通过工程经济分析

人员的分析比较,才能确定项目的机会成本。机会成本虽不是实际支出,但在工程经济分析时,应作为一个因素加以认真考虑,有助于选择最优方案。

显然,基准收益率应不低于单位资金成本和单位投资的机会成本,这样才能使资金得到最有效的利用。这一要求可用下式表达:

$$i_c \geqslant i_1 = \max\{单位资金成本,单位投资机会成本\}$$

如项目完全由企业自有资金投资时,可参考行业的平均收益水平,可以理解为一种资金的机会成本;假如投资项目资金来源于自有资金和贷款时,最低收益率不应低于行业平均收益水平(或新筹集权益投资的资金成本)与贷款利率的加权平均值。

2. 年投资风险贴现率(i_2)

在整个项目计算期内,存在着发生不利于项目的环境变化的可能性,这种变化,特别是政策的变化难以预料,即投资者要冒着一定风险做决策。所以在确定基准收益率时,常以一个适当的风险贴补率 i_2 来提高 i_c 值。就是说,以一个较高的收益水平补偿投资者所承担的风险,风险越大,贴补率越高。

3. 年通货膨胀率(i_3)

通货膨胀是指由于货币(这里指纸币)的发行量超过商品流通所需要的货币量而引起的货币贬值和物价上涨的现象。常用通货膨胀率指标来表示通货膨胀的程度。

在通货膨胀影响下,各种材料、设备、房屋、土地的价格以及人工费都会上升。在确定基准收益率时,应考虑这种影响,结合投入产出价格的选用决定对通货膨胀因素的处理。

综合以上分析,基准收益率可确定如下:

若项目现金流量是按当年价格预测估算的,则应以年通货膨胀率 i_3 修正 i_c 值。即

$$i_c = (1+i_1)(1+i_2)(1+i_3) - 1 \approx i_1 + i_2 + i_3 \qquad (4-18)$$

若项目的现金流量是按基年不变价格预测估算的,预测结果已排除通货膨胀因素的影响,就不再重复考虑通货膨胀的影响去修正 i_c 值。即

$$i_c = (1+i_1)(1+i_2) - 1 \approx i_1 + i_2 \qquad (4-19)$$

上述近似处理的条件是 i_1、i_2、i_3 都为小数。

总之,合理确定基准收益率,对于投资项目的经济评价非常重要,因为许多指标需要首先确定基准收益率。确定基准收益率的基础是资金成本和机会成本,而投资风险和通货膨胀则是必须考虑的影响因素。

同步训练 4-5

某项目的净现金流量如表 4-9 所示,求静态、动态投资回收期、净现值、净现值率和内部收益率,设 $i_c = 10\%$。

同步训练 4-5

答案

表 4-9　现金流量表　　　　单位:万元

年份	净现金流量	累计净现金流量	折现系数	折现值	累计折现值
1	−180	−180	0.909 1	−163.64	−163.64
2	−250	−430	0.826 4	−206.60	−370.24
3	−150	−580	0.751 3	−112.70	−482.94

（续表）

年份	净现金流量	累计净现金流量	折现系数	折现值	累计折现值
4	84	−496	0.683 0	57.37	−425.57
5	112	−384	0.620 9	69.54	−356.03
6	150	−234	0.564 5	84.68	−271.35
7	150	−84	0.513 2	76.98	−194.37
8	150	66	0.466 5	69.98	−124.39
9	150	216	0.424 1	63.62	−60.77
10	150	366	0.385 5	57.83	−2.94
11	150	516	0.350 5	52.57	+49.63
12 ～ 20	150	1866	2.018	302.78	352.41

第五节　建设项目方案的经济效果评价与选择

单一项目方案的决策,可以采用上一章经济效果评价指标以决定项目的取舍。但是,在工程实践中将遇到多个投资方案的经济评价,而由于投资方案的多样性和项目结构类型的复杂性,必须根据其不同结构特点,选择合适的评价指标和正确的评价方法进行项目各方案的比较与选择,才能达到正确决策的目的。

项目方案的结构类型,按照方案群体之间的不同关系可以划分为下面三种类型:

(1) 互斥(互不相容)型的投资方案。这类方案的特点是方案之间相互具有排斥性,即在多方案间只能选择其中之一,其余方案均须放弃,不允许同时存在。其经济效果的评价不具有相加性。

(2) 独立型的投资方案。这类方案的特点是方案之间相互不存在排斥性,即在多个方案之间,在条件允许的情况下(如无资源限制),可以同时选择多个有利的方案,即多方案可以同时存在,其经济效果的评价具有相加性。

(3) 混合型的投资方案。混合型是上述独立型与互斥型的混合结构,具体是在一定条件(如资金条件)制约下,有若干个相互独立的方案,在这些独立方案中又分别含有几个互斥型的方案。

一般来说,工程技术人员遇到的问题多为互斥型方案的选择,高层计划部门遇到的问题多为独立型方案或混合型方案的选择。本章主要介绍互斥型方案的经济比较与选择。显然,无论方案群中的方案是何种关系,项目经济评价的宗旨只能有一个:在有限资源条件下,获得最佳的经济效果。

一、互斥方案的经济效果评价与选择

在互斥方案类型中,经济效果评价包含了两部分内容:一是考察各个方案自身的经济效果,即进行绝对经济效果的检验;二是考察哪个方案相对最优,称相对经济效果检验。通常两种检验缺一不可,它们共同构成了互斥方案评价的主要内容。互斥方案经济效果评价的特点是要进行方案比选,因此,参加比选的方案应具有可比性,如时间的可比性、计算期的可比性、收益费用的性质及计算范围的可比性、方案风险水平的可比性和评价所使用假定的合理性等。

互斥方案评价使用的评价指标有净现值、净年值、费用现值、费用年值和内部收益率。下面根据方案寿命相等、不相等及无限三种情况分别讨论互斥方案的经济效果评价。

(一)寿命相等的互斥方案经济效果评价

1. 差额净现值法

用差额净现值评价互斥方案的步骤如下:

(1)计算各方案的 NPV 值作为绝对经济效果,并加以检验(判断);

(2)计算各方案的相对效果,即差额净现值 ΔNPV;

若 k、j 为投资额不等的两个互斥方案,在进行两个方案的差额时,通常用投资大的方案减投资小的方案。两个方案的差额净现值 ΔNPV 可由下式计算:

$$\Delta NPV_{k-j} = \sum_{t=0}^{n} (C_t^k - C_t^j)(1 + i_c)^{-t}$$
$$= NPV_k - NPV_j \qquad (4-20)$$

式中:C_t^k、C_t^j——方案 k、j 净现金流量;

$\qquad n$——两个互斥方案的寿命期;

$\qquad i_c$——基准收益率;

$\qquad NPV_k$——方案 k 的净现值;

$\qquad NPV_j$——方案 j 的净现值。

(3)根据绝对效果和相对效果的结果选择最优方案。

用差额净现值进行互斥方案比选时,若 $\Delta NPV_{k-j} \geqslant 0$,表明增量投资可以接受,投资(现值)大的方案经济效果好,即多投资的资金,可以通过 k 方案比 j 方案多得的净收益回收,并能取得既定的收益率(基准收益率),k 方案优于 j 方案;若 $\Delta NPV_{k-j} < 0$,表明 k 方案比 j 方案多得的净收益与多投资的资金相比,达不到既定的收益率(基准收益率),k 方案劣于 j 方案。

对于仅有或仅需计算费用现金流量的互斥方案,只需进行绝对经济效果评价,一般不进行增量分析,判断准则是:费用现值或费用年值最小者为最优方案。

【例 4-8】 某投资项目拟就的投资方案有三个,三个方案的投资额和年净收益如表 4-10 所示。$i_c = 12\%$,试用差额净现值法进行互斥方案的选择。

表 4-10 互斥方案的现金流量表 单位:万元

方案	初始投资	年净收益	寿命
A	300	90	10
B	400	110	10
C	500	130	10

解:(1) 求各个方案的净现值

$$NPV_A = -300 + 90(P/A, 12\%, 10) = 208.52(万元)$$
$$NPV_B = -400 + 110(P/A, 12\%, 10) = 221.52(万元)$$
$$NPV_C = -500 + 130(P/A, 12\%, 10) = 234.53(万元)$$

由于三个方案的净现值均大于零,根据方案可行的判别准则,三个方案均可行、均可接受。

(2) 三个方案的比较并确定相对最优方案

$$\Delta NPV_{B-A} = 400 - 300 + (110 - 90)(P/A, 12\%, 10) = 13(万元)$$

由于 $\Delta NPV_{B-A} > 0$,表明 B 方案相对 A 方案的追加投资合理,故 B 优于 A。

$$\Delta NPV_{C-B} = 500 - 400 + (130 - 110)(P/A, 12\%, 10) = 13.01(万元)$$

由于 $\Delta NPV_{C-B} > 0$,表明 C 方案相对 B 方案的追加投资合理,故 C 方案优于 B 方案。

因此,通过以上对比分析,C 方案最优。

同步训练 4-6

为了方便 A 地与 B 地地区交通,可在两地之间铺设铁路,也可建一条公路,也可既建铁路又建公路。现金流量表 4-11 所示。

要求:当 $i_c = 12\%$ 时,请选择最佳方案。

同步训练 4-6

答案

表 4-11　现金流量表　　　　　　(单位:万元)

方案	0 年	1 年	2~30 年
A 建铁路	-400	-300	340
B 建公路	-250	-270	260
C 既建铁路又建公路	-650	-570	560

2. 差额投资内部收益率法

由内部收益率的含义可知,内部收益率最大准则选择最优方案是不可靠的、不能保证比选结论的正确性,这时需用差额投资内部收益率法。

差额投资内部收益率是两方案各年净现金流量差额的现值之和等于零时的折现率,或者是两方案净现值相等时的折现率,用符号 ΔIRR 表示,其表达式为

$$\sum_{t=0}^{n} [(CI - CO)_2 - (CI - CO)_1]_t (1 + \Delta IRR)^{-t} = 0 \qquad (4-21)$$

式中:$(CI - CO)_2$——投资大的方案年净现金流量;

$(CI - CO)_1$——投资小的方案年净现金流量;

ΔIRR——差额投资内部收益率;

其他符号意义同前。

用差额投资内部收益率比选方案的判别准则是:若 $\Delta IRR > i_c$(基准收益率),则投资(现值)大的方案为优;否则投资(现值)小的方案为优。当 $\Delta IRR = i_c$ 时,两方案经济上等值,一般考虑选择投资大的方案。

对于三个(含三个)以上的方案进行比较时,一般首先将各个方案按投资额现值的大小从低到高进行排序,然后按差额投资内部收益率法比较投资现值最低和次低的两个方案,选出相对优方案,然后再与下一个(投资现值额第三的)方案进行比选。依次类推,直到最后一个保留的方案,即为最优方案。

【例4-9】 A与B两个投资方案各年的净现金流量见表4-12,试应用差额内部收益率指标进行方案的评价选择,设 $i_c=12\%$。

表4-12 A与B两个方案的净现金流量表 单位:万元

年份	0	1~10
A方案的净现金流量	-200	50
B方案的净现金流量	-100	20

解:(1)求各个方案的净现值

$$NPV_A=-200+50(P/A,12\%,10)=82.51(万元)$$
$$NPV_B=-100+20(P/A,12\%,10)=13.004(万元)$$

两个方案的净现值均大于零,故两个方案均可接受。

(2)两个方案的比较并确定相对最优方案

由公式(4-22)可得

$$(-200+100)+(50-20)\times(P/A,\Delta IRR,10)=0$$
$$(P/A,\Delta IRR,10)=3.3333$$

借助复利系数表并内插解之 $\Delta IRR=27.68\%$。

由于 $\Delta IRR>12\%$,投资大的A方案优于投资小的B方案。

需要指出的是,ΔIRR 只能反映增量现金流的经济性(相对经济效果),不能反映各方案自身的经济性(绝对经济效果)。故差额内部收益率法只能用于方案间的比较(相对效果检验),不能仅根据 ΔIRR 数值的大小判定方案的取舍。

差额内部收益率法也可用于仅有费用现金流的互斥方案比选。比选结论与费用现值法和费用年值法一致。在这种情况下,实际上是把增量投资所导致的对其他费用的节约看成是增量收益。当然,计算仅有费用现金流的互斥方案的差额内部收益率的方法不变。

3. 差额投资回收期法

差额投资回收期是指两个方案现金流量差额的动态投资回收期。通过计算两个互斥型方案现金流量差额的动态投资回收期判定方案的优劣。这种方法尤其适用于只有年经费成本和期初投资额的互斥方案的比选。其步骤如下:

(1)计算每个方案的投资回收期,淘汰投资回收期大于基准投资回收期的方案。

(2)把保留下来的方案按投资额由小到大的顺序排列,用投资大的方案减去投资小的方案,并依次计算各对比方案间的差额投资回收期 ΔP_D,若 $\Delta P_D\leqslant$基准动态投资回收期 P_b,应保留投资较大的方案,否则保留投资较小的方案。

(3)将第二步保留下来的方案与下一个方案进行比较,再计算 ΔP_D,以此类推,最后一个保留下的方案即为最优方案。

【例4-10】 某项目有两种备选方案,A方案的总投资额为1 500万元,估计每年的净收益为300万元;B方案的总投资额为2 000万元,每年的净收益为450万元。试用差额动态投资回收期法确定最优方案,基准收益率为 10%,基准投资回收期为 $P_b=8$ 年。

解:(1)计算两个方案的动态投资回收期

A 方案:

$$-1\,500+300(P/A,10\%,P_{DA})=0$$
$$(P/A,10\%,P_{DA})=5$$

借助复利系数表通过线性内插求得 $P_{DA}=7.5$(年)。

B 方案:

$$-2\,000+450(P/A,10\%,P_{DB})=0$$
$$(P/A,10\%,P_{DB})=4.44$$

借助复利系数表通过线性内插求得:$P_{DB}=6.5$(年)。

由上可知,A、B 两个方案的动态投资回收期均小于 8 年,故两个方案均可接受。

(2)两个方案的比较并确定相对最优方案

计算差额动态投资回收期为

$$(-2\,000+1\,500)+(450-300)(P/A,10\%,P_{D(B-A)})=0$$
$$(P/A,10\%,P_{D(B-A)})=3.33$$

借助复利系数表通过线性内插求得

$$P_{D(B-A)}=3.5(年)<8(年)$$

由于投资大的 B 方案优于投资小的 A 方案,故选择 B 方案。

(二) 寿命不等的互斥方案经济效果评价

现实中,经常会出现对寿命期不同的互斥方案进行比较,这种情况下,由于方案的使用寿命不同,评价指标在时间上没有比较基础,不具有可比性,因此不能简单地采用评价指标直接对方案进行评价及选择。寿命不等的互斥方案的经济效果评价可通过两种方式:一是首先构造一个相同的分析期限,然后进行各个方案之间的比选,这时可应用前面讲述的净现值法和差额内部收益率法等方法;第二种方式是直接用净年值法进行比较。

1. 净现值法

由于寿命不等,各方案在各自寿命期间的净现值在时间上不具有可比性。如果需要采用净现值法,则需对各个比较方案的计算期作适当处理,即设定一个共同的分析期,使得方案的比较有一个共同的时间基础,然后再进行比较。

互斥方案分析期的确定通常有以下几种方法:

(1)最小公倍数法

取各个方案的计算期的最小公倍数作为比较方案的共同计算期。这一方法是假定凡是计算期小于最小公倍数的方案,在共同计算期内重复实现,故该法亦称方案重复法。

(2)分析期截止法

根据对未来市场状况和技术发展前景的预测直接选取一个合适的分析期,假定寿命期小于此分析期的方案重复实施,并对各方案在分析期末的资产余值进行估价,到分析期结束时回收资产余值。在备选方案寿命期比较接近的情况下,一般取诸方案中最短的方案寿命期作为共同分析期。

【例 4-11】 有 A、B、C 三个寿命不等的互斥投资方案,其现金流量如表 4-13 所示。假设收益和支出都在年末,基准收益率为 12%,试对三个方案做出取舍。

表 4 - 13 A 与 B 两个方案的净现金流量表　　　　　　　　　　单位:万元

方案	初始投资	残值	年度支出	年度收益	寿命(年)
A	5 000	0	800	3 000	3
B	7 000	200	1 500	4 000	4
C	9 000	300	1 800	4 500	6

解:(1)确定计算期

由于三个方案的寿命期分别为 3 年、4 年、6 年,最小公倍数为 12 年,故选定计算期为 12 年。

(2)绘制三个方案的现金流量图

凡是寿命期小于 12 年的方案,按照其寿命期在 12 年内重复实施。则三个方案的现金流量图如图 4 - 6 所示。

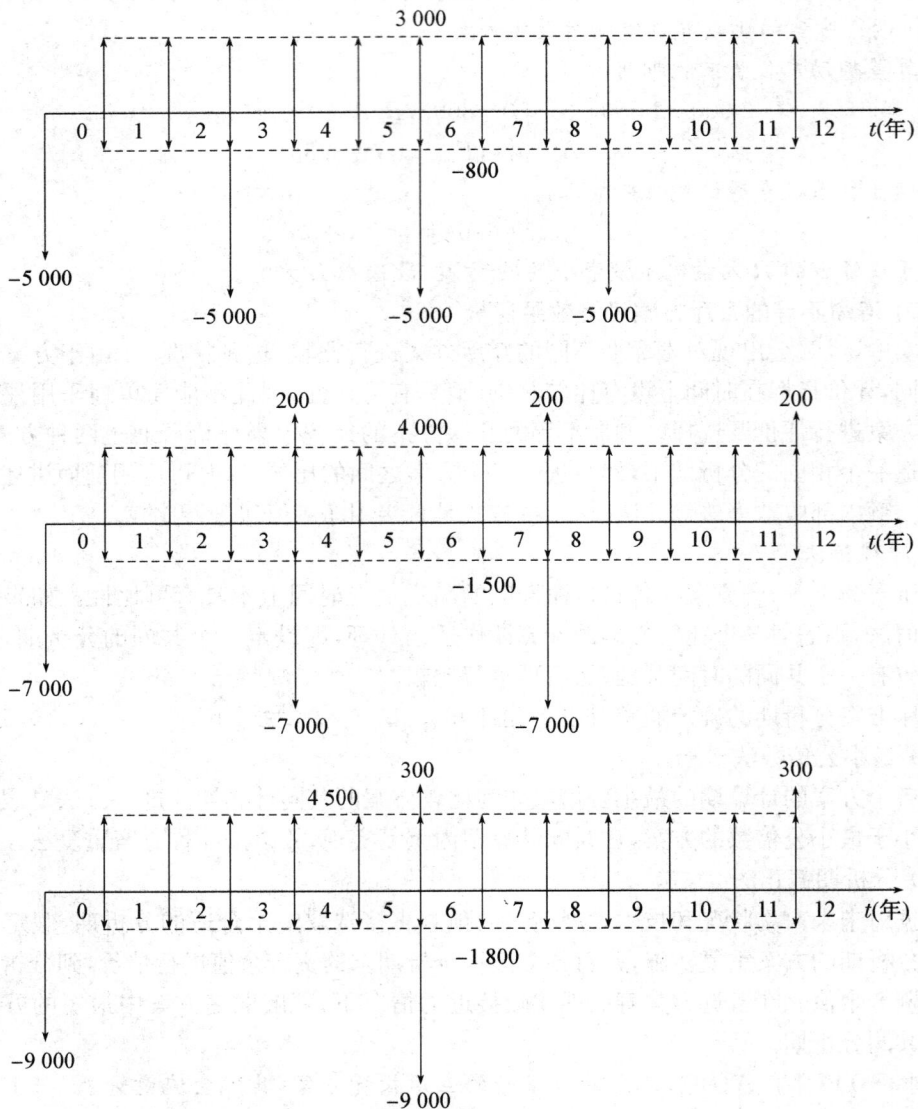

图 4 - 6 计算期内三个方案的现金流量图

（3）计算期内三个方案的净现值计算

$$NPV_A = -6\,000 + (3\,000 - 800)(P/A,12\%,12) - 6\,000(P/F,12\%,3) - 6\,000(P/F,12\%,6) - 6\,000(P/F,12\%,9)$$
$$= -714.24(万元)$$

$$NPV_B = -7\,000 + (4\,000 - 1\,500)(P/A,12\%,12) - 7\,000(P/F,12\%,4) - 7\,000(P/F,12\%,8) + 200(P/F,12\%,4) + 200(P/F,12\%,8) + 200(P/F,12\%,12)$$
$$= 1\,469.42(万元)$$

$$NPV_C = -9\,000 + (4\,500 - 1\,800)(P/A,12\%,12) - 9\,000(P/F,12\%,6) + 300(P/F,12\%,6) + 300(P/F,12\%,12)$$
$$= 3\,394.47(万元)$$

（4）方案比选

对互斥方案的三个方案用净现值指标进行比选。由于 $NPV_C > NPV_B > NPV_A$，故方案 C 最优。

2. 净年值法

净年值法是在对寿命期不相等的互斥方案进行比选时最为简便的方法，即分别计算各方案的净年值，净年值≥0，且净年值最大者为最优。其具体表达式为

$$NAV_j = NPV_j(A/P,i_c,n) = \left[\sum_{t=0}^{n_j} (CI_j - CO_j)_t (1+i_c)^{-t} \right](A/P,i_c,n_j) \quad (4-22)$$

式中：NAV_j——第 j 个方案的净年值；

　　　j——第 j 个方案，$j = 1,2,\cdots,m$；

　　　n_j——第 j 个方案的寿命期；

【例 4-12】 有 A、B、C 三个寿命不等的互斥投资方案，其现金流量见表 4-14。假设收益和支出都在年末，基准收益率为 12%，试对三个方案做出取舍。

表 4-14　A 与 B 两个方案的净现金流量表　　　　　　　　　　　单位：万元

方案	初始投资	残值	年度支出	年度收益	寿命（年）
A	5 000	0	800	3 000	3
B	7 000	200	1 500	4 000	4
C	9 000	300	1 800	4 500	6

解： 方案 A：$NAV_A = -5\,000(A/P,12\%,3) + 3\,000 - 800$
　　　　　　$= 118.5(万元)$

方案 B：$NAV_B = -7\,000(A/P,12\%,4) + 4\,000 - 1\,500 + 200(A/F,12\%,4)$
　　　　　　$= 233.94(万元)$

方案 C：$NAV_C = -9\,000(A/P,12\%,6) + 4\,500 - 1\,800 + 300(A/F,12\%,6)$
　　　　　　$= 548.16(万元)$

由于 $NAV_C > NAV_B > NAV_A$，故方案 C 最优，与上例净现值方法的结论相同。

需要再次说明的是，当互斥方案的投资额不同且相差较大时，应用差额净现值法或前面介绍的其他方法进行评价，并综合考虑项目的实际背景和投资资金的应用要求后，再对方案

进行评价和决策。

（三）无限寿命的互斥方案经济效果评价

在实践中,经常会遇到具有很长服务期(寿命大于 50 年)的工程方案,例如桥梁、铁路、公路、涵洞、水库、机场等。一般而言,经济分析对遥远未来的现金流量是不敏感的,例如,当 $i=6\%$ 时,30 年后的 1 元现值为 0.174 元,50 年后的现值仅为 0.141 元。而当 $i=10\%$ 时,30 年后的 1 元现值为 0.057 3 元,50 年后的现值仅为 0.008 5 元。因此,对于服务寿命很长的工程方案,可以近似地当作具有无限服务寿命期来处理。

如果工程项目按无限期计算现值,其公式可简化为

$$P=\frac{A}{i} \tag{4-23}$$

因为由等额序列现值公式

$$P=A\left[\frac{(1+i)^n-1}{i\,(1+i)^n}\right]=A(P/A,i,n) \tag{4-24}$$

当 n 趋近于无穷大时,有

$$P=A\lim_{n\to\infty}\left[\frac{(1+i)^n-1}{i\,(1+i)^n}\right]=A\lim_{n\to\infty}\left[\frac{1}{i}-\frac{1}{i\,(1+i)^n}\right]=\frac{A}{i} \tag{4-25}$$

当 n 趋近于无穷大时,已知现值,则有

$$A=P\cdot i \tag{4-26}$$

对无限期互斥方案,可以用净现值对各方案进行比较,判别准则依然为:净现值大于或等于零且净现值最大的方案为最优方案。

当可供比选的方案的效益相同或基本相同时,可采用费用现值法和等额年费用法进行比选。判别准则是:费用现值或等额年费用最小的方案为优。

【例 4 - 13】 某河上欲建大桥,有 A、B 两处选点方案,如表 4 - 15 所示,若基准折现率为 10%,试对两个方案进行比较选择。

表 4 - 15 **A 与 B 两个方案的净现金流量表**　　　　　　　　　　　　　　　单位:万元

方案	一次投资	年维护费	再投资
A	3 500	2	20(每 10 年一次)
B	2 800	1	10(每 5 年一次)

解:(1) 绘制两个方案的现金流量图,如图 4 - 7 所示。

(2) 费用现值法比选

$$PC_A=3\,500+\frac{A}{i}$$

$$=3\,500+\frac{2+20(A/F,10\%,10)}{10\%}=3\,532.54(万元)$$

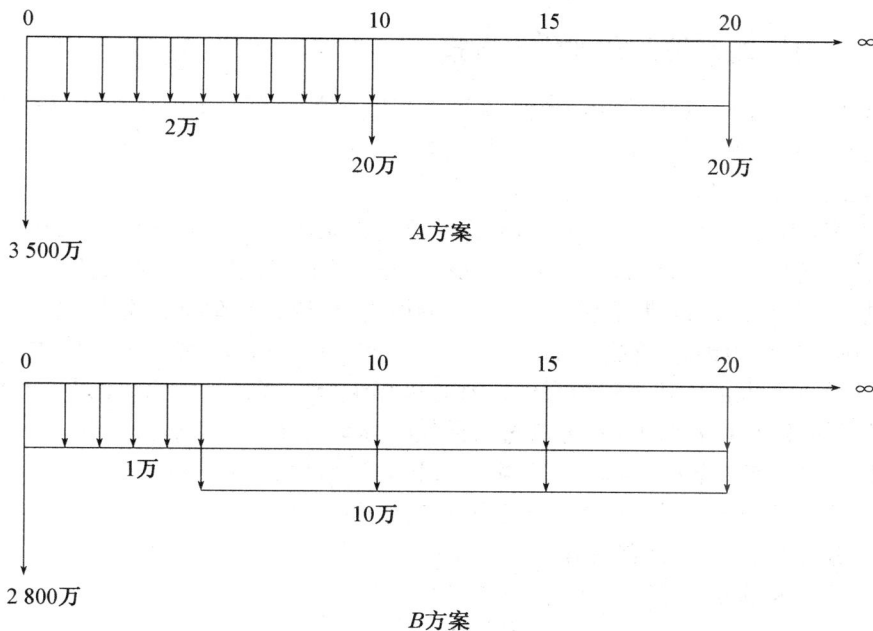

A方案

B方案

图4-7　现金流量图

$$PC_B = 2\,800 + \frac{A}{i}$$

$$= 2\,800 + \frac{1 + 10(A/F,10\%,5)}{10\%} = 2\,826.38(万元)$$

由于 $PC_B < PC_A$，故方案 B 为优。

（3）用等额年费用法比选

$$AC_A = P \times i + 2 + 20(A/F,10\%,10)$$

$$= 3\,500 \times 10\% + 2 + 20 \times 0.062\,7 = 353.25(万元)$$

$$AC_B = P \times i + 1 + 10(A/F,10\%,5)$$

$$= 2\,800 \times 10\% + 1 + 10 \times 0.163\,8 = 282.64(万元)$$

由于 $AC_B < AC_A$，故方案 B 为优。

同步训练4-7

某建设项目有两个设备更新的方案，各方案的净现金流量如表4-16所示。设折现率为10%，应选哪种设备？

同步训练4-7

答案

表4-16　现金流量表

设备型号	初始投资（万元）	年运营费（万元）	残值（万元）	寿命（年）
A	20	2	3	5
B	30	1	5	5

二、独立方案的经济效果评价与选择

在没有资源约束的条件下,在一组方案中选择其中的一个方案并不排斥接受其他的方案,即一个方案是否采用与其他方案是否采用无关,则这一组方案称为独立型多方案,简称独立多方案或独立方案。

独立方案,当资金充裕不受约束时,无论是单一方案还是多方案,其采用与否,只取决于方案自身的经济性,即只需检验它们是否能够通过净现值、净年值、内部收益率或动态投资回收期指标的评价标准,即进行绝对经济效果的检验,凡通过绝对经济效果检验的方案应予以接受,否则应予以拒绝。当资金有限时,要以资金为制约条件,来选择最佳的方案组合。这类问题的处理是先把不超过资金限额的所有可行组合方案排列出来,使得各方案之间是互斥的,然后按照互斥方案的选择方法选出最佳的方案组合。下面举例说明。

【例 4-14】 有三个相互独立的方案 A、B、C,其寿命期均为 8 年,现金流量如表 4-17 所示。设基准收益率为 12%,年收入和年支出都在年末,求:

(1) 当资金无限额时,试判断各方案的经济可行性。

(2) 当资金限额为 20 000 万元,应如何选择方案?

表 4-17　各方案的净现金流量表　　　单位:万元

方案	初始投资	年收入	年支出	年净收入
A	6 000	2 400	1 000	1 400
B	8 000	3 200	1 200	2 000
C	10 000	4 000	1 600	2 400

解:(1) 当资金无限额时,判断各方案的经济可行性。

由于 A、B、C 三个方案为独立型方案,故只要经济上可行均可接受,无需对各方案之间进行比较。下面用净现值与内部收益率两个指标评价。

① 净现值法

$$NPV_A = -6\,000 + (2\,400 - 1\,000)(P/A, 12\%, 8) = 954.64(万元) > 0$$
$$NPV_B = -8\,000 + (3\,200 - 1\,200)(P/A, 12\%, 8) = 1\,935.2(万元) > 0$$
$$NPV_C = -10\,000 + (4\,000 - 1\,600)(P/A, 12\%, 8) = 1\,922.24(万元) > 0$$

由于,NPV_A、NPV_B、NPV_C 均大于零,故三个方案经济上均可行。

② 内部收益率法

$$-6\,000 + (2\,400 - 1\,000)(P/A, IRR_A, 8) = 0$$
$$-8\,000 + (3\,200 - 1\,200)(P/A, IRR_B, 8) = 0$$
$$-10\,000 + (4\,000 - 1\,600)(P/A, IRR_C, 8) = 0$$

借助复利系数表用线性内插法求得 $IRR_A = 16.55\%$、$IRR_B = 18.75\%$、$IRR_C = 17.47\%$,三个方案的内部收益率均大于基准收益率 $i_c = 12\%$,故三个方案经济上均可行。

(2) 当资金限额为 20 000 万元,应如何选择方案?

① 方案组合,并别除资金限额超过 20 000 万元的组合方案。见表 4-18 所示。

表 4 - 18 　满足资金限额要求的方案组合净现金流量表 　　　　单位:万元

序号	1	2	3	4	5	6	7
方案组合	0	A	B	C	$A+B$	$A+C$	$B+C$
初始投资	0	6 000	8 000	10 000	14 000	16 000	18 000
年净收益	0	1 400	2 000	2 400	3 400	3 800	4 400

② 用净现值选择方案

各方案的净现值计算结果如下:

$NPV_1=0$、$NPV_2=954.64$、$NPV_3=1\,935.2$、$NPV_4=1\,922.24$、$NPV_5=2\,889.84$、$NPV_6=2\,876.88$、$NPV_7=3\,857.44$。由此可以看出,第 7 个方案组合的净现值最大,因此选 B、C 两个方案组合。

三、混合型方案的选择

混合型方案通常是指几个独立方案中,又包含有若干个互斥方案,在资金受约束的条件下,如何选择最优的组合方案。混合型项目方案群的最优化组合方法可通过建立互斥型方案组合来解,即与求解独立型方案相似,对混合型方案选出可能的方案组合(单方案经济上可行的各种排列组合方案),从中选出能满足资金限额的各方案组合,最后按互斥型方案的选择原则,从中选择最优的方案组合(可按方案组合的净现值最大来选),其基本解题思路与前述内容相同,故不再重述。

本章小结

本章讲述了工程项目经济评价方法,从是否考虑资金的时间价值分静态的经济评价指标和动态的经济评价指标,静态的主要讲了投资收益率、静态投资回收期、偿债能力等指标,动态的主要讲了净现值、内部收益率、净年值的计算等,另外本章还阐述了多方案的比选的原则,这些内容为项目的经济评价和比选提供了诸多选择。

不考虑资金时间价值的评价指标称为静态评价指标,计算起来比较简单,但不太符合现实情况;考虑资金时间价值的为动态评价指标,一定要掌握净现值、内容收益率的计算。净现值(NPV)即将所有各期的净现金流量以一定的折现率折现到基期的累计值,应用 NPV 指标评价项目可行的标准是 NPV≥0,否则项目不可行。而内部收益率(IRR)则是在考虑时间价值的情况下,项目到期末能收回投资的折现率,也表示项目可承受的最高利率的水平,如果 IRR 大于等于基准收益率,则项目可以接受。

多方案的比选主要分为互斥方案、独立方案和混合方案。多方案的比选主要还是应用了以上的经济评价指标进行分析,关键在于选择合适的评价指标。

复习思考题

1. 如何理解净现值的概念?

2. 内部收益率的经济含义是什么?

3. 影响基本收益率的因素有哪些?

4. 什么是互斥(互不相容)型方案?什么是独立型方案?请举例说明。

5. 有以下两个投资方案甲和乙,现金流量表如表 4-19 所示,用净现值和差额内部收益率法指标分别进行方案比选。

表 4-19　投资方案的现金流量表　　　　　　　　单位:万元

方案	0	1~5 年	6~10 年	11~15 年	16~19 年
甲方案	−300	67.79	73.41	124.03	130.24
乙方案	−400	85	85	155	155

6. 有 3 个互斥型方案,寿命期均为 10 年,基准收益率为 $i_c = 10\%$,各方案的初始投资和年净收益见表 4-20。试分别用差额净现值及差额内部收益率法在 3 个方案中选择最优方案。

表 4-20　投资方案的现金流量表　　　　　　　　单位:万元

方案	A	B	C
初始投资	49	60	70
年净收益	10	12	13

7. 有 3 个不相关(相互独立)的方案 A、B、C,各方案的投资、年净收益和寿命期见表 4-21。经计算可知,各方案的内部收益率 *IRR* 均大于基准收益率 15%。已知总投资限额为 30 000 元,问应当怎样选择方案。

表 4-21　A、B、C 方案的有关数据表　　　　　　　　单位:元

方案	投资	年净收益	寿命期(年)
A	10 000	4 000	5
B	12 000	4 300	5
C	17 000	5 800	10

8. 某厂为降低成本,现考虑 3 个相互排斥的方案,3 个方案的寿命期均为 10 年,各方案的初始投资和成本节约金额见表 4-22。试在折现率为 12% 的条件下选择经济上最有利的方案。

表 4-22　初始投资和年成本节约额　　　　　　　　　　　单位:万元

方案	A	B	C
初始投资	40	55	72
年成本节约额	12	15	18

9. 某企业为了扩大生产规模,打算购买新的设备。有 3 种不同的设备可供选择。每套设备的初始投资和运行费用见表 4-23。该企业最多能筹资 140 万元,3 套设备的寿命期均为 10 年,基准收益率为 15%。各种设备可组合投入运行,但每种设备最多只需一套。试确定最优的方案组合。

表 4-23　初始投资和运行费用表　　　　　　　　　　　单位:元

系统类型	初始投资	年运行费用
A	600 000	105 000
B	650 000	95 000
C	720 000	80 000

10. 某冶炼厂欲投资建一储水池,有两个方案:A 方案是在厂内建一个水塔,造价(初始投资)102 万元,年运用费用 2 万元,每隔 10 年大修一次的费用 10 万元;B 方案是在厂外不远处的小山上建一储水池,造价(初始投资)83 万元,年运用费用 2 万元,每隔 8 年大修一次的费用 10 万元。另外,方案 B 还需购置一套附加设备,购置费为 9.5 万元,寿命为 20 年,20 年末的残值为 0.5 万元,年运用费用为 1 万元。该厂基准收益率为 7%。

(1) 储水设施计划使用 40 年,任何一个方案在计划期末均无残值,各方案的一次性初始投资在基准点处,计划期末不再大修。哪个方案最优?

(2) 若永久地使用储水设施,哪个方案为优?

第五章　建设项目风险与不确定性分析

学习目标

知识目标

1. 了解建设项目的不确定性因素,理解进行不确定性因素的必要性;
2. 理解盈亏平衡分析的思路;
3. 了解线性盈亏平衡分析的前提条件;
4. 理解敏感性分析的思路和程序;

能力目标

1. 能够分析线性和非线性盈亏平衡问题;
2. 能够对互斥型方案运用盈亏平衡分析进行分析并比选;
3. 能够进行单因素敏感性分析;
4. 能够应用相关理论对项目可能的风险进行识别。

素质目标

1. 培养学生的风险意识。
2. 培养学生收益与风险的平衡意识。
3. 培养学生应用所学知识解决问题的能力,提高辩证思维和逻辑思维能力。

情境导航

　　拟用建筑设备有两套方案备选:方案甲的设备购置费为 1 400 元,使用 4 年后的残值为 200 元,每年的设备维护费为 120 元,设备运转每小时的动力费为 0.84 元;方案乙的设备购置费为 550 元,使用 4 年后无残值,设备运转每小时的动力费为 0.8 元,设备每小时的维护费为 0.57 元,若寿命都为 4 年,设基准收益率为 10%。

　　问题:试建立甲乙方案的年度总费用函数并用盈亏平衡分析法对背景资料中的方案进行不确定分析。

　　为了提高经济评价的准确度和可信度,尽量避免和减少投资决策的失误,有必要对投资方案做不确定性分析,为投资决策提供客观、科学的依据。那么有哪些方法可以定量分析项目的不确定性呢?

第一节　概　述

　　建设工程项目投资规模大,实施周期较长,由于客观条件的复杂性和主观条件的局限性,建设项目的技术经济分析处于一种不确定性之中。技术经济分析评价的依据和数据是建立在分析人员对未来事件的估计和预测基础之上的,在经济评价中使用的投资、成本、收益、产量和价格等基础数据难免与预测值存有偏差,使得投资项目经济效果的实际值可能偏离其预测值,另外,投资项目的政治、经济形势、道德文化、资源技术发展情况等外部条件的不确定性,投资超概算、工期拖延、价格上涨、市场需求变化、产品售价波动、达不到设计生产能力、劳务费用增加以及外币汇率变动等都可能使一个投资项目达不到预期的经济效果,从而给投资者和经营者带来较大的经济风险和技术风险。因此,为了避免投资失误、降低风险,对项目进行不确定性分析是项目经济评价中的一个重要内容。

一、不确定性产生的原因

一般情况下,产生不确定性的主要原因如下:
(1) 所依据的基本数据的不足或者统计偏差;
(2) 未来经济形势的变化,如通货膨胀、市场供求结构的变化;
(3) 技术进步,如生产工艺或技术的发展和变化;
(4) 其他外部影响因素,如政府政策的变化,新的法律、法规的颁布,国际政治经济形势的变化等,均会对项目的经济效果产生一定的甚至是难以预料的影响。

当然,还有其他一些影响因素。在项目经济评价中,如果想全面分析这些因素的变化对项目经济效果的影响是十分困难的。因此,在实际工作中,往往要着重分析和把握那些对项目影响大的关键因素,以期取得较好的效果。

二、不确定性分析

所谓不确定性分析,就是考察人力、物力、资金、固定资产投资、生产成本和产品售价等因素变化时,对项目经济效果评价所带来的响应。这些因素变化对项目经济效果评价所带来的响应越剧烈,表明评价的项目及其方案对某个或某些因素越敏感(这样的因素习惯被称为不确定因素),要求项目决策者和投资者予以充分的重视和考虑。事实上,任何投资项目都会有风险,进行不确定性分析,就是要弄清和减少这些因素对经济效果评价的影响,避免项目上马投产后不能获得预期的利润和收益。不确定性分析的流程如图5-1所示。

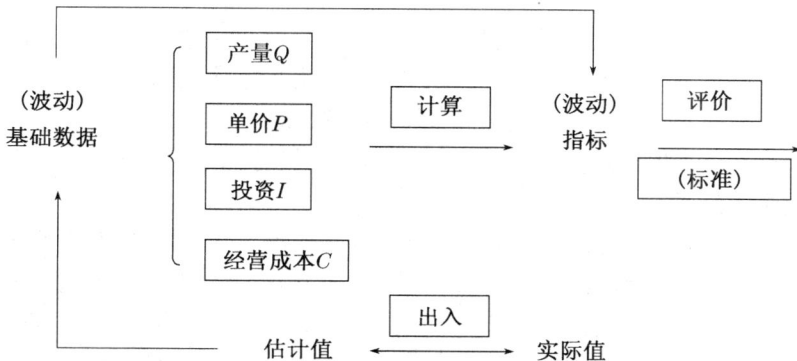

图5-1　不确定性分析的流程示意图

目前,不确定性分析方法主要包括盈亏平衡分析、敏感性分析及概率分析(也称风险分析)。在具体应用时,要在综合考虑项目的类型、特点,决策者的要求,相应的人力、财力,以及项目对国民经济的影响程度等条件下来选择。盈亏平衡分析一般只用于财务评价,敏感性分析及概率分析可同时用于财务评价和国民经济评价。

第二节 盈亏平衡分析

一、盈亏平衡分析的概念

各种不确定因素的变化会影响投资方案的经济效果,当这些因素的变化达到某一临界值时,就会影响某一方案的取舍。盈亏平衡分析的目的就是找出这些因素变化的临界值,即盈利与亏损的转折点,称之为盈亏平衡点(break-even point,BEP),或称保本点。盈亏平衡点越低,说明项目盈利的可能性越大,亏损的可能性越小,因而项目有较大的抗风险能力。通过盈亏平衡分析找出不发生亏损的经济界限,以便判断投资方案对不确定因素变化的承受能力,为投资者决策提供依据。

盈亏平衡分析又称损益平衡分析,它是根据投资项目或企业的产品产量、成本和利润间相互关系来对投资方案进行技术经济分析的。它可以用数学公式和图解法确定盈亏平衡点,从而拟定企业盈利和亏损时产品数量和价格的界限。即确定投资方案的盈亏临界规模和最优规模,它是经济效果评价方法的一种辅助手段。

根据生产成本及销售收入与产销量之间是否呈线性关系,盈亏平衡分析又可进一步分为线性盈亏平衡分析和非线性盈亏平衡分析。

二、线性盈亏平衡分析

线性盈亏平衡分析是一种理想状态下的简化的分析方法,其假定条件如下:

(1)单位产品的价格稳定,且与产品的销售量无关;

(2)产品的年销售量与年生产量相等;

(3)年生产总成本中,一部分为可变成本,即随产量的增减变动而成正比例变化的成本,如原材料的消耗、燃料、动力等;一部分为固定成本,即在一定的产量范围内不随产量的增减变动而变化的成本,如辅助人员的工资、折旧费、摊销费、维修费等;

(4)产品的产量变化时,单位产品的可变成本不变;

(5)只生产单一产品,或者生产多种产品,但可以换算为单一产品计算,也即不同产品负荷率的变化是一致的。

根据以上条件,在一定期间把成本分解成固定成本和可变成本两部分后,再同时考虑收入和利润,使成本、产销量和利润的关系统一于一个数学模型。有以下公式:

$$TR=(1-t)P \cdot Q \qquad (5-1)$$

$$TC=C_F+C_V Q \qquad (5-2)$$

式中:TR——年销售收入;

P——单位产品的价格(不含销售税);

Q——产品的年销售量(即年产量);

TC——年总成本费用;

C_F——固定成本;

C_V——单位产品的可变成本。

根据盈亏平衡点的概念,当达到盈亏平衡状态时,总成本=总收入,即

$$TC = TR$$

$$PQ^* = C_F + C_V Q^*$$

$$Q^* = \frac{C_F}{P - C_V} \tag{5-3}$$

式中:Q^*——盈亏平衡时的产量(即盈亏平衡点)。

若用含税价格 P 计算,$P = (1-t)p$,则有

$$Q^* = \frac{C_F}{[(1-t)P] - C_V} \tag{5-4}$$

式中:t——产品营业税及其附加税率。

将式(5-4)的关系反映在直角坐标系中,即成为基本的量本利图,如图 5-2 所示。

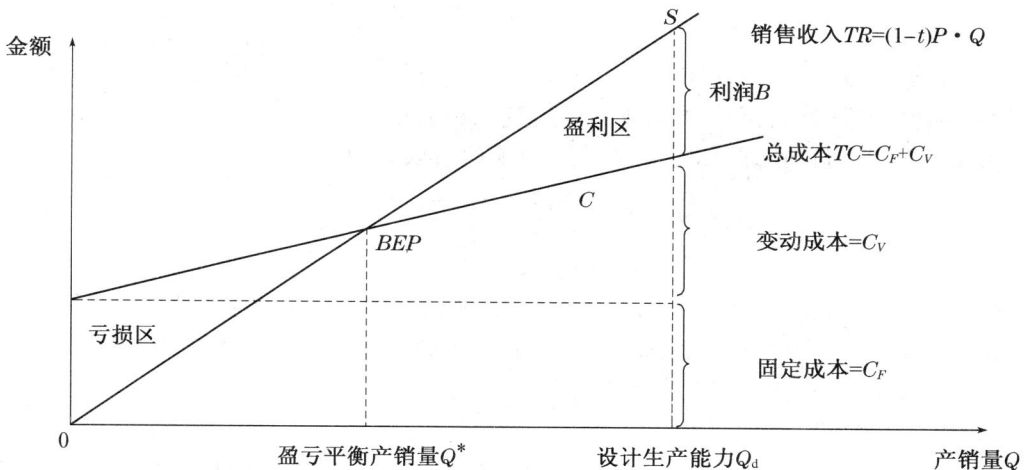

图 5-2 线性盈亏平衡分析图

从图 5-2 中可以看到,盈亏平衡点越低,达到此点的盈亏平衡产销量就越少,项目投产后的盈利的可能性越大,适应市场变化的能力越强,抗风险能力也越强。

【例 5-1】 某建设项目年设计生产能力为 8 万台,年固定成本为 1 000 万元,产品单台销售价格为 1 000 元,单台产品可变成本为 600 元,营业税及附加税率为 5.5%,试求盈亏平衡点的产销量。

解:根据式(5-4)可得

$$BEP(Q) = \frac{10\ 000\ 000}{1\ 000(1 - 5.5\%) - 600} = 28\ 986(台)$$

计算结果表明,当项目产销量低于 28 986 台时,项目亏损;当项目产销量大于 28 986 台时,则项目盈利。

表示项目盈亏平衡点(BEP)的表达形式有多种。可以用绝对值表示,如以实物产销量、

单位产品售价、单位产品的可变成本、年固定总成本以及年销售收入等表示的盈亏平衡点；也可以用相对值表示，如以生产能力利用率表示的盈亏平衡点，下面具体说明。

（1）以销售收入表示的盈亏平衡点

$$TR^* = PQ^* = P \times \frac{C_F}{P - C_V} \qquad (5-5)$$

式中：TR^*——盈亏平衡时的销售收入；

（2）生产能力利用率的盈亏平衡点

生产能力利用率的盈亏平衡点是指项目不发生亏损时至少应达到的生产能力利用率，用下式表示为

$$q^* = \frac{Q^*}{Q_C} \times 100\% = \frac{C_F}{Q_C(P - C_V)} \times 100\% \qquad (5-6)$$

式中：q^*——盈亏平衡点的生产能力利用率；

　Q_C——生产能力（设计年产量）；

（3）盈亏平衡的销售价格

若按生产能力进行生产和销售，则盈亏平衡时可表示为

$$P^* Q_C = F + C_V Q_C \quad 故 \ P^* = \frac{F + C_V Q_C}{Q_C} \qquad (5-7)$$

式中：P^*——盈亏平衡的销售价格。

（4）盈亏平衡的单位产品可变成本

若按生产能力进行生产和销售，则盈亏平衡时可表示为

$$PQ_C = F + C_V^* Q_C \quad 故 \ C_V^* = P - \frac{F}{Q_C} \qquad (5-8)$$

式中：C_V^*——盈亏平衡的单位产品可变成本。

【例 5-2】　某项目年生产能力为 150 万吨，单位产品的含税销售价格为 180 元/吨，单位产品可变成本为 50 元/吨，固定成本总额为 7 000 万元，销售税率为 15%，试计算盈亏平衡点产量、生产能力利用率以及盈亏平衡点价格。

解：由题意可知：

$Q_C = 150$ 万吨，$P = 180$ 元/吨，$C_V = 50$ 元/吨，$C_F = 7\,000$ 万元，$t = 15\%$。

（1）盈亏平衡点产量

$$Q^* = \frac{C_F}{[(1-t)P] - C_V} = \frac{70\,000\,000}{[(1-15\%) \times 180] - 50} = 67.96（万吨/年）$$

（2）生产能力利用率

$$q^* = \frac{Q^*}{Q_C} \times 100\% = \frac{67.96}{150} = 45.3\%$$

（3）盈亏平衡点价格

$$P^* = \frac{F_c + C_V Q_C}{Q_C} = \frac{F_c}{Q_C} + C_V = \frac{7\,000}{180} + 50 = 88.89（元/吨）$$

$$p^* = \frac{P^*}{1-t} = \frac{88.9}{1-15\%} = 104.59（元/吨）$$

同步训练 5-1

同步训练 5-1

答案

　　某方案设计年产量为 30 万件,估计产品单价为 10 元,单位可变成本为 8 元,年固定成本为 40 万元,营业税率为 5%。试分别用产量、销售收入、生产能力利用率表示盈亏平衡点,并计算经营安全度。

三、非线性盈亏平衡分析

　　在上述分析中,我们假定生产成本费用与销售收入随产量增长而呈线性变化,但实际一方面由于企业生产过程比较复杂,负荷不甚相同,产品成本变化并非是一条直线,其中除总成本的固定成本在一定时期内不随产品数量变化而变化外,而总成本中的可变费用则随产品数量增长呈曲线变化;其次是由于市场供求关系的影响,销售收入线也并非一条直线。在产品处于畅销时,销售收入在一定产量(或销售量)范围内随产量增长而呈直线增长,但当市场供求关系超越饱和直至衰退期,销售收入并不随产量增加而呈直线增长,甚至到了极限后反而有减少,形成曲线变化。在这种情况下,就需应用非线性盈亏平衡分析。

　　非线性情况下的收入、费用图可以如图 5-3 所示,从图中可以看出,盈亏平衡分析盈亏平衡点不止一个,此时的盈亏平衡分析是求解最为经济的产量规模,也就是实现最大盈利的最优产量,由于求解思路与线性盈亏平衡分析一致,故在此不予赘述。

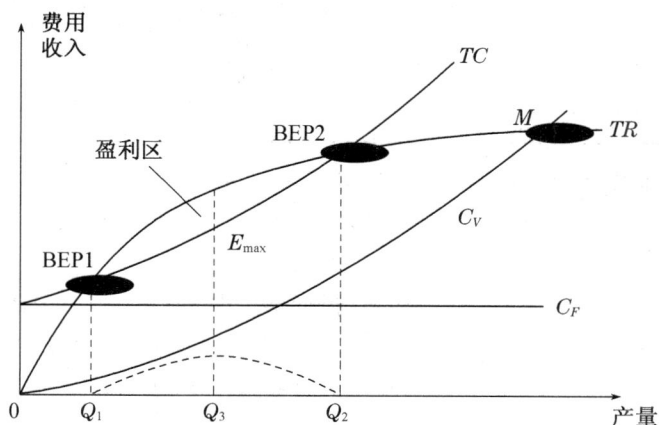

图 5-3　线性盈亏平衡分析图

　　【例 5-3】　某企业年固定成本 6.5 万元,每件产品变动成本 25 元,原材料批量购买可降低单位材料费用为购买量的 0.1%,每件售价为 55 元,随销售量的增加市场单位产品价格下降 0.25%,试计算盈亏平衡点、利润最大时产量。

　　解:(1) 企业盈亏平衡点产量求解:

　　成本函数:　$TC = 65\,000 + (25 - 0.001Q)Q = 65\,000 + 25Q - 0.001Q^2$

　　销售收入函数:　$TR = (55 - 0.002\,5Q)Q = 55Q - 0.002\,5Q^2$

　　根据盈亏平衡分析原理　　　　　　　$TR = TC$

整理后得 $\qquad$ $0.001\,5Q^2-30Q+65\,000=0$

$$Q_* = \frac{30\pm\sqrt{900-4\times0.001\,5\times65\,000}}{2\times0.001\,5}$$

故 $Q_1=24$（件）；$Q_2=17\,528$（件）

（2）最大利润时的产量 Q_3

利润 $E(Q)=TR-TC=55(Q)-0.002\,5Q^2-65\,000-25Q+0.001Q^2$

$\qquad\qquad =-0.001\,5Q^2+30Q-65\,000$

对上式求导，并令导数$=0$，则有$-0.003Q+30=0$，故：$Q_3=10\,000$（件）。

四、互斥方案的盈亏平衡分析

现实中，对于若干个互斥方案进行比选，如果是某个共有的不确定因素影响这些方案的取舍，则可以进行互斥方案的盈亏平衡分析（或称优劣盈亏平衡分析）。

应用盈亏平衡分析方法对多个方案进行比选的思路是：设定多个（比如两个）的经济效果都受到某个不确定性因素 x 的影响；选定一个经济效果指标 E（比如 NPV、总成本等），经济指标 E 可看作是以 x 为自变量的函数即 $E=f(x)$，则通过方程 $f_1(x)=f_2(x)$ 求得临界值，从而决定方案的取舍。

【例 5-4】 某建设项目有三个备选方案，三个方案的年成本情况如表 5-1 所示，请分析该项目各方案适用的生产规模和经济性。

表 5-1 某项目有三个备选方案年成本

方案	年固定成本（万元）	单位变动成本（元）	年总成本（元）
A	800	10	$TC_A=8\,000\,000+10Q$
B	500	20	$TC_B=5\,000\,000+20Q$
C	300	30	$TC_C=3\,000\,000+30Q$

解：本题以 Q 为自变量，TC 为衡量的经济指标。则

对于 A 和 B 方案，平衡点为 $TC_A=TC_B$ 时的 Q_n，即 $8\,000\,000+10Q=5\,000\,000+20Q$

求得 $Q_n=300\,000$

对于 A 和 C 方案，平衡点为 $TC_A=TC_B$ 时的 Q_n，即 $8\,000\,000+10Q=3\,000\,000+30Q$

求得 $Q_l=250\,000$

对于 B 和 C 方案，平衡点为 $TC_A=TC_B$ 时的 Q_n，即 $5\,000\,000+20Q=3\,000\,000+30Q$

求得 $Q_m=200\,000$

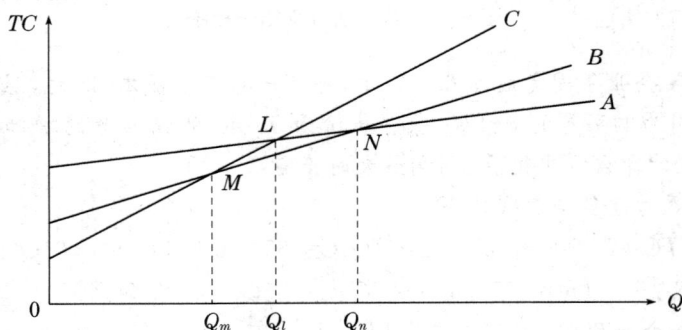

图 5-4 互斥方案的盈亏平衡分析图

通过图 5-4 可以看出，在 $Q < 200\,000$ 时，选择 C 方案成本最低；在 $200\,000 < Q < 300\,000$ 时，选择 B 方案成本最低；在 $Q > 300\,000$ 时，选择 A 方案成本最低。

同步训练 5-2

某房地产开发商拟投资开发建设住宅项目，建筑面积为 $5\,000 \sim 10\,000\ \text{m}^2$，现有 A、B、C 三种方案，各方案的技术经济数据见表 5-2。现假设资本利率为 5%，试确定各建设方案经济合理的建筑面积范围。

同步训练 5-2

答案

表 5-2　三种方案的技术经济数据

方案	造价/(元/m²)	运营费/万元	寿命/a
A	1 200	35	50
B	1 450	25	50
C	1 750	15	50

拓展阅读 5-1

Excel 在盈亏平衡分析中的应用

第三节　敏感性分析

一、敏感性分析的概念

任何建设工程项目总是受到各种不确定因素的影响，如政策环境和市场情况的变化，导致产品产量、产品价格、产品成本、总投资、项目建设工期、主要原材料和燃料以及动力价格等等与最初方案设计时不同。这些因素对项目有着不同的影响程度。敏感性分析，就是通过分析项目主要不确定因素发生一定幅度变化时对财务或经济评价指标产生的影响，并计算敏感性系数和临界点，从而找出敏感因素。所谓敏感因素，是指不确定因素的数值有很小的变动就能使项目经济效果出现显著改变的因素，反之则成为非敏感因素。

通过敏感性分析，可以帮助分析者找出项目的敏感性因素（即影响程度较大的因素），企业可以把进一步深入调查研究的重点集中在那些敏感因素上，提出减轻不确定因素影响的措施，或者针对敏感因素制定出管理和应变对策，以达到尽量减少风险、增加决策可靠性的目的。

二、敏感性分析的步骤

敏感性分析的一般步骤如下：

1. 选择需要分析的不确定因素

进行敏感性分析首先要选定不确定因素。经验表明，对于工程项目，可用于敏感性分析的因素通常有投资额、项目建设期限、产品产量或销售量、产品价格、经营成本和折现率等。

2. 确定不确定因素变化程度

敏感性分析通常是针对不确定因素的不利变化进行的，一般是选取不确定因素变化的百分率,习惯上常选取±10%。为了分析的需要,也可分别选取±5%、±10%、±15%、±20%等。对于那些不便用百分数表示的因素,例如建设期,可采用延长一段时间表示,例如延长一年。

3. 选取分析指标

敏感性分析可以选定其中一个或几个主要指标进行。最基本的分析指标是内部收益率、净现值,根据项目的实际情况也可选取投资回收期或其他评价指标,必要时可同时对两个或两个以上的指标进行敏感性分析。通常财务分析与评价的敏感性分析中选择净现值或内部收益率指标。

4. 分析指标的计算

按照预先选定的不确定因素变化程度,先变动一个(或一组)不确定因素而其他因素不变,计算该因素(该组因素)的变化对经济指标的影响程度。如此逐一计算,对所有的因素进行分析考察。

5. 找出敏感因素

在分析计算的基础上,将结果加以整理分析,选择其中对经济效果评价指标影响变化幅度大的因素作为敏感因素,影响变化幅度小的因素作为非敏感因素。敏感性分析的目的在于寻求敏感因素,可以通过计算敏感度系数来判断。

6. 综合分析,采取对策

找出敏感性后面的因素,对其进行综合分析,决策者和分析者可以详尽了解到各种不确定因素对项目的影响,针对地提出预防措施,有助于在决策过程以及在方案的实施过程中对风险加以重点管理控制,以备后患。

三、单因素敏感性分析

根据每次所考虑的变动因素的数目不同,敏感性分析分为单因素敏感性分析方法和多因素敏感性分析方法。

单因素敏感性分析是对单一不确定因素变化的影响进行分析,即假设各个不确定性因素之间相互独立,每次只考察一个因素,其他因素保持不变,以分析这个可变因素对经济评价指标的影响程度和敏感程度;然后用其他因素来替换该变动因素,进而计算并分析其影响因素的敏感性,直到得出项目的全部影响因素的敏感性为止。

通常用敏感度系数来表示项目评价指标对不确定因素的敏感程度。单因素敏感分析时计算公式为:

$$E = \frac{\Delta A}{\Delta F} \tag{5-9}$$

式中:E——敏感度系数;

ΔF——不确定因素下的变化率(%);

ΔA——评价指标 A 的相应变化率(%)。

E 值越大,表明评价指标 A 对于不确定因素越敏感;反之,则越不敏感。

下面通过一个具体实例来说明敏感性分析的具体做法和过程。

【例 5-5】 某投资方案设计年生产能力为 10 万台,计划项目投产时总投资为 1 300 万元,其中建设投资为 1 150 万元,流动资金为 150 万元;预计产品价格为 60 元/台;销售税金及附加为销售收入的 10%;年经营成本为 300 万元;方案寿命期为 10 年;到期时预计固定资产余值为 200 万元,基准折现率为 10%,试就投资额、单位产品价格、经营成本等影响因素对该投资方案做敏感性分析。

解:绘制本项目基本方案现金流量图,如图 5-5 所示。

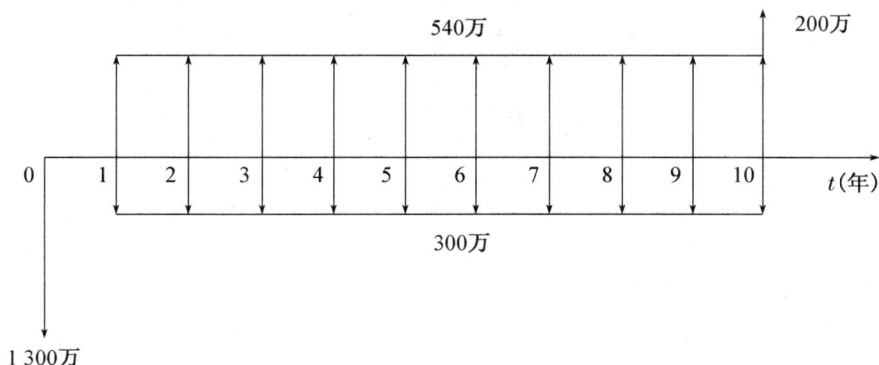

图 5-5　基本方案的现金流量图

选择净现值为敏感性分析的对象,则该项目基本方案的财务净现值为:

$$FNPV_0 = -1\,300 + [60 \times 10 \times (1-10\%) - 300] \times (P/A, 10\%, 10)$$
$$+ 200 \times (1+10\%) - 10$$
$$= 244.6(万元)$$

由于 $FNPV_0 > 0$,该项目是可行的。

下面来对项目进行敏感性分析。

取定三个因素:投资额、产品价格和经营成本,然后令其逐一在初始值的基础上按 $+10\%$、$\pm 20\%$ 的变化幅度变动。分别计算相对应的财务净现值的变化情况,得出结果并列于表 5-3。

表 5-3　单因素变化对净现值(NPV)的影响　　　　　　　单位:万元

变化幅度 \ 项目	−20%	−10%	0	10%	20%	平均+1%	平均−1%
投资额	504.6	374.6	244.6	114.6	−15.4	−5.31%	5.31%
产品价格	−411.8	−80	244.6	583.6	915.4	13.86%	−13.86%
经营成本	620.5	436.1	244.6	67.5	−116.9	−7.24%	7.24%

由表 5-1 可以看出,在各个变量因素变化率相同的情况下,产品价格每下降 1%,净现值下降 13.86%,投资额每增加 1%,净现值将下降 5.31%,经营成本每上升 1%,净现值下降 7.24%,三个因素比较,可以看出产品价格的变动对净现值的影响最为明显。

而根据以上相关数据作图 5-6,则可以看出当产品价格下降幅度超过 7.6% 时,净现值将由正变负,也即项目由可行变为不可行;当经营成本上升幅度超过 13.66% 时,净现值由正变负,项目变为不可行;当投资额增加的幅度超过 19.36% 时,净现值由正变负,项目变为不可行。由此可见,按财务净现值对各个因素的敏感程度来排序,依次是:产品价格、经营成本、投资额,最敏感的因素是产品价格。因此,从方案决策的角度来讲,应该对产品价格进行进一步、更准确的测算,因为从项目风险的角度来讲,如果未来产品价格发生变化的可能性较大,则意味着这一投资项目的风险性亦较大。

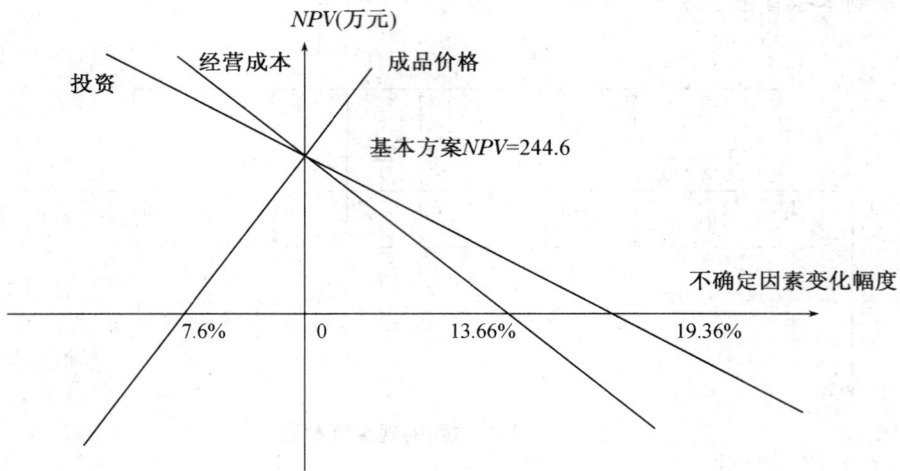

图 5 - 6　单因素敏感性分析图

综上所述,敏感性分析是项目经济评价时经常用到的一种方法,它在一定程度上对不确定因素的变动对项目投资效果的影响作了定量的描述,有助于搞清项目对不确定因素的不利变动所能容许的风险程度,有助于鉴别何者是敏感因素,从而能够及早排除对那些无足轻重的变动因素的注意力,把进一步深入调查研究的重点集中在那些敏感因素上,或者针对敏感因素制定出管理和应变对策,以达到尽量减少风险、增加决策可靠性的目的。但敏感性分析也有其局限性,它不能说明不确定因素发生变动的可能性是大还是小,也就是没有考虑不确定因素在未来发生变动的概率,而这种概率是与项目的风险大小密切相关的。

同步训练 5 - 3

某工厂欲新建一条自动生产线,据估算初始投资为 100 万元,寿命期 10 年,每年可节约生产费用 20 万元。若该行业的基准收益率为 12%,试分别就初始投资 I、生产费用节约额 C 和使用年限 n 各变动±10%的范围内,对该项目的 IRR 作敏感性分析。

同步训练 5-3

答案

四、多因素敏感性分析

单因素敏感性分析方法适合于分析项目方案的最敏感因素,是对单一因素的敏感程度的分析,但无法使我们认识多个因素同时变化对项目的影响。而在实际中,项目受到的影响都是多因素的共同作用,如成本上升 5%,价格却被迫下降 3%。因此,为了对项目的风险有更全面、准确的认识,还需对敏感因素的综合叠加作用作深入分析,即进行多因素敏感性分析。

多因素敏感性分析与单因素敏感性分析的原理是一致的,只是多因素敏感性分析由于要考虑可能发生的各种因素不同变动幅度的多种组合,因此计算起来要比单因素敏感性分析复杂得多。其中,两个参数同时变化对经济效果的影响,称为双因素分析;三个及三个以上参数同时变化对经济效果的影响,称为多因素分析。

【例5-6】　某开发企业在进行敏感性分析时发现对企业利润最敏感因素是租金和建造成本。假设年净租金收入在30～40美元/m² 之间变化,建造成本在185～250美元/m² 之间变化,现在测算这两个不确定性因素共同变化时的成本利润率水平如表5-4所示。

表5-4　租金和建造成本共同变化后的开发商成本利润率　　　　单元:万元

建造成本＼年净租金	30.0	31.5	32.5	35.0	37.5	40.0
185	11.84%	17.36%	21.03%	30.21%	39.36%	48.50%
200	6.41%	11.67%	15.16%	23.90%	32.62%	41.32%
215	1.48%	6.50%	9.84%	18.18%	26.50%	34.81%
230	−3.00%	1.79%	4.98%	12.96%	20.92%	28.86%
250	−8.41%	−3.88%	−0.86%	6.68%	14.20%	21.71%

多因素敏感性分析还有一种"三项预测值"法,其基本思路是:对建设工程项目中所涉及的变动因素,分别给出三个预测值,即最乐观预测值、最可能预测值和最悲观预测值,根据各变动因素三个预测值的相互作用来分析应用相关经济评价指标判断各指标受影响的情况。如经过全面的市场调研,某房地产项目各变动因素的三项预测值如表5-5所示。

表5-5　某项目各变动因素的三项预测值

变动因素	最乐观情况	最可能情况	最悲观情况
期初投资	1 000万美元	20万美元	20万美元
建造期	12个月	12个月	12个月
租售期	0(建成即租出)	3个月	12个月
租金年增长率	7%	5%	3%
建造成本上涨率	6%	7.5%	9%
贷款利率	10%	13%	16%

从表5-5可以看出,共有6个不确定性因素,而每个因素又有三种情况下的估计值,故共有216种组合情况。如果用人工计算,工作量太大也不现实,实际工作中必须应用计算机进行计算。

综上,敏感性分析具有分析具体指标,能与项目方案的经济评价指标紧密结合,分析原理简单,分析方法易于掌握和应用,便于对方案的分析和决策等优点,有助于找出影响项目方案经济效益的敏感因素及其影响程度,对于提高项目方案经济评价的可靠性具有重大意义。但是,敏感性分析没有考虑各种不确定因素在未来发生的概率,这可能会影响分析结论的准确性。实际上,各种不确定因素在未来发生某一幅度变动的概率一般是不同的。可能有这样的情况,通过敏感性分析找出的某一敏感因素未来发生不利变动的概率很小,因而实际上所带来的风险并不大,以至于可以忽略不计。而另一非敏感因素未来发生不利变动的概率很大,实际上带来的风险比那个敏感因素更大。为了弥补敏感性分析的不足,在进行项目评估和决策时,需要借助于概率分析方法。

第四节　风险分析

一、风险的概念

风险是工程项目经济评价中常用到的一个术语,对于风险的概念,可以解释为"风险是由于从事某项特定活动过程中存在的不确定性而产生的经济或财务的损失,自然破坏或损伤的可能性"。总之,风险具有普遍性与不确定性两大特征,在任何项目的建设投资过程中都不可避免。人们只有通过科学的分析方法进行项目风险的评价,以采取有效方式进行风险管理,从而达到损失最小化的目的和效果。

二、风险的分类

从不同的角度,可以对项目风险进行不同的分类,具体如下:

(1)按照风险来源或损失产生的原因,可分为自然风险和人为风险两种。自然风险是由于自然灾害(如水灾、火灾、地震、台风等)引起的项目风险。人为风险是指由于人为因素带来的风险,包括行为风险、政治风险、经济风险、技术风险、组织风险等。

(2)按照风险影响范围划分,可分为局部风险和总体风险。

(3)按照风险后果的承担者划分,主要有项目业主风险、承包商风险、投资方风险、设计单位风险、监理单位风险、供应商风险、担保方风险等。

(4)按照风险的可预测性划分,可以划分为已知风险、可预测风险和不可预测风险。已知风险是在严格分析项目计划后就能够明确的那些经常发生的,而且后果亦可预见的风险。可预测风险是根据经验,可以预见其发生,但不可预见其后果的风险。不可预测风险是有可能发生,但其发生的可能性具有不可预见性的风险。

三、风险分析

风险分析可以划分为三个阶段:风险识别、风险估计及风险评价和决策,具体如图5-7所示。

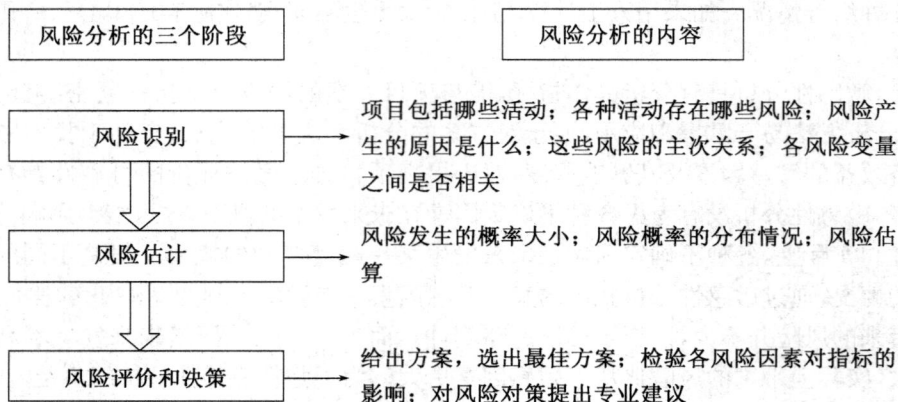

图5-7　风险分析的三个阶段

（一）项目风险识别

风险识别是指采用系统论的方法对项目进行全面考察综合分析，找出潜在的各种风险因素，并对各种风险因素进行比较、分类，重点要确定各因素间层次关系，论证各个风险因素的独立性，初步判断其发生的可能性及变化程度。风险识别的方法主要有：

1. 专家调查法

专家调查法主要包括专家个人判断法、头脑风暴法和特尔斐法。这种方法最大的优点是在缺乏足够统计数据和原始资料的情况下，可以做出定量的估计；缺点是容易受心理因素的影响。

2. 故障树分析法

利用图表的形式，对各种引起结果的原因进行分析。进行故障分析的一般步骤如下：定义项目目标—做风险因果图—全面考虑各风险因素之间的关系，从而研究对工程项目风险所应采取的对策或行动方案。该方法经常用于直接经验较少的风险识别，该方法的主要优点是比较全面地分析了所有的风险因素，并且比较形象化，直观性较强。

3. 幕景分析法

是一种能够分析引起风险的关键因素及其影响程度的方法。一个幕景就是对一个事件未来某种状态的描述，它可以采用图标或曲线等形式来描述。当影响项目的某种因素发生变化时，整个项目情况的变化及其后果，供人们进行比较研究。

（二）风险估计

风险估计指运用科学的思路，采用定性与定量相结合的分析方法，确定各风险因素的概率分布情况，并运用数理统计方法，计算项目评价指标相应的概率分布或累计概率、期望值、标准差，通过这些指标对项目风险进行衡量。

风险估计的任务就是根据风险识别的结果，对风险因素发生不利事件以后项目风险发生的可能性（概率）与可能造成的损失程度进行估计，即对风险事件的两个相互独立的性质进行定量的估计。根据影响因素发生概率是否确定，可分为确定型风险估计、不确定型风险估计和随机型风险估计。

1. 确定型风险估计

确定型风险估计假定项目中各种状态出现的概率为1，只计算和比较各种方案在不同状态下的后果，进而选择出风险不利后果最小、有利后果最大的方案。确定型风险估计通常使用盈亏平衡分析、敏感性分析等方法，由于在本章第二节和第三节已经分别详述，故在此不予赘述。

2. 不确定型风险估计

如果对项目风险发生的状态、每个状态发生的概率一无所知，可以采用不确定型风险估计的方法进行风险估计。不确定型风险估计有以下几种原则：

（1）小中取大原则。又叫悲观原则，该原则先在各方案的损益值中找出最小的，然后在各方案最小损益值中找出最大者对应的方案。

（2）大中取小原则。又叫乐观原则，此法先在各方案的损益值中找出最大的，然后在各最大损益值中找出最小者对应的方案。应用乐观原则要冒较大风险，应十分慎重，一般只有在没有损失或损失不大时才可采用。

（3）最小后悔值原则。此法是一种根据机会成本进行决策的方法，它以各方案机会损失大小来判断方案的优劣。后悔值是指当某种自然状态出现时，决策者由于从若干方案中选优时没有采取能获得最大收益的方案,而采取了其他方案,以致在收益上产生的某种损失,即机会成本。

(4) 最大数学期望原则。该方法首先计算出各方案的所有情况下的数学期望,然后挑出其中的最大者。

3. 随机型风险估计

随机型风险估计即概率分析,它是对不确定因素发生变动的可能性及其对投资项目经济效益的影响进行评价的方法。其基本原理是:假设不确定因素是服从某种概率分布的随机变量,因而项目经济效益作为不确定因素的函数必然也是随机变量。通过研究和分析这些不确定因素的变化规律及其与项目经济效益的关系,可以全面了解投资方案的不确定性和风险。概率分析主要包括期望值分析、(均)方差分析以及投资项目的经济效益达到某种要求的可能性分析。其一般程序是:

(1) 在平衡点分析和敏感性分析的基础上,确定一个或几个主要的不确定因素。

(2) 估算不确定因素可能出现的概率或概率分布。

(3) 计算投资项目经济效益的期望值、(均)方差以及进行期望值和均方差的综合分析。对于离散型的概率分布的情况,则有:

期望值的计算:

$$E(x) = \sum_{i=1}^{n} x_i p_i \tag{5-10}$$

期望值的方差:

$$D = \sum_{i=1}^{n} p_i [x_i - E(x)]^2 \tag{5-11}$$

标准差或均方差:随机变量实际值与期望值的偏离的程度。计算公式:

$$\sigma = \sqrt{\sum_{i=1}^{n} p_i [x_i - E(x)]^2} = \sqrt{D(x)} \tag{5-12}$$

(4) 计算和分析项目经济效益达到某种要求的概率,通常是计算分析净现值小于零的概率或大于零的概率。

【例 5 - 7】 已知某投资方案未来投资额为 120 万元、150 万元,175 万元的概率分别为 0.3、0.5 和 0.2,年净收益额为 20 万元、28 万元、33 万元、36 万元的概率分别为 0.25、0.4、0.2 和 0.15,项目寿命为 10 年,折现率为 10%。试求:净现值大于或等于零的概率、净现值大于 50 万元的概率和净现值大于 80 万元的概率以及该投资方案的期望值。

解:根据已知条件,可以组合成 12 种情况,具体情况如表 5 - 6 所示。

净现值大于或等于零的概率为:$P(NPV>0) = 1-(0.125+0.05+0.08) = 0.745$

净现值大于 50 万元的概率为:$P(NPV>50) = 0.12+0.06+0.045+0.1+0.075 = 0.4$

净现值大于 80 万元的概率为:$P(NPV>80) = 0.06+0.045 = 0.105$

表 5 - 6 某项目各种概率状况下的 *NPV* 值 单位:万元

投资	年净收入	概率	NPV
120	20	0.3×0.25=0.075	$-120+20(P/A,10\%,10)=2.89$
	28	0.3×0.4=0.12	$-120+28(P/A,10\%,10)=52.05$
	33	0.3×0.2=0.06	$-120+33(P/A,10\%,10)=82.77$
	36	0.3×0.15=0.045	$-120+36(P/A,10\%,10)=101.21$

（续表）

投资	年净收入	概率	NPV
150	20	$0.5×0.25=0.125$	$-150+20(P/A,10\%,10)=-27.11$
	28	$0.5×0.4=0.2$	$-150+28(P/A,10\%,10)=22.05$
	33	$0.5×0.2=0.1$	$-150+33(P/A,10\%,10)=52.77$
	36	$0.5×0.15=0.075$	$-150+36(P/A,10\%,10)=71.21$
175	20	$0.2×0.25=0.05$	$-175+20(P/A,10\%,10)=-52.11$
	28	$0.2×0.4=0.08$	$-175+28(P/A,10\%,10)=-2.95$
	33	$0.2×0.2=0.04$	$-175+33(P/A,10\%,10)=27.77$
	36	$0.2×0.15=0.03$	$-175+36(P/A,10\%,10)=46.21$

$$E(NPV)=\sum_{i=1}^{n}NPV_i p_i=0.075×2.89+0.12×52.05+\cdots+0.03×46.21$$
$$=27.278（万元）$$

同步训练 5-4

　　某商品住宅小区开发项目现金流量的估计值如表 5-7 所示，根据经验推断，销售收入和开发成本为离散型随机变量，其值在估计值的基础上可能发生的变化及其概率见表 5-8。试确定该项目净现值大于等于零的概率。基准收益率 $i_c=12\%$。

同步训练 5-4

答案

表 5-7　基本方案的参数估计　　　　　　　　单位：万元

年份	1	2	3
销售收入	857	7 143	8 800
开发成本	5 888	4 873	6 900
其他税费	56	464	1 196
净现金流量	-5 087	1 806	9 350

表 5-8　不确定性因素的变化范围

因素 ＼ 变幅　概率	-20%	0	20%
销售收入	0.2	0.6	0.2
开发成本	0.1	0.3	0.6

（三）风险评价和决策

　　项目风险评价即根据风险因素的影响，评价经济指标向不利方向偏离程度与发生的可能性，进而从多个方案中选出最适合方案。项目风险评价的方法一般分为定性和定量两大类，下面分别介绍。

1. 定性风险评价方法

最简单的定性风险评价方法是在项目的所有风险中找出后果最严重者,判断这最严重的后果是否低于项目评价基准。对上述方法加以改善,可以得到另一个方法,该法利用风险识别时加工过的信息和资料把那些引起大多数麻烦、必须特别注意的风险找出来,列在一个表中,然后对照风险评价标准,把未达到评价标准的从表中删除。在上面两种方法的基础上进一步完善,产生了主观评分法和层次分析法,这是两种最通用的定性风险评价方法。

(1) 主观评分法

主观评分法首先将项目主要的单个风险都列出来,并为每一个风险赋予一个权值,例如从 0 到 10 之间的一个数。0 代表没有风险,10 代表风险最大。然后把各个风险的权值都加起来,再同风险评价标准进行比较。

主观评分法容易使用,其用途大小取决于填入表中数值的准确性。

(2) 层次分析法

层次分析法可以将无法量化的风险按照大小排出顺序,把它们彼此区别开来。层次分析法通常有两个步骤,先确定评价的目标,再明确方案评价的准则,然后把目标评价准则连同方案一起构造一个层次结构模型。在这个模型中目标方案和评价准则处于不同的层次,彼此之间有无关系用线段表示,评价准则可以分为多个层次。层次结构模型做出之后,评价者根据自己的知识、经验和判断,从一个准则层开始向下,逐步确定一层各因素相对于上一层各因素的重要性权数,然后经过计算,排出各方案的风险大小顺序。

2. 定量风险评价方法

定量风险评价方法主要有风险报酬法、决策树法、外推法、解析法、蒙特卡罗模拟法等。

(1) 风险报酬法

风险报酬法又称调整标准贴现率法,这种方法除考虑资金的时间价值外,还认为资金具有风险价值,即投资者因在投资中冒风险的报酬。风险越大,风险报酬越大;风险越小,风险报酬越小,风险报酬的大小随投资项目的类型不同而变化。投资项目可根据对风险主观估计判断而进行粗略划分,如可以划分成无风险、低风险、中等风险、高风险四类。

在风险评价时,除采用标准的贴现率外还必须考虑风险的报酬问题,即考虑将各方案分为若干等级,不同的风险方案规定一个与之对应的风险贴现率。此时采用的标准贴现率应该是无风险贴现率和调整风险贴现率之和,以此为基准评价方案的可取性。

(2) 决策树法

决策树法用树表示项目所有可供选择的行动方案、行动方案之间的关系、行动方案的后果以及这些后果的数学期望,进而对项目的风险进行评价,做出该项目是应该就此止步呢,还是应继续进行的决策。

在决策树中,树根表示构想项目的初步决策,称为决策点。从树根向右画出若干树枝,每条树枝都代表一个行动方案,称为方案枝,方案枝右端叫状态结点。从每个状态结点向右又伸出两个或更多的小树枝,代表该方案的两种或更多的后果,每条小树枝上都注明该种后果出现的概率,称为概率枝。小树枝右端是树叶,树叶处注明该种后果的大小。后果若是正的,表示收益;后果若是负的,则表示损失。

(3) 外推法(Extrapolation)

外推法是进行项目风险评估和分析的一种十分有效的方法,它分为前推、后推和旁推三种类型。前推是根据历史的经验和数据推断出未来事件发生的概率及其后果。如果历史数据具有明显的周期性,可据此直接对风险做出周期性的评估和分析;如果历史记录中看不出明显的周期性,可用曲线或分布函数来拟合这些数据进行外推,使用此法时必须注意历史数据的不完整和主观性。后推是在手头没有历史数据可供使用时所采用的一种方法,由于工程项目的一次性和不可重复性,所以在项目风险评估时常用后推法。后推是把未知的事件及后果与已知事件与后果联系起来,把未来风险事件归结到有数据可查的造成这一风险事件的初始事件上,从而对风险做出评估和分析。旁推法是利用类似项目的数据进行外推,在充分考虑新环境各种变化的基础上,用某一项目的历史记录对新的类似项目可能遇到的风险进行评估和分析。这三种外推法已广泛运用于项目风险评估和分析中。

（4）解析方法

采用解析的方法对投资项目进行风险分析时,其特点是在利用德尔菲法进行风险辨识与估计的基础上,将风险分析与反映工程项目特征的投入、产出流结合起来,在综合考虑主要风险因素影响的情况下,对随机投入、产出流的概率分布进行估计,并对各个投入、产出流之间的各种关系进行探讨。在风险评价阶段吸收了动态经济评价方法的合理性,将风险分析与动态投入、产出相结合,用项目预期投入、产出及净现值的平均离散程度来度量风险,进而得到表示风险程度的净效益的概率分析。

（5）蒙特卡罗模拟法

蒙特卡罗（Monte-Carlo）模拟法又称统计试验法或随机模拟法。该法通过对工程项目各风险变量的试验统计、随机模拟各风险变量间的动态关系,以决定工程项目的不确定问题。蒙特卡罗法的模拟步骤如下:

① 确定输入变量及其概率分布（对于未来时间通常用主观概率估计）;

② 通过模拟试验,独立地随机抽取各输入变量的值,并使所抽取的随机数值符合既定的概率分布;

③ 建立数学模型,按照研究目的编制程序计算各输出变量;

④ 确定模拟次数以满足预定的精度要求,以逐渐积累的较大样本来模拟输出函数的概率分布。

蒙特卡罗法借助人们对未来事件的主观概率估计及计算机模拟,用数学分析方法求解的动态系统复杂问题,已成为工程项目（特别是大型工程项目）风险分析的主要工具之一。

项目风险估计与评价的方法还有很多,如风险当量法、等风险图法、灰色理论系统、模糊分析法、效用理论、计划评审技术（PERT）和图形评审技术（GERT）等,这些理论和方法各有所长,进行项目风险分析时必须根据项目实际情况进行选择。

四、风险防范与对策

鉴于项目风险存在于项目的全过程中,所以要使项目取得良好的收益,一方面是加强内部管理,提高服务管理水平,降低营运成本,努力提高经营效率,形成公司的独特优势,增强抵御政策风险的能力。另一方面要加强对其风险的全程监控,采取有效措施进行风险管理,以使得风险损失最小化。依据项目风险分析的时间连续性,参考项目风险防范预警系统,项目风险的管理的工作流程如图5-8所示。

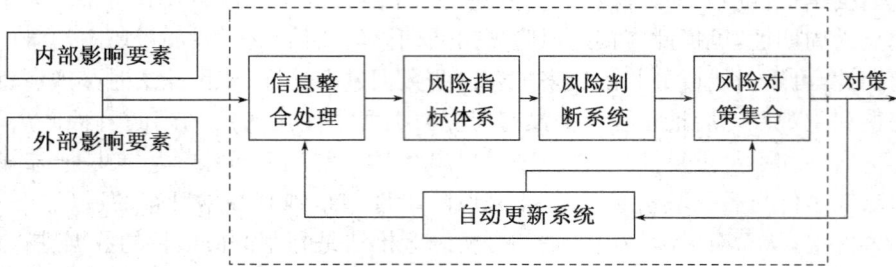

图 5 - 8　项目风险的管理的工作流程图

风险的防范手段多种多样,但归纳起来不外乎以下几个最基本的手段:

1. 风险回避

风险回避主要是中断风险源,使其不致发生或遏制其发展。这种手段主要包括:

(1) 拒绝承担风险

采取这种手段有时可能不得不做出一些必要的牺牲,但较之承担风险,这些牺牲比风险真正发生时可能造成的损失要小得多,甚至微不足道。例如投资因选址不慎而在河谷建造的工厂,而保险公司又不愿为其承担保险责任。当投资人意识到在河谷建厂将必不可避免要受到洪水威胁,且又别无防范措施时,他只好放弃该建厂项目。虽然他在建厂准备阶段耗费了不少投资,但与其厂房建成后被洪水冲毁,不如及早改弦易辙,另谋理想的厂址。这种破财消灾的办法在国际事务中也是常见的。

(2) 放弃已经承担的风险以避免更大的损失

实践中这种情况经常发生。事实证明这是紧急自救的最佳办法。作为工程承包商,在投标决策阶段难免会因为某些失误而铸成大错。如果不及时采取措施,就有可能一败涂地。

转包工程也是回避风险的有效手段之一。许多情况下,业主并不禁止转包。如果承包商经过分析认定工程已注定难逃亏损厄运,他只有采取转嫁风险的办法。有些项目对于某些承包商可能风险较大,但对于另一些承包商则并不一定有风险,因为不同的承包商具有不同的优势。

回避风险虽然是一种风险防范措施,但应该承认这是一种消极的防范手段。因为回避风险固然能避免损失,但同时也失去了获利的机会。处处回避,事事回避,其结果只能是停止发展。如果企业家想生存图发展,又想回避其预测的某种风险,最好的办法是采用除回避以外的其他手段。

2. 损失控制

风险防范的第二种手段是控制损失。损失控制包括两方面的工作:① 减少损失发生的机会即损失预防;② 降低损失的严重性即遏制损失加剧,设法使损失最小化。

(1) 预防损失

预防损失系采取各种预防措施以杜绝损失发生的可能。例如房屋建造者通过改变建筑用料以防止用料不当而倒塌;供应商通过扩大供应渠道以避免货物滞销;承包商通过提高质量控制标准以防止因质量不合格而返工或罚款;生产管理人员通过加强安全教育和强化安全措施,减少事故发生的机会等等。在商业交易中,交易的各方都把损失预防作为重要事项。业主要求承包商出具各种保函就是为了防止承包商不履约或履约不力;而承包商要求在合同条款中赋予其索赔权利也是为了防止业主违约或发生种种不测事件。

（2）减少损失

减少损失系指在风险损失已经不可避免地发生的情况下，通过种种措施以遏制损失继续恶化或局限其扩展范围使其不再蔓延或扩展，也就是说使损失局部化。例如承包商在业主付款误期超过合同规定期限情况下采取停工或撤出队伍并提出索赔要求甚至提起诉讼；业主在确信某承包商无力继续实施其委托的工程时立即撤换承包商；施工事故发生后采取紧急救护；安装火灾警报系统；投资商控制内部核算；制定种种资金运筹方案等都是为了达到减少损失的目的。

3. 分离风险

分离风险系指将各风险单位分离间隔，以避免发生连锁反应或互相牵连。这种处理可以将风险局限在一定的范围内，从而达到减少损失的目的。

风险分离常用于承包工程中的设备采购。为了尽量减少因汇率波动而招致的汇率风险，承包商可在若干不同的国家采购设备，付款采用多种货币。比如在德国采购支付马克，在日本采购支付日元，在美国采购支付美元等。这样即使发生大幅度波动，也不会全都导致损失。以日元、欧元支付的采购可能因其升值而导致损失，但以美元支付的采购则可以因其贬值而获得节省开支的机会。在施工过程中，承包商对材料进行分隔存放也是风险分离手段。

4. 风险分散

风险分散与风险分离不一样，后者是对风险单位进行分隔、限制以避免互相波及，从而发生连锁反应；而风险分散则是通过增加风险单位以减轻总体风险的压力，达到共同分摊集体风险的目的。例如企业内部扩张，增设实体以分散风险或企业兼并从而加大风险承受能力。对于工程承包商，风险分散应成为其经营的主要策略之一。例如多揽项目、广种薄收即可避免单一项目上的过大风险。承包工程付款采用多种货币组合也是基于风险分散的原理。

5. 风险转移

风险转移是风险控制的另一种手段。经营实践中有些风险无法通过上述手段进行有效控制，经营者只好采取转移手段以保护自己。风险转移并非损失转嫁。这种手段也不能被认为是损人利己有损商业道德，因为有许多风险对一些人的确可能造成损失，但转移后并不一定同样给他人造成损失。风险转移包括保险的风险转移，即通过保险进行转移，和非保险的风险转移，即通过合同条款达到转移之目的，常用于工程承包中的分包和转包、技术转让或财产出租。合同、技术或财产的所有人通过分包或转包工程、转让技术或合同、出租设备或房屋等手段将应由其自身全部承担的风险部分或全部转移至他人，从而减轻自身的风险压力。

本章小结

本章讲述了建设工程项目面临着诸多的不确定因素，为了尽可能地规避投资风险，就必须对项目的各个可能的方案进行风险和不确定性分析。本章主要介绍了盈亏平衡分析、敏感性分析以及风险分析及决策的思路和方法。

盈亏平衡分析是根据产量、成本、售价和利润四者之间的函数关系,确定盈亏平衡点,进而评价方案的一种方法。主要思路就是总成本等于总销售收入,从而可以推导出盈亏平衡的产量、盈亏平衡的价格等指标,包括线性盈亏平衡分析和非线性盈亏平衡分析。根据盈亏平衡分析衍生出互斥方案的盈亏平衡分析,主要考查有共同自变量的互斥方案最经济方案的求取,从而为方案评选提供依据。

敏感性分析是通过测定一个或多个不确定因素的变化所导致的经济效果评价指标的变化幅度,了解各种因素的变化对实现预期目标的影响程度,从而对外部条件发生不利变化时投资方案的承受能力做出判断。根据每次发生变化的因素的多少分为单因素的敏感性分析和多因素的敏感性分析,通过敏感性分析找出影响项目经济指标的敏感性因素,为企业减少管理经营风险提供数据支持。

风险分析主要包括风险识别、风险估计及风险评价和决策三个主要环节。三个环节各有不同的方法和内容,有定性的方法也有定量的方法,两种方法相辅相成。通过风险分析,企业可用分析的结果制定相应的风险管理的思路和对策。

复习思考题

1. 为什么要进行不确定性分析?
2. 什么是不确定性分析?不确定性分析包括哪些内容?
3. 什么是盈亏平衡分析?线性盈亏平衡点的计算需要哪些假定条件?
4. 互斥方案盈亏平衡分析的思路是怎样的?
5. 盈亏平衡分析在实际运用中存在哪些局限性?
6. 什么是敏感性分析?简述敏感性分析的一般步骤。
7. 单因素敏感性分析存在哪些不足?
8. 风险分析包括哪几个环节?各包括哪些内容?
9. 企业防范项目风险通常有哪些方法?
10. 已知某化工厂项目,设计年产量为 5 800 kg,估计产品售价为 72 元/kg,固定成本为 60 000 元/年,可变成本为 32 元/kg,其销售收入和总成本费用与产量皆呈线性关系,售税金及附加和增值税共为 10 元/kg,求以产量、生产能力利用率、销售价格、单位产品可变成本表示的盈亏平衡点。
11. 有 3 个互斥型方案,项目寿命期相同,基准收益率为 $i_c = 10\%$,各方案的初始投资和年净收益见表 5-9。试分别用差额净现值及差额内部收益率法在 3 个方案中选择最优方案。

表 5-9　投资方案的现金流量表　　　　　　　　　　　　单位:万元

方案	A	B	C
初始投资	49	60	70
年净收益	10	12	13

12. 某项目方案预计在计算期内的支出、收入见表 5-10。试以净现值指标对方案进行

敏感性分析,找出敏感因素(基准收益率为 10%)。

表 5-10 项目的支出和收入表 单位:万元

年份指标	0	1	2	3	4	5	6~8
投资	200	100	50				
年经营成本				150	200	200	250
年销售收入				300	400	400	500

13. 影响某新产品生产项目未来现金流量的主要不确定性因素是产品市场前景和原料价格水平。根据分析,目前面临三种可能的产品市场状态(畅销、平销和滞销)和三种可能的原料价格水平状态(高价位、中价位和低价位)。产品市场前景和原料价格水平状态间相互独立,表 5-11 中给出了有关数据,计算方案净现值的期望值与方差($i_C=12\%$)。

表 5-11 不确定因素状态及其发生概率

产品市场状态	畅销	平销	滞销
发生概率	0.2	0.6	0.2
原材料价格水平	高	中	低
发生概率	0.4	0.4	0.2

第六章　价值工程

学习目标

知识目标

1. 了解价值工程的基本概念及基本内涵；
2. 熟悉价值工程的基本工作程序；
3. 掌握功能分析和功能评价的方法；
4. 熟悉价值工程在建筑工程中的应用。

能力目标

1. 能够理解价值工程的基本内涵；
2. 能够运用价值工程基本理论分析工程项目管理过程中的实际问题。

素质目标

1. 培养学生价值理念。
2. 培养学生定性分析和定量分析相结合的意识。
3. 培养学生应用所学知识解决问题的能力，提高辩证思维和逻辑思维能力。

情 境 导 航

某市高新开发区有两幢科研楼和一幢综合楼，其设计方案对比项目如下：

A 方案：结构方案为大柱网框架轻墙体系，采用预应力大跨度叠合楼板，墙体材料采用多孔砖及移动式可拆装式分室隔墙，窗户采用中空玻璃塑钢窗，面积利用系数为 93%，单方造价为 1 438 元/m²；

B 方案：结构方案同 A 方案，墙体采用内浇外砌，窗户采用单玻璃塑钢窗，面积利用系数为 87%，单方造价为 1 108 元/m²；

C 方案：结构方案砖混结构体系，采用多孔预应力板，墙体材料采用标准黏土砖，窗户采用双玻塑钢窗，面积利用系数为 97%，单方造价为 1 082 元/m²。

方案各功能的权重及各方案的功能得分见表 6-1。

表 6-1　各方案功能的权重及得分表

功能项目	功能权重	各方案功能得分		
		A	B	C
结构体系	0.25	10	10	8
楼板类型	0.05	10	10	9
墙体材料	0.25	8	9	7
面积系数	0.35	9	8	7
窗户类型	0.10	9	7	8

为保证施工质量，按期完成施工任务，并取得较好的经济效益，该市决定对其开展价值工程活动，选定一个最优方案。

情境导航

解析

思考：价值工程的工作程序是围绕那几个问题进行的？每个步骤的内容是什么？在功能系统分析阶段应如何绘制功能系统图，如何整理功能？在功能评价阶段应该选择何种方法进行评价？

第一节　价值工程概述

一、价值工程的基本概念

价值工程（value engineering，VE），也称价值分析（value analysis，VA），是指以产品或作业的功能分析为核心，以提高产品或作业的价值为目的，力求以最低寿命周期成本实现产品或作业使用所要求的必要功能的一项有组织的创造性活动，有些人也称其为功能成本分析。价值工程涉及价值、功能和寿命周期成本三个基本要素。价值工程是一门工程技术理论，其基本思想是以最少的费用换取所需要的功能。这门学科以提高工业企业的经济效益为主要目标，以促进老产品的改进和新产品的开发为核心内容。

价值工程发展历史上的第一件事情是美国通用电气（GE）公司的石棉事件，第二次世界大战期间，美国市场原材料供应十分紧张，GE 急需石棉板，但该产品的货源不稳定，价格昂贵，时任 GE 工程师的 Miles 开始针对这一问题研究材料代用问题，通过对公司使用石棉板的功能进行分析，发现其用途是铺设在给产品喷漆的车间地板上，以避免涂料沾污地板引起火灾，后来，Miles 在市场上找到一种防火纸，这种纸同样可以起到以上作用，并且成本低，容易买到，取得很好的经济效益，这是最早的价值工程应用案例。

通过这个改善，Miles 将其推广到企业其他的地方，对产品的功能、费用与价值进行深入的系统研究，提出了功能分析、功能定义、功能评价以及如何区分必要和不必要功能并消除后者的方法，最后形成了以最小成本提供必要功能，获得较大价值的科学方法，1947 年研究成果以"价值分析"发表。

二、价值工程的三大基本要素

1. 价值

价值工程中的"价值"就是一种"评价事物有益程度的尺度"。价值高说明该事物的有益程度高、效益大、好处多；价值低则说明有益程度低、效益差、好处少。例如，人们在购买商品时，总是希望"物美而价廉"，即花费最少的代价换取最多、最好的商品。价值工程把"价值"定义为："对象所具有的功能与获得该功能的全部费用之比"，即

$$V = F/C \qquad (6-1)$$

式中：V——"价值"；

　　　F——功能；

　　　C——成本。

价值 V：指对象具有的必要功能与取得该功能的总成本的比例，即效用或功能与费用之比。公式为 $V=F/C$。

功能 F：指产品或劳务的性能或用途，即所承担的职能，其实质是产品的使用价值。

成本 C：产品或劳务在全寿命周期内所花费的全部费用，是生产费用与使用费用之和。

2. 功能概念

价值工程认为，功能对于不同的对象有着不同的含义：对于物品来说，功能就是它的用途或效用；对于作业或方法来说，功能就是它所起的作用或要达到的目的；对于人来说，功能就是他应该完成的任务；对于企业来说，功能就是它应为社会提供的产品和效用。总之，功能是对象满足某种需求的一种属性。认真分析一下价值工程所阐述的"功能"内涵，实际上等同于使用价值的内涵，也就是说，功能是使用价值的具体表现形式。任何功能无论是针对机器还是针对工程，最终都是针对人类主体的一定需求目的，为了人类主体的生存与发展服务，因而最终将体现为相应使用价值。因此，价值工程所谓的"功能"实际上就是使用价值的产出量。

3. 寿命周期成本

（1）寿命周期

寿命周期是指从价值工程分析对象被研究开发、设计制造、用户使用直到报废为止的整个时期。对象的寿命周期一般可分为自然寿命和经济寿命。价值工程一般以经济寿命来计算。

（2）寿命周期成本

寿命周期成本 C 是指从分析对象被研究开发、设计制造、销售使用直到报废所发生的各项费用之和。由生产成本及使用成本构成。

（3）生产成本

生产成本 C_1 指用户购买产品的费用，包括产品研发、设计、试制、生产、销售等费用。

（4）使用成本

使用成本 C_2 指用户使用产品过程中支付的各种费用，包括使用过程中的能耗、维修费用、人工费用、管理费用等。

（5）寿命周期成本与功能大小的关系

产品的寿命周期与产品的功能有关。从图 6-1 可以看出，费用周期成本＝生产成本＋使用成本，即 $C=C_1+C_2$。随着产品的功能水平提高，产品的使用成本降低，但是生产成本增高；反之，使用成本增高，生产成本降低。一座精心设计施工的住宅，其质量得到保证，使用过程中发生的使用成本就较低；相反，设计及施工得不到保障的住宅，质量较差，使用过程发生的费用就较高。生产成本、使用成本与功能水平的变化规律决定了寿命周期呈图示的变化曲线。在 F_0 点，产品的生产成本 C_1 和使用成本 C_2 交叉对应的成本为 $C_{\min}$，体现了较理想的功能与成本的关系。

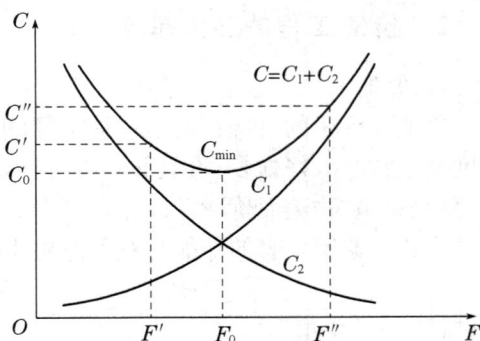

图 6-1　功能与成本关系图

可以看出,价值工程的定义包括以下基本含义:

(1)着眼于寿命周期成本,寿命周期成本是指其寿命期内所发生的全部费用,包括生产成本和使用成本两部分。

(2)价值工程的核心是对研究对象进行功能分析,通过功能分析,找出并剔除不合理的功能要求和过剩的功能,从而降低成本,提高效益。

(3)价值工程是一项有系统、有组织的管理活动,而且价值工程研究活动要按照一定的程序和步骤进行,才能达到既定的目标。

(4)价值工程的目标表现为产品价值的提高,可用公式表示为:

$$价值(V)＝功能(F)/费用(C)$$

根据价值的表达式,提高产品的价值有以下五种途径:

(1)在提高产品功能的同时,降低了产品成本,这可使价值大幅度提高,是最理想的提高价值的途径。

(2)提高功能,同时保持成本不变。

(3)在功能不变的情况下,降低成本。

(4)成本稍有增加,同时功能大幅度提高。

(5)功能稍有下降,同时成本大幅度降低。

三、价值工程的工作程序

价值工程活动的全过程,实际上是技术经济决策的过程,是一个发现问题、解决问题的过程,针对价值工程的研究对象,逐步深入提出一系列问题,通过回答问题、寻找答案,直至问题的解决。在一般的价值工程活动中,所提问题通常有以下七个方面:

(1)价值工程的研究对象是什么?

(2)它的用途是什么?

(3)它的成本是多少?

(4)它的价值是多少?

(5)有无其他方法可以实现同样的功能?

(6)新方案的成本是多少?

(7)新方案能满足要求吗?

这七个问题决定了价值工程的一般工作步骤,如表6-2所示。

表6-2　价值工程的一般工作程序

阶段	步骤	说明
准备阶段	1.对象选择	应明确目标,限制条件和分析范围
	2.组成价值工程领导小组	一般由项目负责人、专业技术人员、熟悉价值工程的人员组成
	3.制定工作计划	包括具体执行人、执行日期、工作目标等
分析阶段	4.收集整理信息资料	此项工作应贯穿于价值工程的全过程
	5.功能系统分析	确定功能特性要求,并绘制功能系统图
	6.功能评价	明确功能目标成本,确定功能改进区域

阶段	步骤	说明
创新阶段	7. 方案创新	提出各种不同的实现功能的方案
	8. 方案评价	从技术、经济和社会等方面综合评价各种方案达到预定目标的可行性
	9. 方案编写	将选出的方案及有关资料编写成册
实施阶段	10. 审批	由主管部门组织进行
	11. 实施与检查	制定实施计划。组织实施,并跟踪检查
	12. 成果鉴定	对实施后取得的技术经济效果进行成果鉴定

价值工程的工作步骤明确回答了前面提到的七个问题。在准备阶段,回答了"价值工程的研究对象是什么";在分析阶段,回答了"它的用途是什么""它的成本是多少""它的价值是多少"等问题;在创新阶段,回答了"有无其他方法可以实现同样的功能""新方案的成本是多少"等问题;在实施阶段,解决了"新方案能满足要求吗"的问题。因此从本质上讲,价值工程活动就是提出问题和解决问题的过程。其基本程序是:

1. 选择价值工程对象

选择的具体原则是:

(1) 从产品构造方面看,选择复杂、笨重、材贵性能差的产品;

(2) 从制造方面看,选择产量大、消耗高、工艺复杂、成品率低以及占用关键设备多的产品;

(3) 从成本方面看,选择占成本比重大和单位成本高的产品;

(4) 从销售方面看,选择用户意见大、竞争能力差、利润低的产品;

(5) 从产品发展方面看,选择正在研制将要投放市场的产品。选择的具体方法有:重点选择法、百分比法、产品生命周期法等。

2. 收集有关情报

收集的情报资料,包括该企业经营目标、经营方针、生产规模、经营效果的资料,以及各种经济资料和历史性资料,最后进行系统的整理,去粗取精,加以利用,寻找评价和分析的依据。

3. 进行功能分析

功能分析是对产品的部件、组件、零件或是对一项工程的细目,系统地分析它们的功能,计算它们的价值,以便进一步确定价值工程活动的方向、重点和目标。功能分析是价值工程的核心和重要手段,主要包括以下几方面:

(1) 明确分析对象的要求;

(2) 明确分析对象应具备的功能;

(3) 进行功能分类,并进一步把功能明确化和具体化;

(4) 确定功能系统,绘制功能系统图,把功能之间的关系确定下来;

(5) 进行功能评价,以便确定价值工程活动的重点、顺序和目标(即成本降低的期待值)等。

4. 提出改进设想,拟订改进方案

(1) 提出改进方案,包括创造构思方案使之具体化和调查研究;

(2) 评价改进方案,包括初步评价和详细评价;

(3) 确定最终方案,包括提出实施方案和具体实施办法。

5. 分析与评价方案

常用的方案评价方法有:优缺点列举法、打分评价法、成本分析法、综合选择法等。

6. 可行性试验

一方面验证方案选择过程中的准确性,发现可能发生的误差,以便进一步修正方案;另一方面从性能上、工艺上、经济上证明方案实际可行的程度。

7. 检查实施情况,评价价值工程活动的成果

在方案实施过程中,应认真检查方案实施的效果,及时发现问题,不断改进,取得良好价值工程活动的成果。

第二节　对工程进行功能分析

一、功能分析

功能分析是价值工程的核心,是系统地对价值工程研究对象进行功能分析,科学地评价其重要性,通过功能与成本匹配关系定量计算对象价值大小,确定改进对象的过程。

1. 功能定义

价值工程所谓的"功能"实际上就是使用价值的产出量。任何产品都有使用价值,即功能,这是存在于产品中的一种本质。

2. 功能分类

为了弄清功能的定义,根据功能的不同特性,可以先将功能分为以下几类:

(1) 按重要程度可分为基本功能与辅助功能

按功能的重要程度分类,产品的功能一般可分为基本功能和辅助功能。

基本功能是产品得以独立存在的基础,是实现设备用途必不可少的功能,是用户购买该设备的目的。一般来说,用户在购买设备时,要对设备提出各种要求,这就构成了设备的总体功能。其中能满足用户基本要求的那一部分功能,就是设备的基本功能,例如,矿灯的基本功能是发光照明,变速箱的基本功能是改变速度,钻床的功能是钻孔等。

辅助功能是实现基本功能的手段,是为了有效地实现基本功能而由产品设计者附加上去的功能。它的作用是相对基本功能来说的,是次要的。例如,手表的基本功能是计时精确,但采用什么手段实现这一基本功能? 是机械摆动,还是石英振荡? 是指针显示,还是液晶显示? 是夜光显示,还是照明显示? 再如,变速机构的基本功能是改变速度,在设计时,是采用齿轮变速,还是采用皮带变速? 是机械变速,还是液压变速? 这也是设计者为实现改变速度这一基本功能而加上去的辅助功能。

正因为辅助功能是设计者附加上去的二次性能,所以,它是可以改变的。对一个系统设计方案来说,辅助功能是必不可少的。但是在不影响基本功能的前提下是可以改变的。由

于辅助功能中常常包含不必要的功能,而且辅助功能在设备成本中占比重很大,有时竟高达70%~80%,因此,价值工程的直接目标和工作重点往往针对辅助功能而展开的,改善辅助功能和消除不必要的功能,可以大大降低成本。

(2) 按用户的需要分为必要功能、不必要功能

必要功能是指设备符合使用者所要求的必须具备的作用或功能,即设备的使用价值。如果一台设备的功能低,就满足不了使用者的需要;如果过高,则超过了实际需要,即使用者在使用过程中有多余的功能根本用不上;如果一台设备各个零部件的自然寿命不是相等的,也自然会给使用者造成一定的浪费。

不必要功能是指使用者不需要的功能,即多余的功能。例如,在手表上装上指南针,对于一般人来讲,根本用不上,这就是不必要的功能。在产品中往往包含这种功能,原因一部分是由于设计者没有掌握功能的本质,或者是没有对准用户的要求,主观臆断附加上去的;另一部分则是因为设计不合理而造成的。

(3) 按功能的量化标准分类,产品的功能可分为过剩功能与不足功能

过剩功能是指超过使用者所需要的某种用途或特性值。例如,在设计时,对公差的精度、材料的质量、安全系数等要求过高,或在生产过程中大材小用、优材劣用、整料零用。

同样,不足功能是指达不到使用者所需要的某种用途或特性值。

(4) 按满足要求的性质分为使用功能与美观功能

使用功能,凡是从设备使用目的方面所提出的各项特性要求都属于这种功能。例如,人们所需要的把新鲜物品冷冻起来无害保存功能,就是电冰箱的使用功能;美观功能,它是指设备外观、形状、色彩、气味、手感和音响等方面的功能,即人们对美的享受功能。例如,人们对钢笔的需求,既要求它使用起来方便、好看,而且又要求它外观漂亮。一般消费品都同时有外观功能和使用功能,而对于机器而言,基本上只看它的使用功能。至于装在机器内部的零部件,只要有实用功能,在外观美学上不过分要求。

(5) 按总体和局部分类可分为总体功能及局部功能

价值工程是以功能为中心,在可靠地实现必要的功能基础上考虑降低产品成本的。

3. 功能定义的目标

功能定义的过程就是解剖分析的过程。功能定义的目标是:

(1) 明确对象产品和组成产品各部件的功能,借以弄清产品的特性;

(2) 便于进行功能评价,因功能评价的对象是产品的功能,所以只有在给功能下定义后才能进行功能评价,通过评价弄清哪些是价值低的功能和有问题的功能,才有可能去实现价值工程的目的;

(3) 便于构思方案,对功能下定义的过程实际上也是为对象产品改进设计的构思过程,为价值工程的方案创造工作阶段做了准备,有利于方案构思。

二、功能整理

功能整理是用系统的观点将已经定义了的功能加以系统化,找出各局部功能相互之间的逻辑关系,并用图表形式表达,以明确产品的功能系统,从而为功能评价和方案构思提供依据。通过整理要求达到:

(1) 明确功能范围:搞清楚几个基本功能,这些基本功能又是通过什么功能实现的。

（2）检查功能之间的准确程度，定义下正确的就确定下来，不正确的加以修改，遗漏的加以补充，不必要的就取消。

（3）明确功能之间上下位关系和并列关系，即功能之间的目的和手段。

要明确各功能之间是并列关系还是上下位关系，手段是下位功能，目的是上位功能。也就是说按一定的逻辑关系，把产品各构成要素的功能连接起来，构成一个功能系统图（图 6 - 2），是功能评价和方案构思的依据。

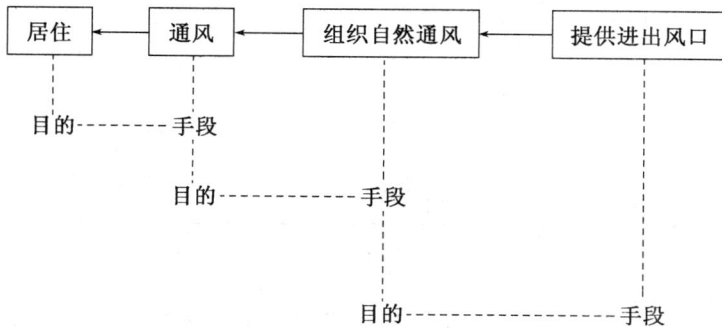

图 6 - 2　功能系统图

三、功能评价

1. 功能评价的概念

功能评价就是确定出功能的现实成本、目标成本、目标成本与现实成本的比值、现实成本与目标成本的差值这四个数据，并根据价值系数和差值来选择作为价值工程对象的功能领域。

2. 功能现实成本

求算功能的现实成本，实际上就是把构配件的成本转移分配到功能成本上去。如表 6 - 3 所示。

表 6 - 3　功能现实成本计算表

构配件			功能（或功能领域）					
序号	名称	成本（元）	F_1	F_2	F_3	F_4	F_5	F_6
1	A	300	100		100		100	
2	B	200		50		150		
3	C	250	50		50			150
4	D	150		100		50		
5	E	100			40		60	
合　计		C 1 000	C_1 150	C_2 150	C_3 190	C_4 200	C_5 160	C_6 150

3. 功能评价值（目标成本）

（1）按功能重要程度进行评价

① 老产品改进设计成本评价，如表 6 - 4 所示。

表6-4 目标成本的计算

功能领域	现实成本(元)①	功能系数②	重新分配成本(元)③=②×500	功能评价值(元)(目标成本)④	成本降低目标(元)⑤
F_1	100	0.23	115	100	
F_2	60	0.18	90	60	
F_3	130	0.20	100	100	30
F_4	60	0.14	70	60	
F_5	50	0.15	75	50	
F_6	100	0.10	50	50	50
合　计	500	1.00	500	420	80

② 新产品设计成本评价,如表6-5所示。

表6-5 新产品设计的目标成本确定

功能领域①	功能系数②	功能评价值(元)③=②×500
F_1	0.23	115
F_2	0.18	90
F_3	0.20	100
F_4	0.14	70
F_5	0.15	75
F_6	0.1	50
合　计	1.00	500

(2)按实现功能的困难程度进行评价

求功能系数和目标成本,如表6-6所示。

表6-6 按实际功能的困难程度进行的评价

功能或功能领域①	实现功能困难度对比②	暂定功能系数③	功能系数④=③/16	按功能系数分配目标成本(元)⑤=④×1 000
F_1	$F_1 = F_2 + \Delta F$	4.8	0.3	300
F_2	$F_2 = F_3 + F_4$	4.6	0.29	290
F_3	$F_3 = F_4 + \Delta F$	2.4	0.15	150
F_4	$F_4 = F_5 + F_6 + \Delta F$	2.2	0.14	140
F_5	$F_5 = F_6$	1.0	0.06	60
F_6	—	1.0	0.06	60
合　计	—	16.0	1.00	1 000

4. 功能价值与功能改善对象的选择

(1) V＝1,功能价值高,不作为功能改善对象;

(2) V＜1,功能价值低,作为功能改善对象;

(3) V＞1,情况复杂,视情况而定。

表6-7 功能现实成本 C 和功能评价值 F 的绝对数

功能或功能领域	功能现实成本(元) C	功能评价值(元) F	功能价值 V=F/C	成本降低目标(元) C－F	功能改善 优先顺序
F_1	100	100	1.00	—	—
F_2	60	60	1.00	—	—
F_3	130	100	0.77	30	2
F_4	60	60	1.00	—	—
F_5	50	50	1.00	—	—
F_6	100	50	0.55	50	1
合　计	500	420	—	80	—

第三节　价值工程在建筑工程中的应用

功能分析是价值工程的核心内容,是对价值工程研究对象系统地功能分析,科学的评价其重要性,通过功能与成本匹配关系定量计算对象价值大小,确定改进对象的过程。

价值工程虽然起源于材料和代用品的研究,但这一原理很快就扩散到各个领域,有广泛的应用范围,大体可应用在两大方面:一是在工程建设和生产发展方面,大的可应用到对一项工程建设,或者一项成套技术项目的分析,小的可以应用于企业生产的每一件产品,每一部件或每一台设备,在原材料采用方面也可应用此法进行分析,具体做法有:工程价值分析、产品价值分析、技术价值分析、设备价值分析、原材料价值分析、工艺价值分析、零件价值分析和工序价值分析等;二是在组织经营管理方面,价值工程不仅是一种提高工程和产品价值的技术方法,而且是一项指导决策,有效管理的科学方法,体现了现代经营的思想。在工程施工和产品生产中的经营管理也可采用这种科学思想和科学技术。例如:对经营品种价值分析、施工方案的价值分析、质量价值分析、产品价值分析、管理方法价值分析和作业组织价值分析等。

价值工程是一项综合的、技术与经济相结合的管理活动,强调不断地改进和提高。价值工程的应用是一项复杂的、技术性高的管理活动,它是把技术与经济结合起来的管理技术,需要多方面的业务知识和技术数据,涉及许多技术部门和经济部门,因此,在价值工程的应用过程中,我们必须按照系统工程的要求,把有关部门组织起来,通力合作,才能取得理想的效果——在保证质量的前提下,用最低的成本来实现它必要的价值。

建筑工程生命周期成本是指建筑工程在考虑货币时间价值的前提下,从可行性研究开始,到勘察设计、运营以及维护直到废除的整个生命周期所花费用的总和。按照类型划分,一般包括建设成本和使用成本。建设成本包括建造成本、工程建设其他费用、其他变动建设成本等；使用成本包括运行费用、维修养护和改造费用、管理费用、不利因素增加导致的附加费用。按照时间阶段可划分为初期费用（包括设计和施工费用）、后期养护及维修费用和期末残值。对于建筑工程来说，工程全生命周期方案的选择需要运用价值工程使建筑满足必要功能前提下，实现全生命周期成本最低。

一、价值工程在建筑工程中的工作程序

根据价值工程的工作标准，结合项目施工的特点，施工项目的价值工程工作程序可分为以下四个阶段实施。

（一）准备阶段

1. 对象选择

价值工程的应用对象和需要分析的问题，应根据项目的具体情况来确定，一般可从下列三方面来考虑：

（1）设计方面：如设计标准是否过高，设计内容中有无不必要的功能等；

（2）施工方面：主要是寻找实现设计要求的最佳施工方案，如分析施工方法、流水作业、机械设备等有无不必要的功能（即不切实际的过高要求）；

（3）成本方面：主要是寻找在满足质量要求的前提下降低成本的途径，应选择价值量大的工程进行重点分析。

2. 组织价值工程小组

价值工程小组的建立，要根据选定的对象来组织。可在项目经理部组织，也可在班组中组织，还可上下结合起来组织。

3. 制订工作计划

价值工程的工作计划，其主要内容应该包括：预期目标、小组成员及分工、开展活动的方法和步骤等。

（二）分析阶段

1. 收集资料

（1）基础资料：系指本项目及企业的基本情况，如企业的技术素质和施工能力，以及本项目的建设规模、工程特点和施工组织设计等；

（2）技术资料：包含项目的设计文件、地质勘探资料以及用料的规格和质量等；

（3）经济资料：如项目的施工图预算、施工预算、成本计划和工、料、机费用的价格等；

（4）业主单位意见：如业主单位对项目建设的使用要求等。

2. 功能分析

即对项目实体进行系统的功能分析，如分析项目的每个部位、每个分项工程，甚至每道工序在项目施工中的作用。

3. 功能评价

即对工序、分项工程、部位进行功能评价，求出其成本和价值。

（三）方案创新和评价阶段

1. 提出改进方案

目的是寻找有无其他方法能实现这项功能，如混凝土工程有无新的配合比或掺用附加

剂,深基础工程有无不同的开挖方法等。

2. 评价改进方案

主要是对提出的改进方案,从功能和成本两方面来进行评价,具体计算新方案的成本和功能值。

3. 选择最优方案

即根据改进方案的评价,从中选择最佳方案。

(四)实验与验收阶段

(1)提出新方案,报送项目经理审批,有的还要得到监理工程师、设计单位甚至业主的认可。

(2)实施新方案,并对新方案的实施进行跟踪检查。

(3)进行成果验收和总结。

二、价值工程在项目建设不同阶段的应用

(一)价值工程在投资决策阶段的应用

1. 充分运用市场竞争规律,追求成本最小值

从计划经济向市场经济转轨中、业主其中一个较大的得益在于能利用市场竞争规律,在确保工程质量的前提下,选择低报价队伍来实施工程,最大限度地节约投资。

2. 优化设计方案,避免功能"漏""缺"及功能"多余"

根据价值工程原理,"功能"和成本(费用)成正比关系,而我们又知道基建项目就是为满足一定的功能要求,由此优化设计确定合理功能,避免功能"多余"及功能"漏缺",这也成了投资挖潜关键之一,基本建设投资节约中,其中70%是在设计阶段来完成的。而优化设计、确定合理的功能要求,又是重中之重,这也符合价值工程原理。

(1)摒弃"大而全""小而全",过于安全保守,避免功能"多余",也就是避免投资浪费。

除必不可少使用功能外,设计中"安全系数"过大,装饰功能的盲目攀比,都是投资控制的大忌。

(2)推行设计监理,严把设计关,避免基本功能"漏缺"。由于设计上基本使用功能的"漏缺",而引起返工,或留下缺陷也导致投资浪费。解决方法之一就是推广设计监理。目前状况下可采用业主把关和专家论证咨询相结合方式,抓好优化设计工作。为此,业主单位必须经常、及时与设计人员沟通,使设计人员及时了解建设单位意图,同时业主方可及时了解设计进度情况。

(3)挖掘潜力提高工程价值。从价值工程原理可知,增加了工程的价值,也就是节约了投资(成反比关系)。

(二)价值工程在工程设计中的应用

1. 价值工程与工程设计的关系

价值工程是指重于功能分析,力求用最低的寿命周期总成本,生产出在功能上能充分满足用户要求的产品、服务或工程项目,从而获得最大经济效益的有组织的活动。一般来说,提高产品价值的途径有五种:一是提高功能,降低成本;二是功能不变,降低成本;三是成本不变,提高功能;四是功能略有下降,但带来成本大幅度降低;五是成本略有上长,但带来功能大幅度提高。

价值是评价某一产品、服务或工程项目的功能与实现这一功能所消耗费用之比合理程度的尺度,用数学比例式表达如下:

$$价值(V)=功能(F)/成本(C)$$

设计不仅是关于工程技术领域的科学,也受社会、政治、经济等方面的制约。在设计过程中,利用价值工程对设计方案进行经济比较,对不合理的设计提出意见,运用价值工程原理,对方案实行科学决策,对工程设计进行优化,使设计项目的产品质量,也就是产品最终价值体现在经济效益和社会效益中。由此可见,设计质量的优劣是价值工程应用的最好体现。在工程设计中应用价值工程,对资源合理配置,增加设计产品的科技含量和价值均具有重大的意义。

2. 价值工程在设计过程中的应用

运用价值工程进行设计方案的优化是控制建筑工程成本的有效途径。建筑设计的产品质量最终要表现在其产生的包括经济效益在内的综合效益上。一项设计自酝酿起就要考虑如何使投入的资金发挥最大的经济效益,如何对一定的投资计划提出合理的准确设计方案。方案设计在项目建设中的作用是首位的,也是决定性的,这一阶段中价值工程的应用是非常重要的。设计方案优化应重点考虑以下因素:

(1) 建筑因素。运用价值工程分析方法,一方面要做出满足建筑技术要求的设计方案;另一方面,要对设计方案的建筑功能进行分析,尽可能剔除不必要的辅助功能。不是所有设计都能选择最优方案,但注重设计方案的经济效果、寻求优化设计是工程项目始终追求的目标。

(2) 结构因素。在同一个工程项目中,设计必须把技术与经济密切结合起来,充分考虑建造成本与寿命周期内维修费用的合理分配,剔除不必要的辅助功能,从中选择成本最低的方案。根据建筑形体的构思选择与之匹配的结构类型。

(3) 设备因素。设备的配置应充分考虑自然环境对能源节约的有利条件,如果能从建筑产品的整个寿命周期分析,能源节约是一笔不可忽略的费用。在建筑工程设计中,我们需要对技术可靠性、使用方便性、环境协调性等方面运用价值工程对成本进行控制。在建筑工程设计中,除了考虑工程全寿命周期的功能、质量要求外,还需要考虑建筑项目交付使用的时间要求。当今社会,"时间就是金钱",早日完工,其创造的财富可能是巨大的,可能比缩短工期加大施工成本所要花费的资金要大得多。

(三) 价值工程在施工阶段的应用

在项目施工中应用价值工程的基本思路是在保证施工质量达到设计要求功能的前提下,通过降低成本和缩短施工期限达到提高价值的目的。

在建设工程项目施工过程中,应用价值工程时要考虑以下几个方面:

(1) 坚持业主第一的思想。

(2) 着眼于功能和成本的双重性追求。首先要满足业主的功能需求达到设计要求,满足使用者现实和潜在的功能需求,然后要千方百计以最低的成本实现这个功能。

(3) 充分利用资源。只有充分利用环境资源、企业的投入、信息资源等,实现优化组合,才能最大限度地降低成本和实现预期功能。

(4) 追求系统的经济性。价值工程在降低成本上可以发挥巨大效力。要着眼于全局和局部、宏观和微观、长远和眼前的内在和谐统一。

同步训练 6-1

答案

同步训练 6-1

　　某监理工程师针对设计院提出的某商住楼,提出了 A、B、C 三个方案,进行技术经济分析和专家调整后得出如表 6-8 所示数据:

表 6-8

方案功能	方案功能得分			方案功能重要程度
	A	B	C	
$F1$	9	9	8	0.25
$F2$	8	10	10	0.35
$F3$	10	7	9	0.25
$F4$	9	10	9	0.10
$F5$	8	8	6	0.05
单方造价	1 325	1 118	1 226	1.00

问题:

1. 在下表中计算方案成本系数、功能系数和价值系数,并确定最优方案。

2. 简述价值工程的工作步骤和阶段划分。

方案	单方造价	成本系数	功能系数	价值系数	最优方案
A					
B					
C					
合计					

(四)项目施工阶段的价值工程应用步骤

1. 施工过程中价值工程对象的选择

在项目施工价值工程对象选择方面,主要是寻找实现设计要求的最佳施工方案,对工序、分项工程、分部工程进行分析,找出重点研究对象。不断优化设计方案,提高工程性能。

[应用案例 1]

在某省重点"十五"技改工程设计中,运用价值分析方法进行方案优选,通过技术方法比较、经济分析和经济评价,把设计项目寿命周期成本的观念渗透到具体设计技术措施之中。该厂新建一座近 10 万平方米的联合厂房,集制丝车间、卷接包车间、参观走廊、辅料高架库、配方高架库、办公及辅助用房于一体的综合建筑。为实现工程的多种功能,在设计中,工艺方案收集了国内外有关资料,提出了各种各样的设想,并进行了多种方案的经济比较,通过优化设计,改进了原先不合理的工艺布局,减少了一些重复的、不必要的工序,最后确定的设计方案,是国内最先进的工艺流程,降低工程造价近亿元,有效控制了工程成本。

在总图的布置上,充分利用地势、地貌的特点,该工程建设场地东北角北面地势较低,与南面高差 10 米左右,利用地势的高差建设配方高架库,高架库设计为单层,层高 10 米,这样有机地把库房与厂房连接起来,工艺流程顺畅,厂区内功能分区明确。人流、物流通畅,减少了填方工程量,节约了工程造价。该项目总图方案结合了项目现场实际情况、场地现状进行三维空间规划与设计,同时,注重设计方案的经济效果,以合理的工程造价,最大限度地满足功能需要,很好地利用了建设场地的地形,使项目投资降低,经济效益显著。

2. 施工阶段资料收集

(1) 基础资料。本项目及企业的基本情况。如企业的技术素质和施工能力、本项目的建设规模、工程特点和施工组织设计等。

(2) 技术资料。含项目的设计文件、地质勘探资料以及用料的规格和质量等。

(3) 经济资料。项目的施工图预算、施工预算、成本计划和工、料、机费用的价格等。

(4) 业主单位意见。业主单位对项目建设的使用要求等。

[应用案例 2]

在某瓷厂技改工程设计中,运用价值工程分析方法,在进行广泛深入调查研究的基础上,根据企业现有厂房、设备等固定资产和财务状况,对扩建工程内容统一规划、统一安排、合理调配。按照原计划,建设单位已将 4 523 平方米的彩烤车间委托给某县设计单位做了土建施工图设计,并按图打下了桩基。后来在工艺设计时,发现原土建设计不能满足工艺要求,需重做土建设计。在确定土建投资时,利用价值工程分析原理,寻找建筑、结构在功能满足使用要求、合理的基础上的最优方案,发现利用原设计柱网的布置,并利用原有厂房原料(一)车间、成型(一)车间,进行适当地改造,完全可以满足功能使用的要求,可节约土建投资 600 多万元。在确定设备投资时,采用价值工程法对主要设备、材料进行比选。通过采用两次价值系数进行评选,以最终价值系数大者为优胜者,节约投资近 500 万元,提高了企业的经济效益。

3. 施工阶段功能分析

施工阶段功能分析即对项目实体进行系统的功能分析,如分析项目的每个部位、每个分项工程,甚至每道工序在项目施工中的作用。剔除不必要的辅助功能,项目造价大幅度降低。

[应用案例 3]

某纸厂运用价值工程理论分析方法进行工程设计,在建设规模上提出了充分利用规模效益来确定和控制工程成本,在工程技术方案上,充分利用资源,提高企业经济效益,造价工程师编制了多个投资方案进行经济分析、评价。在进行经济分析时,发现设计中变压器设备选型功率偏大,电气控制柜设备选型较高档,有的辅助设备可以取消,对设计方案的功能进行综合分析,应尽可能剔除不必要的辅助功能。经造价人员与有关设计人员商量后,提出了造价方面的意见,被设计人员采纳,修改了原设计,节约工程造价约 200 多万元。

📖 **同步案例 6-1**

某市拟兴建一截污环保工程,工程地质条件复杂,施工场地狭小,实物工程量多。经过认真调查研究,对截污环保工程的建设提出三个备选方案。

方案 1:竖井施工,直径 5.5 米,深度 60 米,需开挖山体 1730 立方米,预计工期 4 个月。

同步案例 6-1

答案

方案2:斜井施工,圆拱直墙断面,全长105米,预计工期2.5个月。

方案3:平洞施工,圆拱直墙断面,全长130米,预计工期3.5个月。

为保证施工质量,按期完成施工任务,并取得较好的经济效益,该市决定对其开展价值工程活动,选定一个最优方案。

4. 施工阶段功能评价

施工阶段功能评价即对工序、分项工程、分部工程、部位进行功能评价,求出其成本和价值。

5. 方案创新和评价

(1) 提出改进方案

目的是寻找有无其他方法能实现这项功能。如混凝土工程有无新的配合比或掺用附加剂,深基础工程有无不同的开挖方法。

(2) 评价改进方案

主要对工序、分项工程、分部工程提出改进方案。从功能和成本两方面进行评价,具体计算新方案的成本和功能值。

(3) 选择最优方案

根据改进方案的评价,从中选出最佳方案。

[应用案例4]

××市大模板高层住宅外墙板的价值分析

1. 选择价值分析对象

××市用大模板工艺建造了一批高层住宅楼,分析其造价,发现结构造价占土建工程的70%,而外墙造价又占结构造价的1/3,但外墙体积在结构混凝土量中只占1/4强。从造价的构成上看,外墙是降低造价的主要矛盾,应作为价值分析的主要目标。

2. 功能分析

通过调研和功能分析,可以明确回答下列问题:

(1) 在大模板住宅建筑体系中,外墙的功能是什么?

答:作为受力部件,抵抗水平力;作为围护部件,挡风防雨,隔热防寒。

(2) 这种外墙用什么材料做成?

答:配钢筋的陶粒混凝土墙板。

(3) 规格尺寸如何?

答:长×高×厚=330 cm×290 cm×28 cm,重量约4 t,净面积7.3 m²。

(4) 有几道生产工艺? 成本如何分配?

答:在构件厂预制板材,300元,占87%;

专用拖车运到工地,30元,占8.7%;

塔式起重机吊装,15元,占4.3%。

(5) 有哪些可供选择的代替方案?

答:现浇混凝土贴钙塑保暖板;加气混凝土拼装整间大板;玻璃纤维增强水泥复合板。

3. 评价代替方案

经过分析后,选出以膨胀珍珠岩做保暖层的玻璃纤维增强水泥复合板,作为优先考虑的

代替方案,并拟定产品规格为:

长×高×厚＝630 cm×290 cm×12 cm,重量约 5 t,净面积 13.3 m²。

生产工艺及成本分配预计为:

构件厂预制板材,320 元,占 93.3%;

专用拖车运到工地,8 元,占 2.3%;

塔式起重机吊装,15 元,占 4.4%。

经过测试,代替方案的物理性能和力学性能都可满足功能要求,代替方案的经济效益是很显著的。从表中可以看出,每平方米墙面可节约成本:47.26 元－24.86 元＝22.40 元,节约率高达 47.4%。

据此,建议采用该代替方案。

不同方案的成本比较   单位:元

成本项目	原方案		代替方案	
	每块墙板净面积 7.3 m²	每平方米墙面成本	每块墙板净面积 13.3 m²	每平方米墙面成本
板材预制	300	41.10	320	23.19
运　输	30	4.11	8	0.58
吊　装	15	2.05	15	1.09
合　计	345	47.26	343	24.86

6. 实施与验收

提出新方案,报送项目经理审批。有的还需要得到监理工程师、设计单位及业主的认可。实施新方案,并对新方案的实施进行跟踪检查、成果验收和总结。

本章小结

价值工程的概念及其基本内涵是功能分析,其基本思想是以最少的费用换取所需要的功能。价值工程的三大基本要素是价值、功能和寿命周期成本。

价值工程的核心是功能分析。功能分析是系统地对价值工程研究对象进行功能分析,科学地评价其重要性,通过功能与成本匹配关系定量计算对象价值大小,确定改进对象的过程。

价值工程在建筑工程中的应用,可以从不同的阶段进行分析,在不同的阶段有不同的工作步骤,整体来说可分为准备阶段、分析阶段、方案创新和评价阶段及实验与验收阶段。

复习思考题

1. 价值工程的概念是什么?

2. 价值工程的三要素是什么?

3. 价值工程的基本工作程序是什么?

4. 价值工程在建筑工程不同阶段应用是什么?

5. 从建筑工程管理的角度,试从不同阶段分析价值工程如何提高效率,如何用有效管理的科学方法,体现现代经营的理念。

第七章　建设项目的可行性研究

学习目标

知识目标

1. 理解建设项目可行性研究的重要性；
2. 了解可行性研究的工作阶段及步骤；
3. 掌握可行性研究的主要内容；
4. 掌握市场预测及建设项目投资估算的主要方法。

能力目标

1. 能够初步完成可行性研究报告的编制；
2. 能够分析可行性研究阶段的工作内容；
3. 能够进行建设项目投资估算。

素质目标

1. 培养学生的经济论证的意识。
2. 培养学生定性分析和定量分析相结合的意识。
3. 培养学生应用所学知识解决问题的能力,提高辩证思维和逻辑思维能力。

情 境 导 航

一个建设项目要经历投资前期、建设期及生产经营期三个时期,其全过程如下图。

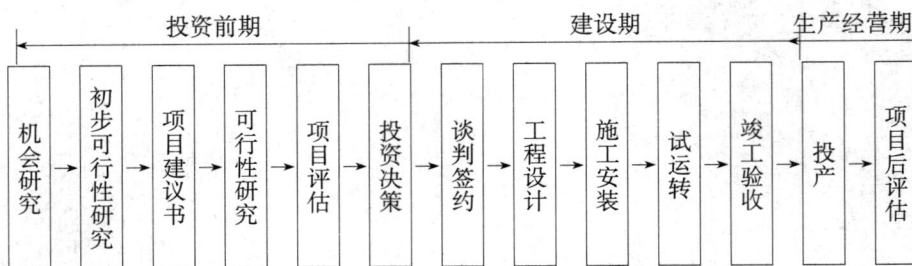

项目投资决策和建设全过程示意图

可行性研究是项目投资前期阶段中的一项重要工作,是研究和控制的重点。那么如何进行可行性研究呢?

第一节　可行性研究的概述

一、概述

一个完整的建设工程项目包括项目的决策阶段、实施阶段和使用阶段三个阶段。从对拟建项目的设想开始,调查研究、编写和报批项目建议书,分析论证拟建项目在组织、管理、经济和技术方面的可行性和合理性等可行性研究都属于项目决策阶段的工作。

可行性研究是在工程项目进行投资决策前,根据国民经济长期发展规划、地区发展规划和行业发展规划的要求,对拟建工程项目在技术、经济上是否合理进行深入调查、全面分析、系统论证、多种可能方案对比和综合评价,对项目建成后的经济效益进行预测和评价,从而确定某项目是否需要建设、是否值得投资以及如何投资,并为项目进行投资决策提供科学依据的一种分析方法。

二、可行性研究的作用

可行性研究是建设项目投资前期的重要工作,是项目投资决策的基础,其作用主要有:

(1) 可行性研究提出的评价结果是项目投资决策的依据;

(2) 可行性研究为项目招投标及项目设计奠定基础;

(3) 可行性研究是筹集资金、向银行等金融组织和金融机构申请贷款的依据;

(4) 可行性研究是向建设项目所在地政府、规划部门申请建设许可文件的依据,是供环保、消防等部门审查的依据;

(5) 可行性研究是建设单位与其他协作单位签订相关合同、协议的依据;

(6) 可行性研究是进行科研、试验、设备选型的依据;

(7) 可行性研究是企业组织管理、机构设置、劳动定员和职工培训工作安排的依据;

(8) 重大项目的可行性研究文件可作为编制国民经济计划的依据。

三、可行性研究的工作阶段

可行性研究主要包括机会研究、初步可行性研究和详细可行性研究三个阶段。

1. 机会研究

机会研究又称为投资机会鉴别,其主要任务是提出项目建设投资建议,即在一个确定的区域和部门内,根据自然资源、市场需求、国家产业政策和国际贸易情况,通过市场调查、预测和分析研究,选择建设项目,比选有利的投资机会。

机会研究可以分为一般机会研究和具体项目机会研究两种。一般机会研究通常是由国家机关和公共机构进行的,主要是提供项目投资的方向性建议,从而初步确定某个具体项目;具体项目机会研究通常是由企业针对具体项目进行的,主要是从企业利益出发,对项目投资进行概略分析,对于满足企业发展前景的项目留作进一步研究。

2. 初步可行性研究

初步可行性研究是机会研究和详细可行性研究之间的过渡阶段。建设项目经过机会研究后,已经能初步确定项目有值得投资的潜力,但投资时机是否成熟,投资是否能获得预想的效益,进行项目建设的各方面条件是否具备还需进行进一步的研究。

若在机会研究阶段有足够的数据可以论证项目投资的可行性,则可越过初步可行性阶段,直接进入详细可行性阶段;若在机会研究阶段没有足够的数据论证项目投资的可行性,则仍需对项目进行初步可行性研究,收集更多数据对项目投资进行补充论证。通过初步可行性研究可以对项目中的关键问题进行辅助性专题研究,判断项目是否需要进行进一步的可行性研究。

3. 详细可行性研究

详细可行性研究又称为最终可行性研究,是投资前期研究评价的最后阶段,其主要任务是对项目的技术、经济、社会、商业等方面进行深入研究,为建设项目的投资决策提供科学依据。

以上三个阶段在工作任务、研究成果、所需时间、研究费用所占投资比例、投资估算误差等方面的对比见表 7-1。

表 7-1 可行性研究各工作阶段对比

工作阶段	工作任务	研究成果	所需时间	研究费用所占投资比例	投资估算误差
机会研究	① 投资环境分析 ② 鉴别投资机会	提出投资建议	1~3 个月	0.2%~1.0%	±30%
初步可行性研究	① 进一步分析项目投资潜力 ② 专题辅助研究投资项目关键问题	编制项目建议书	3~5 个月	0.25%~1.25%	±20%
详细可行性研究	① 项目投资的可行性论证 ② 提出项目投资结论	编制可行性研究报告	小型项目: 6~12 个月 大型项目: 1~2 年	小型项目: 1%~3% 大型项目: 0.8%~1%	±10%
评价和决策(项目评估)	① 评估可行性研究报告 ② 最终决策	提出项目评估报告	—	—	±10%

四、可行性研究的工作步骤

有资质的设计单位或工程咨询单位受出资方委托,根据项目特点合理确定可行性研究的范围和深度后,一般按照以下步骤展开可行性研究工作,见图 7-1。

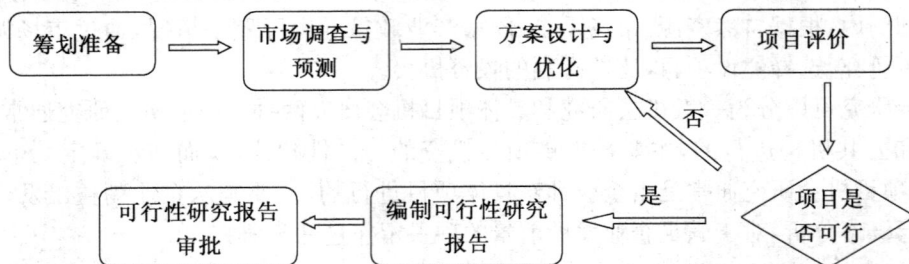

图 7-1 可行性研究工作步骤示意图

同步案例 7-1

核电站的可行性研究

同步案例 7-1

解析

广东岭澳核电站位于广东大亚湾西海岸大鹏半岛的东南侧,距已建成的大亚湾核电站约 1 千米,厂区按 4×100 万千瓦机组规划,一期考虑两台 100 万千瓦机组,相应的海域工程包括一、二期取排水海上建筑物、厂区防护建筑物等。类似规模的核电海域工程规划研究在国内尚无先例。相邻的大亚湾核电站的海域工程全部是由法国人设计的。该项研究要求在对自然条件充分调查研究的基础上,在大量缜密科学试验的支持下,依据有关法律、法规和规范对众多方案进行系统的综合比较研究,提出技术可行、经济合理、安全可靠、工期达标的工程建议方案。天津市海岸带工程有限公司(以下简称海岸带公司)承担了广东岭澳核电站海域工程的可行性研究项目。

为了完成该项可行性研究,海岸带公司派出了 300 多位专业技术人员进行了系统的调查分析和综合论证,历时 8 个月,以同类项目中最短的时间完成各类咨询研究报告 8 本,近 400 万字。其主要工作内容包括作为可行性研究基础的海上作业调查;对论证的中间的试验研究、经济技术分析,以及综合论证工作。针对上述工作内容,在项目执行中除采用了专业领域常规的技术手段外,还采用了高新技术手段,如在海洋地质研究调查中,采用 PS 转换波测量做海域岩性判别;以数学模型和物理模型综合研究抛石斜坡堤的抗震性能等。在整个项目运作中,计算机技术应用贯穿始终。

通过可行性研究,海岸带公司为广东岭澳核电站的海域工作提出了符合要求的工程技术方案,这些最终推出的方案是在对大量方案进行综合论证比较和优化的基础上形成的,现已用于广东岭澳核电站施工。同时,通过对比国际和国内标准,结合国情和国内技术水平,在国内首次系统地提出了核电站海域工程的设计标准。此外,海岸带分公司在项目执行过程中还分阶段向业主提供了咨询建议,为广东岭澳核电站的顺利开工创造了条件。作为核电项目,质量保证是强制性要求,在运作该项目过程中建立了项目质保部,并按 HAF0400 的要求制定和执行项目质保大纲,客观上促使海岸带公司率先在咨询行业中贯彻 ISO 9000 系列质量管理和质量保证标准,取得了良好效果和经验。

思考: 广东岭澳核电站海域工程的可行性研究是一个典型的咨询案例,可行性研究能对一个未开始的工程项目达到什么样的效果?

第二节　可行性研究的内容

可行性研究一般由出资方委托有资质的设计单位或工程咨询单位进行,针对不同类型不同规模的建设项目,其可行性研究的内容不完全相同,一般包含以下几个方面。

一、项目概况

项目概况主要包括项目名称、项目背景、可行性研究的依据、研究过程、主要研究内容等。

二、项目建设的必要性

一般主要从两个方面分析项目建设的必要性:一是从项目本身分析拟建项目是否符合企业效益目标以及能否促进企业自身的可持续发展;二是从国民经济和社会发展层面分析拟建项目是否符合国家相关产业技术政策要求,是否符合区域、行业发展规划要求,是否符合合理配置、有效利用资源的要求。

三、市场需求预测

根据市场调查分析,预测项目产品在国内外市场的供需情况和价格走向,评估项目产品现有生产能力,确定拟建项目产品的市场目标,分析市场竞争力和市场风险,预估产品可能占有的市场份额。

四、资源状况分析

针对拟建项目主要原材料、辅助材料和燃料等资源的储藏情况、开发利用可能性、运输供给条件和可持续发展等方面进行综合分析评价,提出降低资源消耗的措施。

五、项目选址

项目选址应通过地质勘察收集工程地质与水文地质资料,主要考虑项目发展目标、当地经济环境和规划方向,并综合自然环境、资源条件、气象条件、水电气供应条件、交通运输条件、废物废水废气处理、土地征收拆迁条件、外部协作条件等因素,对项目场址进行择优选择。

六、项目建设方案

项目建设方案主要包括项目建设的总体思路、建设目标、建设规模、产品方案、工艺技术方案、设备方案、材料供应方案、总图运输方案、公用辅助工程方案、节能节水措施、环境保护方案,职业安全卫生与消防方案、项目组织机构设置和人力资源配置等。

七、技术、财务、组织可行性

根据拟建项目规模和产品方案,分别从技术、财务、组织三个方面分析其可行性。

(1)从项目实施的技术角度,合理设计多个技术方案进行评价与比选,并根据行业要求论证其技术方案的可行性;

(2)从项目投资者的角度,在国家现行的财税制度和市场价格体系下,设计合理的财务方案,对项目盈利能力、清偿债务能力、财务生存能力等方面进行考察,对项目建成后的效益进行预测评价,从而进行项目投资决策;

(3)制定合理的项目实施计划,设置合理的组织机构、建立相关管理制度,配备合理的人力资源,制定适当的人员培训计划,保证项目的顺利执行。

八、投资估算与资金筹措

根据项目建设方案及有关建设标准和规范,详细测算建设主体工程和配套协作工程的资金需求量,估算项目总投资,并在此基础上研究确定资金来源渠道、资金筹措方式、资金结构与风险、资金筹措成本及负债偿付形式等。

九、项目实施进度计划

根据项目建设要求,结合项目建设规模、建设内容和建设难易程度确定建设工期。根据建设过程各阶段工作所需时间和工序安排制定项目实施进度计划(常用横道图或网络图表示)。

十、经济评价

从资源优化配置的角度评价拟建项目对于区域经济发展和产业结构的影响、对于国民经济的影响、对于提高国际竞争力和发展民族经济的影响等,分析项目的经济合理性。

十一、环境影响评价

根据国家环境保护标准和相关法规,对项目所在地环境背景进行调查,对项目可能产生的环境影响进行全面、综合、系统的分析评价,研究制定环境保护措施。

十二、社会影响评价

对于涉及社会公共利益的项目,如公共设施建设项目、农村扶贫项目等,应分析拟建项目对地区和国家政治体系、方针政策、经济发展的贡献和影响,分析项目主要利益相关者对项目的支持和接受程度,在此基础上评价项目和社会的相互适应性。

十三、结论与建议

在以上各项分析研究的基础上进行总结归纳,对推荐方案的内容和优点进行描述,指出方案可能存在的主要问题和遇到的主要风险,做出项目是否可行的明确结论,并对下一步工作的开展和方案中需要解决的问题提出相关建议。

【案例】
某项目的可行性研究报告目录格式见附录三。

第三节 市场调查与预测

市场调查是运用适当的方法,有目的、系统地搜集整理市场信息资料,分析市场的客观实际情况。市场调查通过调查准备、正式调查和结果处理三个阶段的工作,对市场需求、商品竞争力和商品价格进行详细调查,其调查结果是市场预测的基础。

一、市场调查

常用的市场调查方法有间接搜集信息法和直接调查法。

1. 间接搜集信息法

间接搜集信息法是指调研人员通过各种媒体(互联网、报刊、统计年鉴、电视、广播等)对现有信息资料进行搜集、分析、研究和利用的活动,一般包括查找、索讨、购买、交换、接收等具体的手段。

间接搜集信息法的优点是获取资料速度快、节省费用,能举一反三,缺点是针对性较差、深度不够、准确性不高,需要采取适当方式进行二次处理和验证。间接搜集信息法主要是为直接搜集信息提供指导,对直接调查法起弥补修正作用,鉴定、证明直接调查法所获资料的可信度。

2. 直接调查法

直接调查法是将拟调查的事项以面谈、电话或书面的形式向调查者提问,以获得所需要的资料信息。常用的直接调查法有访问调查法、通信调查法、会议调查法、观察法、实验法等。

直接调查法的调查结果针对性强,信息准确,但其调查成本较高,调查结果容易受工作人员水平和被调查人员本身素质的影响。

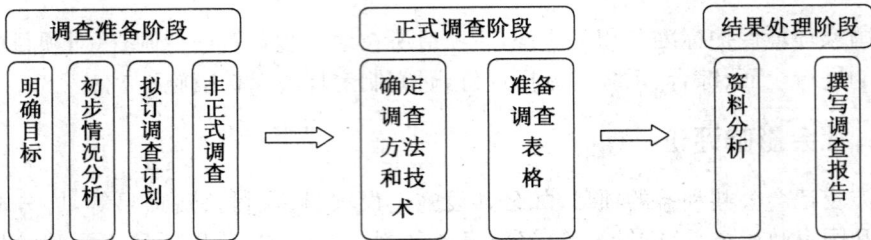

图 7-2　市场调查程序

二、市场预测

预测是根据事物的历史及现状,通过分析研究其发展规律,对事物未来进行推测的一种科学分析方法。市场预测是在市场调查所获信息的基础上,运用科学分析方法,对市场未来的发展趋势进行估计和判断。市场预测可以看作是一个信息输入、处理、信息输出的动态反馈系统,一个完整的市场预测过程如图 7-3 所示。

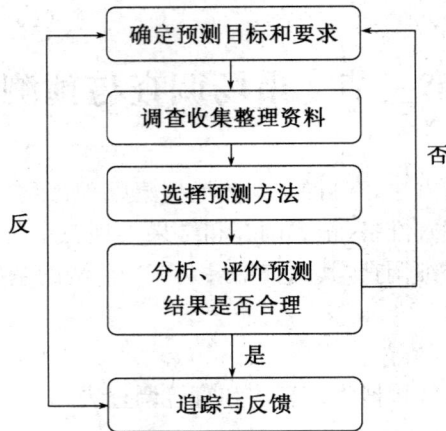

图 7-3　市场预测过程示意图

根据不同的分类方式,市场预测可以分为很多种。按预测范围,可以分为宏观预测和微观预测;按预测时间,可以分为短期预测、中期预测和长期预测;按预测方法,可以分为定性预测和定量预测。

1. 定性预测

定性预测是指利用直观材料,根据个人经验和分析判断能力对事物未来发展趋势进行估计和推测的方法,也称为直观预测。这种方法简单易行,花费时间短,但其预测结果受预测者主观意识和经验丰富程度的影响,容易带有片面性,预测精度不高。常见的有专家预测法和特尔斐法。

(1) 专家预测法

专家预测法又分为专家个人预测法和专家会议预测法两种,是由专家们根据自身知识和经验,以个人或者会议的形式对研究对象未来的发展进行预测,并形成最终的预测结论。

专家个人预测法是由专业知识扎实、经验丰富的专家针对研究对象提出个人意见,然后将所有意见综合归纳形成预测结果。这种方法能充分发挥专家的创造能力,使专家畅所欲言,不受外界影响,但这种方法受专家个人知识面、知识深度、兴趣浓厚程度等因素的制约,预测结果往往具有局限性和片面性。

专家会议预测法是邀请一定数量的专家召开会议,在会议上专家相互交换对研究对象的意见,通过讨论、补充、修正后得到预测结果。这种方法能弥补个人知识经验的不足,集思广益,但由于邀请的专家数量有限,其结果并不具有广泛代表性,且专家容易受到权威代表和其他意见的影响,保留一部分个人意见,最终导致预测结果的可靠程度有限。

(2) 特尔斐法

特尔斐法是在专家个人预测法和专家会议预测法的基础上发展起来的一种函询调查法,它以不记名的方式多轮征询专家们的意见,最终得出满意的预测结果。该方法的主要特点是在征询专家意见时采用匿名的形式,使专家能各抒己见、客观判断,且通过几轮征询意见,使得预测结果具有反馈性和收敛性。同时,这种方法简单易行、用途广泛,对于某些长期的、复杂的、无先例的和突发事件,往往很难采用定量的方法进行预测,只能使用特尔斐这类预测方法。

特尔斐法的预测过程可以分为准备阶段、预测阶段和结果处理阶段。

① 准备阶段:该阶段的主要工作是选择预测专家和针对预测事物编制征询表,这也是特尔斐法预测的关键工作。选择专家时要明确三个问题:什么人是专家;选择什么样的专家;怎样选择专家。选择专家的人数不宜过少或过多,一般以10～50人为宜。编制征询表时应以专家回答方便为原则,且应明确预测主题及目标。

② 预测阶段:特尔斐法一般采取4轮预测,具体视情况而定。第一轮一般不设约束条件,只在征询表中提出预测问题,由专家提出应该预测的事件,由预测领导小组对专家所提意见进行归纳总结,得到预测一览表。第二轮由专家根据预测一览表对每个事件作出评价意见,由预测领导小组进行统计处理。再进行第三轮、第四轮的调查统计,最后得出一个相对集中的预测意见。

结果处理阶段:该阶段是特尔斐法预测中最重要的阶段,主要对专家意见进行分析处理,处理方式根据预测问题类型和预测要求的不同而不同,通常采用4分位点法和比重数据处理法处理,且处理后的专家意见一般接近或符合正态分布。

3. 定量预测

(1) 回归分析预测法

回归分析预测法是在统计资料的基础上,根据预测变量(因变量)与相关因素(自变量)之间存在的相关性,借助数理统计中的回归分析原理确定因果关系,建立回归模型并进行预测的一种定量预测方法,可分为一元回归分析和多元回归分析。

一元回归分析,又称为一元线性回归,当两个变量之间存在线性关系时,可以建立一个一元线性数学模型,用自变量去解释因变量,具体步骤如下:

第一,根据两个变量的历史数据绘出散布图。

第二,建立一元线性回归方程模型:

$$y = a + bx \tag{7-1}$$

式中:y——因变量,即拟进行预测的变量;

x——自变量,即引起因变量 y 变化的变量;

a、b——回归系数,即表示 x 与 y 之间关系的系数。

第三,根据数理统计中的最小二乘法对曲线进行拟合,按下式求出回归系数 a、b 的值:

$$b = \frac{n \sum xy - \sum x \sum y}{n \sum x^2 - (\sum x)^2} \tag{7-2}$$

$$a = \frac{1}{n} \left(\sum y - b \sum x \right) \tag{7-3}$$

式中:n——样本数目,一般应大于 20。

第四,用相关系数 r 检验回归直线的拟合程度:

$$r = \frac{n \sum xy - \sum x \sum y}{\sqrt{[n \sum x^2 - (\sum x)^2] \cdot [n \sum y^2 - (\sum y)^2]}} \tag{7-4}$$

相关系数 r 的大小反映了 x 与 y 线性关系的密切程度,r 愈接近 1,x 与 y 线性关系愈密切;r 愈接近 0,x 与 y 线性关系密切度愈小。一般来说,当 $n \leqslant 10$ 时,$|r|$ 应大于 0.602;当 $n \leqslant 20$ 时,$|r|$ 应大于 0.444;当 $n \leqslant 52$ 时,$|r|$ 应大于 0.273,回归方程才有使用意义。

第五,误差估计,回归模型的拟合精度用标准偏差 s 表示:

$$s = \sqrt{\frac{\sum (y - x)^2}{n - 2}} = \sqrt{\frac{\sum y^2 - a \sum y - b \sum yx}{n - 2}} \tag{7-5}$$

s 的值越小,说明回归直线的拟合精度越高;反之,说明回归直线的拟合精度越低。

(2) 时间序列预测分析法

时间序列预测分析法是利用按时间顺序排列起来的历史数据进行统计分析,总结规律,从而预测事物未来发展过程和发展趋势的一种方法,它的前提是假定事物的过去会同样延续到未来。常用的有平均值法、移动平均法、指数平滑法等。

① 平均值法

平均值法是通过计算一定观察期数据的平均值作为预测值的方法,它是市场预测最简单的一种方法,适合稳定形态的商品需求、生产预测,但不能反映趋势的季节变化。平均值法又分为算数平均法和加权平均法。

算数平均法:设过去一定时期内,变量 X 有 n 个样本值 $X_1, X_2, \cdots, X_n$,则将这些样本值

的算术平均值作为下期的预测值,即

$$X = \frac{\sum_{i=1}^{n} X_i}{n} = \frac{X_1 + X_2 + \cdots + X_n}{n} \tag{7-6}$$

式中:X——观测值的算术平均值,即下期预测值;

X_i——第 i 期的数据;

n——样本数量。

加权平均法:当过去每期数据的重要程度不同时,根据每期数据的重要性分别加以不同的权数,再取平均值作为预测值。

$$Y = \frac{\sum_{i=1}^{n} X_i f_i}{\sum_{i=1}^{n} f_i} = \frac{X_1 f_1 + X_2 f_2 + \cdots + X_n f_n}{f_1 + f_2 + \cdots + f_n} \tag{7-7}$$

式中:Y——观测值的加权平均值,即下期预测值;

X_i——第 i 期的数据;

f_i——第 i 期数据的权数;

n——样本数量。

一般对于距离预测期时间间隔短的数据给予较大的权数,再随着时间间隔的变长递减给予相应的权数。当历史数据变化幅度较大时,可以采用等比级数;当历史数据变化平稳时,可以采用等差级数;若历史数据变化起伏较大,则可根据实际情况确定不同的级数。

【例7-1】　某建筑公司 2014 年上半年各月的预制构件销售额分别为 30 万元、32 万元、31 万元、34 万元、30 万元、32 万元,试分别用算术平均法和加权平均法预测 2014 年 7 月份该公司的预制构件销售额(1~6 月份的权数分别为 0.5、0.6、0.7、0.8、0.9、1.0)。

解:(1)算术平均法:

$$X = \frac{\sum_{i=1}^{n} X_i}{n} = \frac{X_1 + X_2 + \cdots + X_6}{6} = \frac{30 + 32 + 31 + 34 + 30 + 32}{6} = 31.5(万元)$$

(2)加权平均法:

$$Y = \frac{\sum_{i=1}^{n} X_i f_i}{\sum_{i=1}^{n} f_i} = \frac{X_1 f_1 + X_2 f_2 + \cdots + X_6 f_6}{f_1 + f_2 + \cdots + f_6}$$

$$= \frac{30 \times 0.5 + 32 \times 0.6 + 31 \times 0.7 + 34 \times 0.8 + 30 \times 0.9 + 32 \times 1.0}{0.5 + 0.6 + 0.7 + 0.8 + 0.9 + 1.0}$$

$$= 31.6(万元)$$

② 移动平均法

移动平均法是将已知统计数据按数据点划分为若干段,用分组逐点推移求平均值的方法对数据进行处理,找出预测对象的历史变化规律,以最后一组数据的移动平均值作为下一期预测值的一种时间序列预测方法。这种方法常用于长期趋势变化和季节性变化的预测。

$$\hat{X}_{t+1} = M_t^{[1]} = \frac{X_t + X_{t-1} + \cdots + X_{t-n+1}}{n} \tag{7-8}$$

式中:$\hat{X}_{t+1}$——第 $t+1$ 期数据的预测值;

$M_t^{[1]}$——第 t 段数据的一次移动平均值;

X_t——第 t 期的数据;

n——第 t 段内数据个数。

采用移动平均法作预测,关键在于选取用来求平均数的某阶段数据个数 n。n 值越小,表示越重视近期数据在预测中的作用,预测值对数据变化的反映速度越快,但修匀程度较低(即趋势变化的平稳程度较低);反之 n 值越大,则预测值对数据变化的反应速度越慢,修匀程度较高,一般取 $3<n<20$。移动平均法简单易行,比较容易掌握,但是由于 n 值的选取没有统一的规则,往往导致预测数据的精确程度不一。

③ 指数平滑法

指数平滑法是对加权平均法和移动平均法的综合,是以本期实际观察值和前一期预测值的加权平均数作为预测值的一种预测方法。这种方法对离预测期近的历史数据给予较大的权数,对离预测期远的历史数据给予较小的权数,权数由近至远按指数规律逐渐收敛为零,所以称之为指数平滑法。

$$\hat{X}_{t+1}=S_t^{[1]}=\alpha X_t+(1-\alpha)S_{t-1}^{[1]} \tag{7-9}$$

式中:$\hat{X}_{t+1}$——第 $t+1$ 期数据的预测值;

$S_t^{[1]}$——第 t 期的一次指数平滑值;

α——平滑系数,$0<\alpha<1$;

X_t——第 t 期的数据;

$S_{t-1}^{[1]}$——第 $t-1$ 期的一次指数平滑值,即第 t 期的预测值。

平滑系数 α 实际上就是一个加权系数,通过改变 α 的值,可以改变新旧数据的分配比例,从而调节时间序列观察值的修匀程度。当时间序列呈稳定的水平趋势时,α 一般取 $0.1\sim0.3$;当时间序列波动较大,长期趋势变化的幅度较大时,α 应取中间值 $0.3\sim0.5$;当时间序列具有明显的上升或下降趋势时,α 应取较大值 $0.6\sim0.8$。在实际应用中,可取若干个平滑系数进行试算后,选取预测误差最小的 α 值。

初始值的确定(即第一次的预测值 S_1):若时间序列的观察期大于 15,初始值对预测结果的影响很小,可以取第一期观测值作为初始值;若观察期小于 15,初始值对预测结果的影响较大,可以选最初几期(一般取 3 期)观测值的平均数作为初始值。

【例 7-2】 某市 1991~2000 年的人均粮食需求量如表 7-2 所示,试分别用移动平均值法和指数平滑法预测 2001 年的人均粮食需求量。

解:(1) 移动平均法:取 $n=3$,则

$$\hat{X}_4=M_3^{[1]}=\frac{X_3+X_2+X_1}{3}=\frac{206+214+208}{3}=209.3(万元)$$

以此类推,将计算结果列入表 7-2 中第三栏。

(2) 指数平滑法:由于时间序列的观察期小于 15,取初始值:

$$S_0^{[1]}=\overline{X}=\frac{\sum\limits_{i=1}^{n}X_i}{n}=\frac{X_1+X_2+X_3}{3}=209.3(万元)$$

取 $\alpha=0.3$,则

$$\hat{X}_2 = S_1^{[1]} = \alpha X_1 + (1-\alpha)S_0^{[1]} = 0.3 \times 206 + 0.7 \times 209.3 = 208.3(万元)$$

以此类推,将计算结果列入表 7-2 中第四栏。

表 7-2　某市 1991~2000 年的人均粮食需求量资料

年份	粮食需求量	$\hat{X}_{t+1} = M_t^{[1]}$ $n=3$ 预测值(万元)	$\hat{X}_{t+1} = S_t^{[1]}$ $\alpha=0.3$ 预测值(万元)
1991	206	—	—
1992	214	—	208.3
1993	208	—	210.0
1994	220	209.3	209.4
1995	230	214.0	212.6
1996	212	219.3	217.8
1997	202	220.7	216.1
1998	210	214.7	211.9
1999	218	208.0	211.3
2000	206	210.0	213.3
2001	—	211.3	211.1

第四节　建设项目投资估算

一、投资估算概述

按照我国工程建设的基本程序,在项目可行性研究阶段对建设项目投资所做的测算称之为"投资估算";在初步设计阶段对建设项目投资所做的测算称之为"设计概算";在施工图设计阶段所做的测算称之为"施工图预算";在投标阶段称之为"投标报价";发承包方签订合同时的价格称之为"合同价";在合同实施阶段,发承包方结算工程价款时形成的价格称之为"结算价";工程竣工验收后,实际的工程造价称之为"竣工决算价"。其中,投资估算是项目投资决策、项目资金筹措以及编制初步设计概算的基础。

投资估算是在对项目的建设规模、建设地区及建设地点、技术方案、设备方案、工程方案及项目实施进度等进行研究并基本确定的基础上,估算项目投入总资金,并测算建设期内分年资金需要量。建设项目投资估算的范围应与项目建设方案设计所确定的研究范围和各单位工程内容一致,且投资估算精度应能满足控制初步设计概算要求,并尽量减少投资估算的误差。

项目投资估算的内容主要包括建设投资、建设贷款利息和流动资金估算三个部分,具体内容如图 7-4 所示。

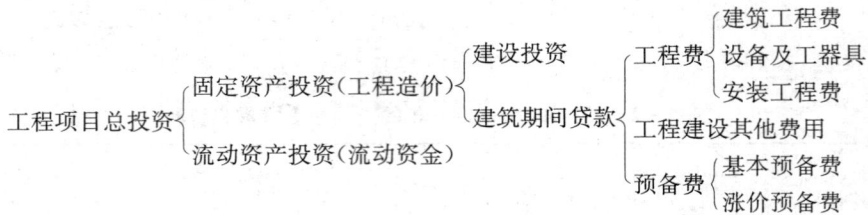

图 7-4   建设项目投资估算组成

二、投资估算方法

在建设项目投资估算中,常用的方法有简单估算法和分类估算法,如图 7-5 所示。简单估算方法又可以分为单位生产能力估算法、生产能力指数法、比例估算法、系数估算法和指标估算法等。由于大部分简单估算法精确度不高,主要适用于投资机会研究和初步可行性研究阶段,在项目可行性研究阶段主要采用指标估算法和分类估算法进行项目投资估算,在此仅介绍分类估算法。

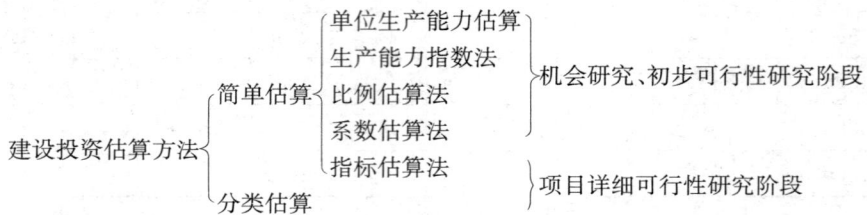

图 7-5   建设项目投资估算方法

1. 建设投资估算

建设投资是指在项目筹建与建设期间所花费的全部建设费用,包括工程费用、工程建设其他费用和预备费。建设投资(不含建设期利息)估算的主要步骤如下:

首先,分别估算各单项工程所需的建筑工程费、设备及工器具购置费和安装工程费;

其次,在汇总各单项工程费用的基础上估算工程建设其他费用;

然后,估算基本预备费和涨价预备费;

最后,将各项费用加和求得建设投资(不含建设期利息)总额。

(1) 建筑工程费

建筑工程费是指建造永久性建筑物和构筑物所需要的费用,主要包含以下内容:

① 各类房屋建筑工程和列入房屋建筑工程预算的供水、供暖、卫生、通风、煤气等设备费用及其装饰、油饰工程的费用,列入建筑工程的各种管道、电力、电信和电缆导线敷设工程的费用。

② 设备基础、支柱、工作台、烟囱、水塔、水池、灰塔等建筑工程以及各种窑炉的砌筑工程和金属结构工程的费用。

③ 建设场地的大型土石方工程、施工临时设施和完工后的场地清理、环境绿化的费用。

④ 矿井开凿、井巷延伸、露天矿剥离,石油、天然气钻井,修建铁路、公路、桥梁、水库、堤坝、灌渠及防洪等工程的费用。

　　建筑工程费的估算方法有单位建筑工程投资估算法、单位实物工程量投资估算法和概算指标投资估算法等,见表 7-3。由于采用概算指标投资估算法需要有较为详细的工程资料、建筑材料价格和工程费用指标,工作量较大,因此,通常只在没有前两种估算指标或者建筑工程费占建设投资比例较大的项目,在估算建筑工程费时才采用概算指标法进行估算。

表 7-3　建筑工程费估算方法

方法	运用	工程计量方式
单位建筑工程投资估算法	单位建筑工程量投资×建筑工程总量	一般工业与民用建筑以单位建筑面积(m²)投资 工业窑炉砌筑以单位容积(m³)投资 水库以水坝单位长度(m)投资 铁路路基以单位长度(km)投资 矿山掘进以单位长度(m)投资
单位实物工程量投资估算法	单位实物工程量投资×实物工程量总量	土石方工程按每立方米(m³)投资 矿井巷道衬砌工程按每延长米(m)投资 路面铺设工程按每平方米(m²)投资
概算指标投资估算法	单位工程造价×工程总规模	以整个建筑物为对象,以建筑面积、体积等为计量单位来确定劳动、材料和机械台班的消耗量标准和造价指标

　　(2)设备及工器具购置费

　　设备及工器具购置费由设备购置费和工器具及生产家具购置费组成,其中设备购置费包括国内设备购置费和进口设备购置费,具体构成如图 7-6 所示。在生产性工程建设中,设备及工器具购置费用占建设投资比重的增大,意味着生产技术的进步和资本有机构成的提高。

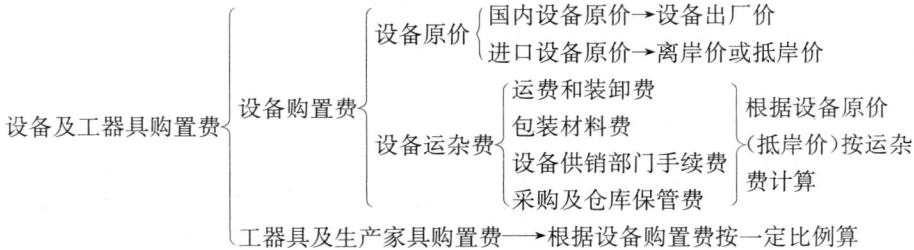

图 7-6　设备及工器具费构成及计算关系示意图

　　设备购置费估算:

$$国内设备购置费＝设备原价＋设备运杂费 \qquad (7-10)$$

$$进口设备购置费＝进口设备抵岸价＋国内设备运杂费 \qquad (7-11)$$

$$国内设备运杂费＝(设备原价/进口设备抵岸价)×设备运杂费率 \qquad (7-12)$$

　　国内设备原价是指国产标准设备、非标准设备的原价;进口设备货价按交货地点和方式的不同,分为离岸价(FOB)与抵岸价(CIF)两种。进口设备抵岸价是指抵达买方边境港口或边境车站,且交完关税以后的价格。

$$进口设备抵岸价＝离岸价＋国外运费＋国外运输保险费 \qquad (7-13)$$

$$进口设备抵岸价＝设备货价＋进口从属费用$$

$$＝设备货价＋国外运费＋国外运输保险费＋银行财务费＋外贸手续费$$

$$+进口关税+消费税+进口设备增值税+海关监管手续费 \quad (7-14)$$

（3）安装工程费

对于以下应该安装的设备应估算其安装工程费：

① 生产、动力、起重、运输、传动和医疗、实验等各种需要安装的机电设备、专用设备、仪器仪表等设备的安装费；

② 工艺、供热、供电、给排水、通风空调、净化及除尘、自控、电讯等管道、管线、电缆等的材料费和安装费；

③ 设备和管道的保温、绝缘、防腐，设备内部填充物等的材料费和安装费。

安装工程费通常根据行业或专门机构发布的安装工程定额、取费标准进行估算，主要估算方法有

$$安装工程费 = 设备原价 \times 安装费率 \quad (7-15)$$

或：

$$安装工程费 = 设备吨位 \times 每吨设备安装费指标 \quad (7-16)$$

或：

$$安装工程费 = 安装工程实物量 \times 单位安装实物工程量费用指标 \quad (7-17)$$

（4）工程建设其他费用

工程建设其他费用是指工程项目从筹建到竣工验收交付使用的整个建设期间，除设备及工器具购置费、建筑安装工程以外，为保证工程建设顺利完成和交付使用后能够正常发挥效用而发生的一些费用。工程建设其他费用按其内容大体可分为土地使用费、与建设项目相关的费用和与未来企业生产经营活动相关的费用。

土地使用费主要有农用土地征用费和取得国有土地使用费两种。农用土地征用费由土地补偿费、安置补助费、土地投资补偿费、土地管理费、耕地占用税等组成，并按被征用土地的原用途给予补偿。国有土地使用费包括土地使用权出让金、城市建设配套费、房屋征收与补偿费等。

与项目建设相关的费用包括建设单位管理费、工程监理费、工程质量监督费、可行性研究费、研究试验费、勘察设计费、环境影响评价费、劳动安全卫生评价费、场地准备及临时设施费、引进技术和进口设备其他费、工程保险费、特殊设备安全监督检验费和市政公用设施建设与绿化补偿费等。

与未来企业生产经营活动相关的费用包括专利技术使用费、联合试运转费、生产准备费、办公和生活家具购置费等。

以上各项费用并不是每个项目都必须产生的，在实际工程中应根据各级政府物价部门有关规定，并结合项目具体情况确定工程项目其他费用的具体科目及取费标准，再按各项费用科目的费率或者取费标准进行估算。

（5）预备费

预备费是指考虑建设期可能发生的风险因素而导致建设费用增加的这部分内容，其中包括基本预备费和涨价预备费。

基本预备费是指在项目实施过程中可能发生难以预料的支出，需要事先预留的费用，又称工程建设不可预见费，主要指设计变更及施工过程中可能增加工程量的费用。

$$基本预备费 = (工程费用+工程建设其他费用) \times 基本预备费率 \quad (7-18)$$

涨价预备费是对建设工期较长的项目,由于在建设期内可能发生材料、设备、人工等价格上涨引起投资增加,需要事先预留的费用,亦称价格上涨预备费。

$$PC = \sum_{t=1}^{n} I_t \left[(1+f)^t - 1\right] \qquad (7-19)$$

其中:PC——涨价预备费;

$\quad I_t$——建设期第 t 年的工程费用;

$\quad f$——建设期价格上涨指数;

$\quad n$——建设期。

【例 7-3】 某建设工程项目在建设期初的建筑工程费、建筑安装工程费、设备及工器具购置费为 45 000 万元。按本项目实施进度计划,项目建设期为 3 年,投资分年使用比例为:第一年 25%,第二年 55%,第三年 20%,建设期内预计年平均价格总水平上涨率为 5%,建设期贷款利息为 1 395 万元,建设工程项目其他费用为 3 860 万元,基本预备费率为 10%,试估算该项目的预备费。

解:(1)计算项目的基本预备费:

基本预备费=(工程费用+工程建设其他费用)×基本预备费率

$\qquad$ =(45 000+3 860)×10%=4 886(万元)

(2)计算项目的涨价预备费:

第一年末的涨价预备费=45 000×25%×[(1+0.05)^1-1]=562.50(万元)

第二年末的涨价预备费=45 000×55%×[(1+0.05)^2-1]=2 536.88(万元)

第三年末的涨价预备费=45 000×20%×[(1+0.05)^3-1]=1 418.63(万元)

该项目建设期的涨价预备费=562.50+2 536.88+1 418.63=4 518.01(万元)

项目预备费=基本预备费+涨价预备费=4 886+4 518.01=9 404.01(万元)

2. 建设期间贷款利息估算

建设期间贷款利息是债务资金在建设期内发生并应计入固定资产原值的利息,包括借款利息及手续费、承诺费、管理费等。建设期利息应按借款要求和条件计算:

(1)借款额在建设期各年年初发生,建设期利息的计算公式为

$$Q = \sum_{t=1}^{n} \left[(P_{t-1} + A_t) \cdot i\right] \qquad (7-20)$$

式中:Q——建设期利息;

$\quad P_{t-1}$——按单利计息,为建设期第 $t-1$ 年末借款累计;按复利计息,为建设期第 $t-1$ 年末借款本息累计;

$\quad A_t$——建设期第 t 年借款额;

$\quad i$——借款年利率;

$\quad t$——年份。

(2)借款额在建设期各年年内均衡发生,借款第一年(当年)按半年计息,其余各年份按全年计息,建设期利息的计算公式为

$$Q = \sum_{t=1}^{n} \left[\left(P_{t-1} + \frac{A_t}{2}\right) \cdot i\right] \qquad (7-21)$$

【例 7-4】 某新建项目,建设期为 3 年,第一年贷款 300 万元,第二年贷款 400 万元,第

三年贷款 300 万元，年利率为 5.6%，贷款在各年年内均衡发放，用复利法理论计算建设期借款利息。

解：建设期各年利息计算如下：

$Q_1 = 0.5 \times 300 \times 5.6\% = 8.4$（万元）

$Q_2 = (308.4 + 0.5 \times 400) \times 5.6\% = 28.47$（万元）

$Q_3 = (736.87 + 0.5 \times 300) \times 5.6\% = 49.66$（万元）

建设期借款利息合计 86.53 万元。

3. 流动资金估算

流动资金是指生产经营性项目投产后，用于购买原材料、燃料、支付工资及其他经营费用等所需的周转资金。流动资金估算一般采用分项详细估算法，对设计深度浅或者小型项目可采用扩大指标法。

（1）分项详细估算法

分项详细估算法是对构成流动资金的各项流动资产和流动负债，即存货、现金、应收账款、预付账款，以及应付账款和预收账款等几项内容逐项并分年进行估算，然后加总获得企业总流动资金的需要量。为简化计算，仅对存货、现金、应收账款三项流动资产和应付账款这项流动负债进行估算，计算公式如下：

$$流动资金 = 流动资产 - 流动负债 \qquad (7-22)$$

式中：

$$流动资产 = 应收账款 + 存货 + 现金 \qquad (7-23)$$

$$应收账款 = 年销售收入 / 应收账款周转次数 \qquad (7-24)$$

$$流动负债 = 应付账款 = 年外购材料、燃料动力 / 应付账款周转次数 \qquad (7-25)$$

$$周转次数 = 360 / 流动资金最低周转天数 \qquad (7-26)$$

（2）扩大指标估算法

扩大指标估算法按照流动资金占某种费用基数的比率来估算流动资金。这种方法比较简单，适用于项目建议书阶段。扩大指标定额，即流动资金占某种费用基数的比率，可根据同类企业实际资料求得，也可以依据行业或部门给定的参考值或经验确定比率。费用基数可以选择年营业收入额、年产值、年产量、年经营成本、总成本费用和固定资产投资（建设投资＋建设期间贷款利息）等。

$$流动资金 = 费用基数 \times 各类流动资金比率 \qquad (7-27)$$

【例 7-5】 某咨询公司正准备进行一工业项目的财务评价，有关资料及数据如下：

（1）建筑工程费用估算为 480 万元；

（2）项目计划采用进口设备，离岸价为 400 万美元，进口从属费用为 1 857.8 万元，美元的银行牌价为 8.3 元人民币，设备的国内运杂费率为 2.5%；

（3）项目的工器具及生产家具费率取 6%；

（4）安装工程费按设备原价的 10% 计算；

（5）工程建设其他费按工程费的 24% 计算，基本预备费率取 5%；

（6）项目分两年进行投资，投入比例分别为 55%、45%，预计建设期间的价格上涨率为 6%；

（7）项目部分建设投资采用国内银行借款，第一年贷款额为 2 500 万元，第二年贷款额为 3 500 万元，贷款年初发放，银行利率为 6.21%；

（8）该项目达到设计生产能力以后，现金占用流动资金估算为 27.25 万元，生产存货占用流动资金估算为 800 万元，年外购原材料、燃料费为 2 020 万元，年销售收入为 2 400 万元，各项流动资金的最低周转天数分别为：应收账款 30 天、应付账款 30 天。

试估算该建设项目总投资。

解：（1）设备购置费：

① 进口设备货价＝400×8.3＝3 320（万元）

② 进口设备抵岸价＝3 320＋1 857.8＝5 177.8（万元）

③ 设备购置费＝5 177.8＋5 177.8×2.5％＝5 307.2（万元）

（2）工器具及生产家具费：5 307.2×6％＝318.43（万元）

（3）安装工程费：5 177.8×10％＝517.78（万元）

（4）工程费用＝480＋5307.2＋318.43＋517.78＝6 623.41（万元）

（5）工程建设其他费＝（480＋5 307.2＋318.43＋517.78）×24％＝1 589.62（万元）

（6）预备费：

① 基本预备费＝（6 623.41＋1 589.62）×5％＝410.65（万元）

② 涨价预备费：

第一年：$6\ 623.41×55％×[(1+6％)^1-1]＝218.57$（万元）

第二年：$6\ 623.41×45％×[(1+6％)^2-1]＝368.39$（万元）

合计涨价预备费为 586.96 万元。

（7）建设期利息：

第一年：2 500×6.21％＝155.25（万元）

第二年：（2 500＋155.25＋3 500）×6.21％＝382.24（万元）

合计建设期利息为 537.49 万元。

（8）流动资金：

$$流动资产＝应收账款＋存货＋现金＝\frac{2\ 400}{360/30}+800+27.25＝1\ 027.25（万元）$$

$$流动负债＝应付账款＝\frac{2\ 020}{360/30}＝168.33（万元）$$

流动资金＝流动资产－流动负债＝1 027.25－168.33＝858.92（万元）

建设项目总投资＝6 623.41＋1 589.62＋410.65＋586.96＋537.49＋858.92＝10 607.05（万元）。

4. 项目投入总资金与分期投资计划

按照投资估算内容和估算方法估算上述各项投资并进行汇总，编制项目投入总资金估算汇总表。以例题 7-5 中的数据为基础，编制的项目投入总资金估算汇总表如表 7-4 所示。

表 7-4 项目投入总资金估算汇总表

序号	费用名称	投资额		占总值比（%）
		合计	其中外币（万美元）	
1	建设投资	9 210.64		86.8
1.1	建筑工程费	480		
1.2	设备及工器具购置费	5 625.63	628.83	
1.3	安装工程费	517.78		
1.4	工程建设其他费用	1 589.62		
1.5	基本预备费	410.65		
1.6	涨价预备费	586.96		
2	建设期间贷款利息	537.49		5.1
3	流动资金	858.92		8.1
	项目总投资（1+2+3）	10 607.05		

估算出项目建设投资后，根据项目计划进度安排，估算分年建设投资，以此作为安排融资计划、估算分年建设期利息的基础。若流动资金本来就是分年估算的，可由流动资金估算表转入。估算出项目建设投资、建设期利息和流动资金后，编制分年投资计划表，如表 7-5 所示。分年投资计划表是编制项目资金筹措计划表的基础。实际工作中往往将项目总投资估算表、分年投资计划表和资金筹措表合而为一，编制项目总投资使用计划与资金筹措表，在此不多叙述。

表 7-5 分年投资计划表

序号	项目	人民币（万元）		外币（万美元）	
		第一年	第二年	第一年	第二年
1	建设投资	5 065.85	4 144.79	345.86	282.97
2	建设期间贷款利息	155.25	382.24		
3	流动资金	429.46	429.46		
	项目总投资（1+2+3）	5 650.56	4 956.49		

本章小结

可行性研究是在工程项目进行投资决策前，通过市场调查和市场预测对拟建工程项目在技术、经济上是否合理进行全方面分析论证，从而确定某一项目是否值得投资建设的一种科学分析方法，主要包括机会研究、初步可行性研究和详细可行性研究三个阶段，其研究结果是项目投资决策的依据。

可行性研究的内容主要包括：项目概况、项目建设的必要性、市场需求预测、资源状况分析、项目选址、项目建设方案、技术财务组织可行性、投资估算与资金筹措、项目实施进度计划、风险及不确定性分析、经济评价、环境影响评价、社会影响评价、结论与建议等。

市场调查是运用适当方法有目的、系统地搜集整理市场信息资料，分析市场的客观实际情况。常用的市场调查方法有间接搜集信息法和直接调查法。

市场预测是在市场调查所获信息的基础上，运用科学分析方法对市场未来的发展趋势进行估计和判断。市场预测按预测方法可以分为定性预测和定量预测两类。常见的定性预测方法有专家预测法和特尔斐法，常见的定量预测方法有回归分析预测法和时间序列预测分析法（平均值法、移动平均法、指数平滑法）。

4. 在项目可行性研究阶段常采用分类估算法对建设项目总投资进行测算，即项目投资估算。项目投资估算的内容由建设投资、建设期间贷款利息和流动资金三部分组成，其中，建设投资又包括工程费用（建筑工程费、设备及工器具购置费、安装工程费）、工程建设其他费用和预备费（基本预备费、涨价预备费）。

复习思考题

1. 什么是可行性研究？可行性研究的作用是什么？
2. 可行性研究包含哪些工作阶段？各工作阶段间的主要区别是什么？
3. 简述可行性研究的主要内容。
4. 建设投资由哪几个部分组成？
5. 建设项目投资估算的主要方法有哪些？其适用范围有何不同？
6. 某百货公司一柜台 2010 年每个月的销售额分别为 40 万元、42 万元、37 万元、41 万元、39 万元、38 万元、41 万元、30 万元、38 万元、42 万元、41 万元、49 万元，试用时间序列预测分析法预测 2011 年 1 月份该公司的销售额。（加权平均法用月份数作为相应的计算权数；移动平均法取 $n=3$；指数平滑法取 $\alpha=0.5$）
7. 某项目的工程费用为 400 万元，按项目进度计划，项目建设期为 3 年，分年的工程费用比例为 30%，40%，30%，建设期内年平均价格上涨指数为 5%，试估算该项目的涨价预备费。
8. 某新建项目，建设期为 4 年，第一年借款 200 万元，第二年借款 300 万元，第三年借款 300 万元，第四年借款 200 万元，各年借款均在年中均衡放款，借款年利率为 6%，每年计息 1 次，建设期内按期支付利息。试计算该项目的建设期利息。

第八章 建设项目国民经济评价

学习目标

知识目标

1. 了解国民经济评价的概念和特点；
2. 理解国民经济评价与财务评价的异同；
3. 熟悉国民经济评价的参数、指标和报表。

能力目标

1. 能够对国民经济评价有基本的认识；
2. 能够看得懂国民经济评价的相关参数、指标和报表；
3. 能够应用国民经济评价指标进行评价。

素质目标

1. 培养学生的宏观经济意识。
2. 培养学生定性分析和定量分析相结合的意识。
3. 培养学生应用所学知识解决问题的能力，提高辩证思维和逻辑思维能力。

情 境 导 航

应对气候变化，《巴黎协定》代表了全球绿色低碳转型的大方向，是保护地球家园需要采取的最低限度行动，各国必须迈出决定性步伐。我国将提高国家自主贡献力度，采取更加有力的政策和措施，二氧化碳排放力争于 2030 年前达到峰值，努力争取 2060 年前实现碳中和。

一时间，煤电作为碳排放"大户"，成为当前的焦点。压缩煤电的声音、减少煤电装机的声音不绝于耳。风电、光伏、水电作为新能源的杰出代表似乎终于看到了"春天"将至，各个相关企业也在摩拳擦掌准备大干一场。

思考：风电、光伏和水电项目与传统的煤电项目相比具有哪些优势？思考在这些项目决策问题上需要考虑的费用和效益。

第一节 国民经济评价概述

一、国民经济评价概念

建设项目经济评价是可行性研究的重要组成部分，内容包括国民经济评价和财务评价。

其主要作用是在预测、选址、技术方案等项目研究的基础上，对项目投入产出的各种经济因素进行调查研究，通过多项指标的计算，对项目的经济合理性、财务可行性及抗风险能力做出全面的分析与评价，为项目决策提供主要依据。

经济评价的重点是国民经济评价。国民经济评价是按照资源合理配置的原则，从国家整体角度考察项目的效益和费用，用货物影子价格、影子汇率、影子工资和社会折现率等经济参数，分析计算项目对国民经济的净贡献，评价项目的经济合理性。例如公路建设项目是通过为社会提供运输服务创造价值，这与一般工业生产项目是不同的，所以，公路建设项目是以取得社会效益为主。

国家发改委在 2007 年《关于建设项目经济评价工作的若干规定》中指出："建设项目的经济评价，对于财务评价结论和国民经济评价结论都可行的建设项目，可予通过；反之应予否定，对于国民经济评价结论不可行的项目，一般予以否定；对于关系公共利益、国家安全和市场不能有效配置资源的经济和社会发展项目，如果国民经济评价结论可行，但财务评价结论不可行，应重新考虑方案，必要时可提出经济优惠措施的建议，使项目具有财务生存能力。"

二、国民经济评价的意义

1. 国民经济评价是合理配置国家有限资源

国家的资源（资金、土地、劳动力等）总是有限的，而同一种资源可以有不同的用途，我们必须从这些相互竞争的用途中做出选择。这时，我们就需要从国家整体利益的角度来考虑，借助于国民经济评价。国民经济是一个大系统，项目建设是这个大系统中的一个子系统，国民经济评价就是要分析项目从国民经济中所吸取的投入以及项目产出对国民经济这个大系统的经济目标的影响，从而选择对大系统目标最有利的项目或方案。

2. 国民经济评价是真实反映项目对国民经济净贡献的需要

在我国，不少商品的价格不能反映价值，也不反映供求关系，即所谓的价格"失真"。在这样的条件下，按现行价格来考察项目的投入或产出，不能确切地反映项目建设给国民经济带来的效益和费用。

通过国民经济评价，进行价格调整，运用能反映资源真实价值的价格，来计算建设项目的费用和效益，以便得出该项目的建设是否有利于国民经济总目标的结论。

3. 国民经济评价是投资决策科学化

（1）有利于引导投资方向。运用国民经济评价的相关指标以及有关参数，可以影响国民经济评价的最终结论，进而起到鼓励或抑制某些行业或项目发展的作用，促进国家资源的合理分配。

（2）有利于抑制投资规模。当投资规模过大时，倒引发通货膨胀，这时通过适当提高折现率，控制一些项目的通过，从而控制投资规模。

（3）有利于提高计划质量。

三、国民经济评价的适应范围

现阶段需要进行国民经济评价的项目分为以下几类：

（1）政府预算内投资用于关系国家安全、国土开发和市场不能有效配置资源的公益性

项目和公共基础设施项目、保护和改善生态环境项目、重大战略性资源开发项目;

（2）政府各类专项建设基金投资用于交通运输、农林水利等基础设施、基础产业建设项目;

（3）利用国际金融组织和外国政府贷款,需要政府主权信用担保的建设项目;

（4）法律、法规规定的其政府性资金投资的建设项目;

（5）企业投资建设的涉及国家经济安全、影响环境资源、公共利益、可能出现垄断、涉及整体布局等公共性问题,需要政府核准的建设项目。

四、国民经济评价与财务评价的关系

建设项目的国民经济评价与财务评价一道共同组成了完整的项目经济评价。它们之间是相互联系的,既有共同之处,又有区别。

两种评价的共同点有:

（1）理论方法相同,两者都使用效益与费用比较的理论方法;

（2）基础工作相同,两种分析都要在完成产品需求预测、工艺技术选择、投资估算、资金筹措方案等可行性研究内容的基础上进行;

（3）计算期相同。

财务评价与国民经济评价的区别,主要表现为以下几点:

1. 评价角度不同

财务评价是从项目财务角度考察项目的盈利状况和借款偿还能力,以确定投资项目的财务可行性;国民经济评价从国家整体角度分析评价比较项目对社会经济的效益和费用,以确定项目的经济合理性。

2. 效益与费用的构成及范围不同

财务评价是根据项目的实际收支确定项目的效益和费用,补贴记为效益,税金和利息记为费用;财务评价只考虑项目直接发生的效益和费用。国民经济评价是从项目对社会提供的有用产品和服务及项目消耗的社会有用资源来考察项目的效益和费用;不仅要考虑直接的效益和费用,还要考虑间接的效益和费用。

3. 评价时所采用的价格体系不同

财务评价以市场价格为基础的预测价格;国民经济评价采用影子价格。

4. 评价方法不同

财务评价采用盈亏分析法,国民经济评价采用费用效益分析法、综合分析法。

5. 评价参数不同

财务评价采用现行市场价格、行业基准收益率、官方汇率等评价参数;国民经济评价采用影子价格、社会折现率、影子汇率等评价参数。

建设项目的经济评价,对财务评价和国民经济评价结论都可行的建设项目,可予以通过,反之否定。对国民经济评价结论不可行的项目一般予以否定;对于关系公共利益、不能有效配置资源和国家安全的经济及社会发展的项目,国民经济评价结论可行,财务评价结论不可行,应重新考虑方案。

第二节 效益和费用的识别与确定

一、效益和费用识别要求

效益和费用识别的基本要求：

（1）对经济效益与费用进行全面识别。

（2）遵循有无对比的原则。

（3）遵循效益和费用识别计算口径对应一致的基本原则。

（4）合理确定经济效益与费用识别的时间跨度。

（5）正确处理"转移支付"。

（6）遵循以本国社会成员作为分析对象的原则。

二、直接效益与直接费用

1. 直接效益

由项目产出物产生并在项目计算范围内的经济效益，一般表现为项目为社会生产提供的物质产品、科技文化成果和各种各样的服务所产生的效益。大多在财务评价中能够得以反映，但值得注意的是有时会有一定程度的失真，因而需要用影子价格等来调整。

项目直接效益具有多种表现：

（1）项目产出物用于增加国内市场的供应量，其效益就是所满足烦人国内需求，表现为消费者的支付意愿。

（2）项目产出物替代了原有项目的生产，使被替代厂商减产或停产，其效益为原有项目减产或停产向社会释放出来的资源，其价值就等于这些资源的支付意愿。

（3）项目的产出物增加了出口量或者替代进口商品导致进口减少，项目直接效益表现为国家外汇收入的增加或支出的减少。

2. 直接费用

项目使用投入物所产生并在项目范围内计算的经济费用，一般表现为投入项目的各种物料、人工、资金、技术以及自然资源而带来的社会资源的消耗。一般在财务评价中能够得以反映，但有时也有一定程度的失真，也需要用影子价格等来调整。

项目直接费用也具有多种表现：

（1）项目所需投入物需要依靠国内供应总量的增加，才能满足项目需求的，其成本就是增加国内生产所消耗的资源的价值。

（2）项目投入物本来用于其他项目和企业，由于拟建项目需要使用该投入物，导致减少对其他企业或项目的供应，其经济成本为其他企业或项目因减少该投入物的用量而减少的效益，也就是其他企业或项目对该投入物的支付意愿。

（3）项目的投入物导致进口增加或减少出口时，项目直接费用表现为国家外汇支出的增加或外汇收入的减少。

三、间接效益与间接费用

项目的间接效益是指项目对社会的贡献而项目本身并未得到的那部分效益;项目的间接费用是指国民经济为项目付出的代价,而项目本身并不实际支出的那部分费用;统称为外部效果。

在进行项目评价时,只有同时具备以下两个条件的费用或效益才能称作外部费用或外部效益,即

(1) 项目将对与其无直接关联的其他项目或消费者产生影响;

(2) 这种费用或效益在财务报表中并没有得到反映,或者没有将其量化。

外部效果应包括以下几个方面:

1. 产业关联效果

例如建设一个水电站,一般除发电、防洪灌溉和供水等直接效果外,还必然带来养殖业和水上运动的发展,以及旅游业的增进等间接效益。此外,农牧业还会因土地淹没而遭受一定的损失(间接费用)。

2. 环境和生态效果

例如发电厂排放的烟尘可使附近田园的作物产量减少,质量下降,化工厂排放的污水可使附近江河的鱼类资源骤减。

3. 技术扩散效果

技术扩散和示范效果是由于建设技术先进的项目会培养和造就大量的技术人员和管理人员。他们除了为本项目服务外,由于人员流动、技术交流对整个社会经济发展也会带来好处。

为防止外部效果计算扩大化,项目的外部效果一般只计算一次相关效果,不应连续计算。

四、转移支付

项目财务评价中的某些财务费用和财务效益并未伴有资源的相应投入和产出,不影响社会最终产品的增减,因而不反映国民收入的变化。它们只表现为资源的支配权力从项目转移到社会其他实体,或者从社会其他实体转移给项目。这种转移,只是货币在项目和社会其他实体之间的转移,并不同时发生社会资源的相应变动。项目与社会实体之间的这种并不伴随资源变动的纯粹货币性质的转移,称为项目的直接转移支付。

转移支付的主要内容包括:

(1) 税金:将企业的货币收入转移到政府手中,是收入的再分配。

(2) 补贴:不过是使资源的支配权从政府转移给了企业而已。

(3) 国内贷款的还本付息:仅代表资源支配权的转移。

(4) 国外贷款的还本付息,处理分以下三种情况:

① 评价国内投资经济效益的处理办法。在分析时,由于还本付息意味着国内资源流入国外,因而应当视作费用。

② 国外贷款不指定用途时的处理办法。在这种评价中,国外贷款还本付息不视作收益,也不视作费用。

③ 国外贷款指定用途的处理办法。如果不上拟建项目,就不能得到国外贷款,这时便无须进行全投资的经济效益评价,可只进行国内投资资金的经济评价。

如果以项目的财务评价为基础进行国民经济评价时,应从财务效益与费用中剔除在国民经济评价中计做转移支付的部分。

总之,在国民经济评价中,应根据项目对国民经济贡献的正负确定效益与费用。对转移支付的识别和处理是将财务现金流调整为经济现金流的关键内容之一,它不仅反映了评价中系统边界的扩展,而且也反映了国民经济评价中始终追踪实际资源流动,而不是货币流动的本质特征。

第三节　影子价格

一、影子价格的概念

影子价格是投资项目经济评价的重要参数,是由国家有关部门组织测定并定期调整发布、用于对各类建设项目进行国民经济评价计算的价格,不同的时期影子价格是不同的,但在一定时期内,影子价格又是不变的。它是在最优的社会生产组织和充分发挥价值规律作用条件下,供求达到平衡的价格,它能更好地反映产品的价值、市场供求情况及资源稀缺程度,并能使资源配置更趋于优化合理。因为它能真实反映产品的价值,故称为影子价格。

国民经济评价虽然不能简单地采用交换价格,但是现实经济中的交换价格毕竟是对资源价值的一种估价,而且这种价格信息又是大量存在于现实经济之中,所以获得影子价格的基本途径是以交换价格为起点,将交换价格调整为影子价格。在确定某种货物的影子价格之前,应先区分该货物的类型。根据项目投入和产出类型,可将货物分为:外贸货物、非外贸货物和特殊投入物(资金、外汇等)。

二、影子价格的确定

1. 影子汇率

影子汇率是在国民经济分析中应用的区别官方汇率的外汇率。官方汇率是由本国政府规定的单位外币的国内价格,影子汇率则是外币与本国货币的真实比价。

影子汇率是单位外币用国内货币表示的影子价格,反映外币的真实价值。影子汇率,实际上也就是外汇的机会成本,即是项目投入或产出所导致的外汇的减少或增加给国民经济带来的损失或收益。

在国民经济评价中,影子汇率通过影子汇率换算系数计算,影子汇率换算系数是影子汇率与国家外汇牌价的比值。工程项目投入物和产出物涉及进出口的,应采用影子汇率换算系数计算影子汇率。目前,我国的影子汇率换算系数取值为 1.08。

【例 8-1】 已知 2015 年 11 月 1 日国家外汇牌价中人民币对美元的比值是 1 美元 = 6.349 5 元人民币,试求人民币对美元的影子汇率。

解:影子汇率 = 影子汇率换算系数 × 6.349 5 = 6.857 5。

2. 市场定价货物的影子价格

随着我国市场经济发展和贸易范围的扩大，大部分货物的价格由市场形成，价格可以近似地反映其真实价值。进行国民经济评价可将这些货物的市场价格加上或者减去国内运杂费等，作为投入物或者产出物的影子价格。

（1）外贸货物影子价格

如果投入物或产出物是外贸货物，在完善的市场条件下，国内市场价格应等于口岸价格（假定市场就在口岸，进口货物为到岸价格，出口货物为离岸价格）。原因在于，如果市场价格高于到岸价格，消费者宁愿进口，而不愿购买国内货物；如果国内市场价格低于离岸价格，生产者宁愿出口，而不愿以较低的国内市场价格销售。

因此口岸价格就反映了外贸货物的机会成本或消费者的支付意愿。在实际的市场条件下，由于关税、限额、补贴或垄断等原因，存在供需偏差，国内市场价格可能会高于或低于口岸价格。因此，在国民经济评价中，要以口岸价格为基础来确定外贸货物的影子价格。

① 外贸货物中的进口品应满足条件：国内生产成本≥到岸价格。

② 外贸货物中的出口品应满足条件：国内生产成本≤离岸价格。

③ 到岸价格与离岸价格统称口岸价格。

在国民经济评价中，口岸价格应按本国货币计算，故口岸价格的实际计算公式如下：

到岸价格（人民币）＝美元结算的到岸价格×影子汇率

离岸价格（人民币）＝美元结算的离岸价格×影子汇率

（2）非外贸货物影子价格

非外贸货物是指其生产或使用不影响国家出口或进口的货物，其投入或产出的影子价格应根据下列要求计算：

① 如果项目的投入或产出的规模很大，项目的实施将足以影响其市场价格，导致有项目和无项目两种情况下市场价格不一致，在项目评价中，取二者的平均值作为测算影子价格的依据。

② 如果项目处于竞争性市场环境中，应用市场价格作为计算项目投入或产出的影子价格依据。

③ 影子价格中的流转税，如增值税、营业税等宜根据产品在整个市场中发挥的作用，分别计入或不计入影子价格。

工程项目非外贸货物的影子价格按下述公式计算：

产出物的影子价格（产出物的出厂价格）＝市场价格－国内运杂费

投入物的影子价格（投入物的到厂价格）＝市场价格－国内运杂费

3. 特殊投入物的影子价格

工程项目的特殊投入物是指项目在建设、生产运营中使用的劳动力、土地和自然资源等。项目使用这些特殊投入物发生的国民经济费用，应分别采用下列方法确定其影子价格。

（1）影子工资

1）影子工资的概念

影子工资反映国民经济为项目使用劳动力所付出的真实代价，由劳动力机会成本和劳动力转移而引起的新增资源耗费两部分构成。

劳动力的机会成本是指该劳动力不被拟建项目招用，而从事其他生产经营活动所创造的最大效益。新增资源耗费是指社会为劳动力就业而付出的,但职工又未得到的其他代价,如为劳动力就业而支付的搬迁费、培训费、城市交通费等。影子工资与劳动力的技术熟练程度和供求状况(过剩与稀缺)有关,技术越熟练,稀缺程度越高,其机会成本越高,反之越低。

2)影子工资的计算

影子工资一般以名义工资乘以工资换算系数取得,即

$$影子工资＝名义工资×工资换算系数$$

由于名义工资在评价中已经列入,在经济评价中需要确定的只是工资换算系数:

$$工资换算系数＝(基本工资＋职工福利费)÷财务工资$$

财务工资越低估劳动力的真实价值,工资换算系数就越大;反之,工资换算系数就越小。

工资换算系数可根据项目情况而定。

① 国内一般建设项目工资换算系数为 l;

② 占用大量短缺的专业技术人员的项目工资换算系数大于1;

③ 占用大量非熟练劳动力的项目工资换算系数小于1;

④ 中外合资项目工资换算系数为 1.5。

(2)土地的影子价格

项目占用土地,国民经济要付出代价,这一代价就是土地费用,也就是土地的影子价格。一般来说,土地的影子价格包括两个部分:一是土地用于建设项目而使社会放弃的原有效益;二是土地用于建设项目而使社会增加的资源消耗。

项目所占用的土地类型及土地影子价格的确定:

① 若项目占用的土地是没有用处的荒山野岭,其机会成本可视为零;

② 若项目占用的土地是农业用地,其机会成本为原来的农业净收益、拆迁费和劳动力安置费;

③ 若项目占用的土地是城市用地,应以土地市场价格计算土地的影子价格,主要包括土地出让金、基础设施建设费、拆迁安置补偿费等。

(3)自然资源的影子价格

自然资源影子价格,各种自然资源是一种特殊的投入物,项目使用的矿产资源、水资源、森林资源等都是对国家资源的占用和消耗。

不可再生(矿产等)自然资源的影子价格按资源的机会成本计算,可再生(水和森林等)自然资源的影子价格按资源再生费用计算。

三、资金的影子价格——社会折现率

社会折现率是国民经济效益评估最重要的通用参数,是一个基本的国家参数,它表明了社会对资金时间价值的估量,它是衡量项目国民经济效益的尺度,是国家在一定时期内检验拟建项目投资收益率的判别标准,是项目建设的基准收益率,是投资决策的主要工具。社会折现率存在的基础是不断增长的社会扩大再生产,可以认为社会折现率是资金的影子价格,它反映了资金占用的费用。

社会折现率根据社会经济发展多种因素综合测定,由专门机构统一测算发布。目前公布的社会折现率取值,是以资本的社会机会成本与费用效益的时间偏好率二者为基础进行

测算的结果。2006 年国家发展和改革委员会和建设部发布的《建设项目经济评价方法与参数》(第三版)推荐的社会折现率为 8%。

第四节　国民经济评价的指标及步骤

一、概述

国民经济评价是按照资源合理配置的原则,从国家整体角度考察项目的效益和费用,用货物影子价格、影子汇率、影子工资、社会折现率、内部收益率等经济参数,分析计算项目对国民经济的净贡献,评价项目的经济合理性。

国民经济评价的目的是把有限的资源用于国家最需要的投资项目上,使资源得到合理的优化配置。

国民经济评价的基本原理:国民经济评价使用基本的经济主价理论,采用费用效益分析法,寻求以最小的投入获取最大的产出。国民经济评价采取影响法,以项目对国民经济的影响来评价项目的经济合理性。采用"有无法",根据"有项目"和"无项目"的费用,效益差异分析项目的经济合理性,采用经济净现值、经济内部收益率、效益费用比等指标进行定量的经济效益分析。

国民经济评价的主要内容和步骤包括:① 从国民经济的角度对项目的经济效益和费用进行划分;② 对计算费用与效益所采用的影子价格以及一些国家参数进行分析;③ 对项目经济效益和费用按照影子价格进行调整;④ 编制国民经济评估报表;⑤ 计算国民经济效益指标;⑥ 对项目社会效益的评估;⑦ 对项目不确定性的分析;⑧ 综合评估与结论建议。

二、国民经济效益评价指标

在国民经济效益评价分析中,当费用和效益流量识别和估算完成之后,应编制经济费用效益分析报表,并根据报表计算评价指标,进行经济效益分析,判断项目的经济合理性。反映项目投资的经济效益指标主要有经济净现值、经济内部收益率、经济效益费用比。

(一) 经济净现值

经济净现值是按照社会折现率将项目计算期内各年的净收益流量折算到建设期初的现值之和,是经济费用效益分析的主要评价指标。其表达式为:

$$ENPV = \sum_{t=1}^{n} (B-C)_t (1+i_s)^{-t}$$

式中:$ENPV$——经济净现值;

$\quad B$——经济效益流量;

$\quad C$——经济费用流量;

$\quad (B-C)_t$——第 t 期的经济净效益流量;

$\quad n$——项目计算期;

$\quad i_s$——社会折现率。

判别准则:经济净现值等于或大于零则表示国家拟建项目付出代价后,可以得到符合社会折现率的社会盈余或除了得到符合社会折现率的社会盈余外，还可以得到以现值计算的超额社会盈余，这时就认为项目是可以考虑接受的。

【例 8 - 2】　某建设工程，经初步分析有 A、B 两个互斥方案供比较选择，其经济资金流量如表 8 - 1 所示，取社会折现率 $i_s = 8\%$，试用经济净现值法对两个方案进行评价和比选。

表 8 - 1　A、B 两方案现金流量表

单位:万元

方案	项目	施工期(年)			运行期(年)		
		1	2	3	4	……	20
A	效益投资运行费	10	80	20	50 10	…… ……	50 10
B	效益投资运行费	30	100	70	70 15	…… ……	70 15

解：计算期为 20 年，基准点为施工期第一年年初。

1. 分别计算 A、B 两方案的净现值。

A 方案：

$$ENPV = \sum_{t=1}^{n} (B-C)_t (1+i_s)^{-t}$$
$$= -10 \times (P/F, 8\%, 1) - 80 \times (P/F, 8\%, 1) - 20 \times (P/F, 8\%, 1)$$
$$+ (50-10) \times (P/A, 8\%, 17) \times (P/F, 8\%, 3)$$
$$= -10 \times 0.925\,9 - 80 \times 0.857\,3 - 20 \times 0.793\,8 + 40 \times 9.122 \times 0.793\,8$$
$$= 195.923 (万元)$$

B 方案：

$$ENPV = \sum_{t=1}^{n} (B-C)_t (1+i_s)^{-t}$$
$$= -30 \times (P/F, 8\%, 1) - 100 \times (P/F, 8\%, 1) - 70 \times (P/F, 8\%, 1)$$
$$+ (70-15) \times (P/A, 8\%, 17) \times (P/F, 8\%, 3)$$
$$= -30 \times 0.925\,9 - 100 \times 0.857\,3 - 70 \times 0.793\,8 + 55 \times 9.122 \times 0.793\,8$$
$$= 229.184 (万元)$$

2. 分析评价。A、B 两方案的经济净现值均大于 0，表明两方案经济上均是可行的。B 方案的净现值大于 A 方案的净现值，若无资金约束，B 方案有利。但是具体选定还应结合其他指标进行优选。

（二）经济内部收益率

经济内部收益率是项目在计算期内各年经济净效益流量的现值累计等于零时的折现率，是经济费用效益分析的辅助评价指标。其表达式为：

$$\sum_{t=1}^{n} (B-C)_t (1+EIRR)^{-t} = 0$$

式中：$EIRR$——经济内部收益率；

　　　B——经济效益流量；

　　　C——经济费用流量；

$(B-C)_t$——第 t 期的经济净效益流量；

n——项目计算期。

判别准则：经济内部收益率等于或大于社会折现率表明项目对国民经济的净贡献达到或超过了要求的水平，这时应认为项目是可以考虑接受的。

【例 8-3】 试用经济内部收益率法对例题 8-2 的 A、B 方案进行分析比较。

解： 1. 计算期为 20 年，基准点为施工期第一年年初，分别计算两个方案的经济内部收益率。

A 方案，先假设 $i_1 = 28\%$，则

$$
\begin{aligned}
ENPV_1 &= -10 \times (P/F, 28\%, 1) - 80 \times (P/F, 28\%, 1) - 20 \times (P/F, 28\%, 1) \\
&\quad + (50-10) \times (P/A, 28\%, 17) \times (P/F, 28\%, 3) \\
&= -10 \times 0.781\ 5 - 80 \times 0.611\ 0 - 20 \times 0.0.477\ 9 + 40 \times 3.540\ 8 \times 0.477\ 9 \\
&= 1.434 (万元)
\end{aligned}
$$

再假设 $i_2 = 29\%$，则

$$
\begin{aligned}
ENPV_2 &= -10 \times (P/F, 29\%, 1) - 80 \times (P/F, 29\%, 1) - 20 \times (P/F, 29\%, 1) \\
&\quad + (50-10) \times (P/A, 29\%, 17) \times (P/F, 29\%, 3) \\
&= -10 \times 0.775\ 4 - 80 \times 0.601\ 4 - 20 \times 0.466\ 6 + 40 \times 3.417\ 8 \times 0.466\ 6 \\
&= -1.409 (万元)
\end{aligned}
$$

A 方案的内部收益率

$$
EIRR_A = \frac{|ENPV_1| i_2 + |ENPV_2| i_1}{|ENPV_1| + |ENPV_2|} = \frac{1.434 \times 0.29 + 1.409 \times 0.28}{1.434 + 1.409} = 28.50\%
$$

B 方案，先假设 $i_1 = 22\%$，则

$$
\begin{aligned}
ENPV_1 &= -30 \times (P/F, 22\%, 1) - 100 \times (P/F, 22\%, 1) - 70 \times (P/F, 22\%, 1) \\
&\quad + (70-15) \times (P/A, 22\%, 17) \times (P/F, 22\%, 3) \\
&= -30 \times 0.820\ 0 - 100 \times 0.672\ 6 - 70 \times 0.0.552\ 0 + 55 \times 4.429 \times 0.552\ 0 \\
&= 3.964 (万元)
\end{aligned}
$$

再假设 $i_2 = 23\%$，则

$$
\begin{aligned}
ENPV_2 &= -30 \times (P/F, 23\%, 1) - 100 \times (P/F, 23\%, 1) - 70 \times (P/F, 23\%, 1) \\
&\quad + (70-15) \times (P/A, 23\%, 17) \times (P/F, 23\%, 3) \\
&= -30 \times 0.813\ 3 - 100 \times 0.661\ 8 - 70 \times 0.538\ 7 + 55 \times 4.256 \times 0.538\ 7 \\
&= -2.189 (万元)
\end{aligned}
$$

B 方案的内部收益率

$$
EIRR_B = \frac{|ENPV_1| i_2 + |ENPV_2| i_1}{|ENPV_1| + |ENPV_2|} = \frac{3.964 \times 0.23 + 2.189 \times 0.22}{3.964 + 2.189} = 22.64\%
$$

2. 分析评价。从以上结果得出，两个方案的内部收益率均大于 8%，表明两方案在经济上都是可行的，A 方案的内部收益率大于 B 方案的内部收益率，初步判定 A 方案优于 B 方案。

（三）经济效益费用比

效益费用比是项目在计算期内效益流量的现值与费用流量的现值的比率，是经济费用效益分析的辅助评价指标。计算公式为：

$$R_{BC} = \frac{\sum_{t=1}^{n} B_t (1+i_s)^{-t}}{\sum_{t=1}^{n} C_t (1+i_s)^{-t}}$$

式中：R_{BC}——效益费用比；

B_t——第 t 期的经济效益流量；

C_t——第 t 期的经济费用流量。

【例 8-4】 使用经济效益费用比法对例题 8-2 的 A、B 方案进行分析比较。

解：1. 计算期为 20 年，基准点为施工期第一年年初，分别计算两个方案的经济效益费用比。

A 方案的效益现值：

$$PB_A = 50 \times (P/A, 8\%, 17) \times (P/F, 8\%, 3)$$
$$= 50 \times 9.122 \times 0.7938$$
$$= 362.052(万元)$$

A 方案的费用现值：

$$PC_A = 10 \times (P/F, 8\%, 1) + 80 \times (P/F, 8\%, 1) + 20 \times (P/F, 8\%, 1)$$
$$+ 10 \times (P/A, 8\%, 17) \times (P/F, 8\%, 3)$$
$$= 10 \times 0.9259 + 80 \times 0.8573 + 20 \times 0.7938 + 10 \times 9.122 \times 0.7938$$
$$= 166.129(万元)$$

A 方案的经济效益费用比

$$R_{BC} = PB_A / PC_A = 362.052 / 166.129 = 2.179$$

B 方案的效益现值：

$$PB_B = 70 \times (P/A, 8\%, 17) \times (P/F, 8\%, 3)$$
$$= 70 \times 9.122 \times 0.7938$$
$$= 506.873(万元)$$

B 方案的费用现值：

$$PC_B = 30 \times (P/F, 8\%, 1) + 100 \times (P/F, 8\%, 1) + 70 \times (P/F, 8\%, 1)$$
$$+ 15 \times (P/A, 8\%, 17) \times (P/F, 8\%, 3)$$
$$= 30 \times 0.9259 + 100 \times 0.8573 + 70 \times 0.7938 + 15 \times 9.122 \times 0.7938$$
$$= 277.689(万元)$$

B 方案的经济效益费用比：

$$R_{BC} = PB_B / PC_B = 506.873 / 277.689 = 1.825$$

2. 分析评价。从以上计算结果得出，两方案的经济效益费用比均大于 1.0，表明两个方案在经济上都是可行的，若有资金约束，从资金使用率上来看，A 方案的资金使用率更高。

本章小结

建设项目经济评价包括财务评价和国民经济评价。财务评价从项目的角度出发，评价项目在财务上的可行性。国民经济评价从国家整体利益的角度出发，评价项目在宏观经济上的合理性。国民经济评价分为经济费用效益分析和费用效果分析,经济费用效益分析评价指标包括经济净现值、经济效益费用比、经济内部收益率等,掌握各项评价指标计算方法是学习国民经济评价的重点。

复习思考题

一、单选题

1. 某建设项目初期投资额为 3 000 万元,此后从第一年年末开始将有 950 万元/年的净现金流量,若寿命期为 6 年,6 年后的残值为零,$i=10\%$,已知 $(P/A,10\%,6)=4.355\ 26$,则该项目的净现值为( )万元。

    A. 1 156   B. 1 231   C. 1 842   D. 1 137

2. 某项目的基准收益率 $I_0=14\%$,其净现值 $NPV=18.8$ 万元。现为了计算其内部收益率,分别用 $I_1=13\%$,$I_2=16\%$,$I_3=17\%$ 进行试算,得出 $NPV_1=33.2$ 万元,$NPV_2=-6.1$ 万元,$NPV_3=-10.8$ 万元。则采用内插法求得的最接近精确解的内部收益率为( )。

    A. 15.31%   B. 15.51%   C. 15.53%   D. 15.91%

3. 某企业可筹集到 800 万元用于项目建设。现有三个可投资项目 A、B、C,其寿命期相同,各项目的投资额及有关指标见下表,则最佳方案为( )。

项目	投资额(万元)	净现值(万元)	内部收益率(%)
A	400	80.15	15.4
B	300	73.45	17.7
C	200	66.75	18.6

4. 在方案比选时,按照净现值与内部收益率指标计算得出的结论矛盾时,我们应该采用( )最大准则作为方案的决策依据。

    A. 内部收益率   B. 净现值   C. 净现值率   D. 投资收益率

5. 某企业拟进行一项固定资产投资项目决策,设定折现率为 12%,有四个方案可供选择。其中甲方案的项目计算期为 10 年,净现值为 1 000 万元,$(A/P,12\%,10)=0.177$;乙方案的净现值率为 -15%;丙方案的项目计算期为 11 年,其年等额净回收额为 150 万元;丁方案的内部收益率为 10%。最优的投资方案是( )。

    A. 甲方案   B. 乙方案   C. 丙方案   D. 丁方案

二、计算题

1. 某公司经济分析人员提出 4 个可供考虑的方案,假设每个方案均无残值,并有 8 年寿命。各方案的数据见下表。

方 案	A	B	C	D
投资资本(元)(期初)	50 000	10 000	48 000	88 000
年净现金流量(元)(1~8 年末)	10 000	2 000	8 400	18 000

（1）若公司有足够的资本，且方案是独立的，$i_C=10\%$，应选择哪些方案？

（2）若公司仅有 100 000 元的投资资本，$i_C=10\%$，应如何选择？

（3）若方案是互斥的，$i_C=10\%$，应如何选择？

2. 已知 A、B 为两个的独立项目方案，其净现金流量见下表，若基准贴现率为 12%，试按净现值和内部收益率指标判断它们的经济性。

A、B 方案净现金流量

单位：万元

方案＼年份	0	1	2	3~8
A	−120	20	22	25
B	−50	10	12	15

第九章　建筑工程经济在工程中的应用

学习目标

知识目标

1. 了解工程设计中的经济分析；
2. 了解工程施工中的经济分析；
3. 了解建设施工设备的选择与更新；
4. 了解房地产项目经济评价。

能力目标

1. 能够进行建筑市场经济分析，能科学进行建筑经济管理；
2. 能够在工程设计、施工等过程中运用工程经济知识解决相关实际问题；
3. 能够初步进行房地产开发项目的经济评价。

素质目标

1. 培养学生定性分析和定量分析相结合的意识。
2. 培养学生应用所学知识解决问题的能力，提高辩证思维和逻辑思维能力。

情 境 导 航

设备是企业生产的物质技术手段，设备的质量和技术水平是一个国家工业化水平的重要标志，是判定一个企业技术创新能力、开发能力的重要标准，也是影响企业和国民经济各项技术经济指标的重要因素。为了促进企业的技术进步和提高经济效益，需对设备整个运行期间的技术经济状况进行分析和研究，明确和判定设备是否更新、何时更新、如何更新等问题，为决策提供依据。

由于市场需求量增加，某钢铁集团公司高速线材生产线面临二种选择，第一方案是在保留现有生产线 A 的基础上，3 年后再上一条生产线 B，使生产能力增加一倍；第二方案是放弃现在的生产线 A，直接上一条新的生产线 C，使生产能力增加一倍。生产线 A 是 10 年前建造的，其剩余寿命估计为 10 年，到期残值为 100 万元，目前市场上有厂家愿以 700 万的价格收购 A 生产线。生产线今后第一年的经营成本为 20 万元，以后每年等额增加 5 万元。

B 生产线 3 年后建设，总投资 6 000 万元，寿命期为 20 年，到期残值为 1 000 万元，每年经营成本为 10 万元。C 生产线目前建设，总投资 8 000 万元，寿命期为 30 年，到期残值为 1 200 万元，年运营成本为 8 万元。

问题：设基准折现率为 10%，研究期为 10 年，试进行生产线更新决策。

情境导航

解析

第一节　工程设计中的经济分析

设计是工程项目建设中重要的组成部分,是决定性环节。没有设计,投资计划就不可能实现。设计又是施工的前提,没有设计,就不能组织施工。由于工程项目的投资大、一次性的特点,建成后可变性小,设计质量的优劣很大程度上影响到投资规模大小、工期长短、长期的使用价值和经济效果。因此,工程设计中的经济分析工作是一项重要而且十分有意义的工作。

一、工业建筑设计中的主要内容与经济指标

工业建设中的主要内容包括如下几个方面:

(一)总图运输方案设计

1. 厂区总平面图设计

总平面设计的原则和要求:

(1)总平面设计要符合厂址所在地区的总体规划。

(2)必须符合生产流程的要求。

主车间、仓库等应按照生产流程布置,并尽量缩短距离,避免物料往返运输。

(3)生产主厂房布置在厂区的中心地带。

辅助车间及仓库应尽可能地靠近所服务的主要车间,动力设施应尽量靠近负荷中心。

(4)满足卫生、防火和安全条件,满足绿化、施工和埋设管线的要求。

(5)厂容和总体规划协调,便于管理。

(6)考虑发展要求。

2. 竖向设计

(1)竖向设计原则

① 满足生产工艺流程对高程的要求;② 满足铁路、公路运输的要求;③ 满足工厂防排洪的要求;④ 满足不同设施间联系的需要;⑤ 尽量减少土石方工程量,尽量减少土石方弃置,减少地基处理工程量;⑥ 尽量为工厂的雨水排放创造有利条件。

(2)竖向设计方式

竖向设计的方式可分为平坡式和台阶式两类系统。

(3)厂区排水

厂区排水系统分为管道排水、明沟排水、带盖板排水三种。

3. 厂区运输及厂区道路设计

(1)厂区运输设计的要求:

① 厂区内外运输与车间之间的运输紧密结合,须统一考虑,使物料运输形成一个完整体系。

② 厂内运输系统设计要利于搬运。

③ 燃料和原材料直接运到车间或材料库,减少倒运以及其他损失。

④ 运输线路布置,区分货流与人流,保证运输安全。

⑤ 运输装卸设备的选用,考虑统一品种,型号单一,利于维修,且以经济环保型为主。

(2) 厂区内运输方式分为:铁路运输、道路运输、带式运输、管道运输等。

(3) 道路布置形式,见图 9-1:

① 环状式道路布置:围绕各车间布置,平行于建筑物形成纵横贯通的道路网。

② 尽头式道路布置:道路不纵横贯通,根据交通运输的需要而终止于某处。

③ 混合式道路布置:厂内既有环状式道路布置,也有尽头式道路布置。

道路规格包括宽度、路面质量等,根据城市建筑规定、工厂生产规模等而定。

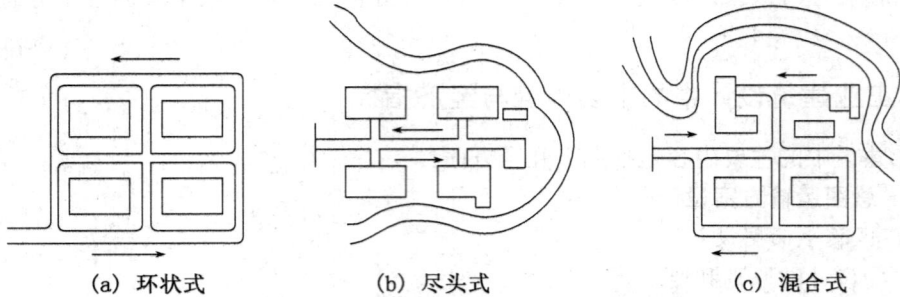

|(a) 环状式 | (b) 尽头式 | (c) 混合式|

图 9-1

4. 管线综合布置

管线是各种管道和输电线路的统称,任何一个环节发生故障,都可能造成停电、停水、断气等,直接或间接影响正常生产。

(1) 主要管线种类有:

① 上下水管:生产和生活用水、蒸汽冷凝水、污水、雨水管等;② 电缆、电线:动力、照明、通信、广播通信线路等;③ 热力管道:蒸汽、热水、冷冻盐水等管道;④ 煤气管道:生产、生活用煤气燃料输送管道;⑤ 物料管道:主辅料流通管道等。

(2) 管线敷设方式:直接埋入地下;设置在地下综合管沟内;管线架空。

(3) 地上管线布置原则

① 管线布置需与工厂总平面布置、竖向设计和绿化布置统一进行。管线之间,与建筑物、构筑物之间在平面上相互协调、紧凑合理,厂容美观。

② 管线布置,必须满足生产、安全、检修的条件下节约用地。

③ 管线布置应与道路或建筑红线相平行。

④ 管线布置尽量减少与道路、铁路及其他干线交叉,如果相交应为正交,特殊时交叉角不宜小于 45°。

⑤ 山区建厂,管线敷设应充分利用地形。避免山洪、泥石流及其他地质危害。

⑥ 管道内的介质具有毒性、可燃、易燃、易爆性质时,严禁穿越与其无关的建筑物、构筑物、生产装置、贮罐区等。

⑦ 管线布置按类分布在道路两侧。

⑧ 改扩建工程中的管线布置,不得妨碍现有管线的正常使用。

(4) 地下管线布置原则

① 布置顺序:弱电电缆、给水管、雨水管、污水管。

② 将检修次数较少的雨水管、污水管埋设在道路下面。

③ 小管让大管、压力管让重力管、软管让硬管、短时管让永久管。

④ 电力电缆不应与直埋的热力管道平行,遇交叉时,电缆应在下方穿过或采取保护措施。

⑤ 能散发可燃气体的管线,应避免靠近通行管沟和地下室。

⑥ 大管径压力较高的给水管应避免靠近建筑物。

5. 绿化布置

① 绿化的功能主要是吸收和滞留有害气体,补充新鲜空气;吸收和滞留粉尘;降低噪声;防火、稳定土基等。

② 绿化的一般要求:种植树木以常青树为主,不宜种花;厂区内道路必须人流、物流分开,两旁植上常青的行道树;绿地率一般要求不小于20%,洁净度一般不小于30%。

6. 技术经济指标

厂区总平面布置的技术经济指标,采用多方案比选,以衡量方案设计的技术、经济合理,其中主要包括工程量指标、建筑系数、绿地率、运营费用指标等。

(二) 公用与辅助工程方案设计

1. 给排水工程

给水工程是为居民和厂、矿等供应生活和生产用水的工程,以及消防用水、道路绿化用水等;排水工程是排除人类生活污水和生产中的各种废水、多余的地面水的工程,由排水管系(或沟道)、废水处理厂和最终处理设施组成。

设计原则及设计特点:工艺设计上尽量减少新鲜水用量,多用循环水,并考虑部分清净废水的再利用,以达到节水的目的;装置排水清污分流,按质排放,并加强装置内生产污水的预处理,以保证污水处理达标排放;采用先进合理的工艺方案,以节省投资,保证工程建设进度。

2. 消防工程

消防工程包括城市和建筑的消防系统工程。内容有消火栓系统,自动喷水灭火系统,水喷雾系统,水幕灭火系统,消防水炮系统,雨淋系统。固定消防水泵应采用自灌式引水,如不能实现,可采用真空泵或水射器等形式;采用临时高压消防制时,厂区如设有满足3小时消防用水蓄水池时,可不再设置消防车站;采用低压消防制时,如厂区附近无消防队,应自行设置消防车站。

3. 供电与通信工程设计

供电电源应从电力系统取得,如不能从电力系统取得电能时,经有关部门批准统一规划,也可自建电厂。合理设计供电系统和电压等级,尽可能选用较高级别的供配电电压,减少变压层次和变电设备重复容量;各变电所尽量靠近用电负荷中心,缩短电缆长度;适当地加装电容补偿装置,提高全厂功率因数。合理选用高效节能电气设备,电动机选用高效节能电机;选用低能耗节能型电力变压器;二次回路的控制设备采用节能型元件等电气设备和高发光效率的灯具。合理选用高效节能技术,结合工艺生产特点,部分需调速的负荷采用变频器控制;道路照明、装置户外照明采用光电自动控制或集中管理控制,达到节能的目的。

企业一般设计行政管理电话和生产调度电话两种电信设施。

4. 采暖工程设计

对有温度要求的生产装置,其厂房内采暖设计温度遵照工艺等专业所提要求进行采暖设计;对温度无特殊要求的厂房,当每名工人占用的建筑面积较大时,仅在工作地点及休息地点设计局部采暖设施。蒸汽或热水一般由热电站或自备锅炉供给。

5. 通风、空调工程

对余热量不大及有较少有害气体产生的厂房,原则上以自然通风为主,自然通风不能满足生产工艺要求时,首先考虑局部通风、降温,无特殊要求时,一般不设置全面机械通风系统;对可能突然大量放散有害气体或爆炸危险气体的生产房间考虑事故排风。

在满足工艺要求的条件下,当采用局部空气调节或局部区域空气调节能满足要求时,尽量采用局部空调;当局部空调不能满足工艺要求时,采用全室性空气调节。

(三)技术经济指标

工业设计中常采用的技术经济指标主要有:

(1)建筑系数。即建筑密度,是指厂区内(一般指厂区围墙内)建筑物、构筑物和各种露天仓库及堆场、操作场地等的占地面积与整个厂区建筑用地面积之比。它是反映总平面图设计用地是否经济合理的指标,建筑系数越大,表明布置越紧凑,可以节约用地,减少土石方量,又可缩短管线距离,降低工程造价。

(2)工程量指标。它是反映工厂投资的经济指标,包括:场地平整土石方量、铁路、道路和广场铺砌面积、排水工程、围墙长度及绿化面积。

(3)运营费用指标。反映运输设计是否经济合理的指标包括:铁路、无轨道路、每吨货物的运输费用及其经常费用等。

(4)土地利用系数。是指厂区内建筑物、构筑物、露天仓库及堆场、操作场地、铁路、道路、广场、排水设施及地上地下管线等所占面积与整个厂区建设用地面积之比。它综合反映厂区总平面布置的经济合理性和土地利用效率。

(5)合理确定厂房建筑的平面布置。平面布置应满足生产工艺的要求,力求合理地确定厂房的平面与组合形式,各车间、各工段的位置和柱网、走道、门窗等。单厂平面形状越接近方形越经济,并尽量避免设置纵横跨,以便采用统一的结构方案,尽量减少构件类型,简化构造。

(6)合理确定厂房的高度和层高。层高增加,墙与隔墙的建造费用、粉刷费用、装饰费用都要增加;水电、暖通的空间体积与线路增加;楼梯间与电梯间设备费用也会增加;起重运输设备及其有关费用都会提高;还会增加顶棚施工费。决定厂房高度的因素是厂房内的运输方式、设备高度和加工尺寸,其中以运输方式选择较灵活。因此,为降低厂房高度、常选用悬挂式吊车、架空运输、皮带输送、落地龙门吊以及地面上的无轨运输方式。

(7)厂房的经济层数。单层厂房:对于工艺上要求跨度大、高度高,拥有重型生产设备和起重设备,生产时常有较大振动和散发大量热与气体的重工业厂房,采用单层厂房是经济合理的。多层厂房:对于工艺紧凑,采用垂直工艺流程和利用重力运输方式,设备与产品重量不大,并要求恒温条件的各种轻型车间,多采用多层厂房。多层厂房具有占地少、可减少基础工程量、缩短运输线路以及厂区的围墙长度等优点。层数的多少应根据地质条件、建筑材料的性能、建筑结构形式、建筑面积、施工方案和自然条件(地震、强风)等因素以及工艺要求等具体情况确定。多层厂房经济层数的确定主要考虑两个因素:一是厂房展开面积的大小,展开面积越大,层数可适当增加;二是与厂房的长度和宽度有关,长度和宽度越大,层数可适当增加,造价随之降低。

(8)柱网选择。对单跨厂房,当柱距不变时,跨度越大则单位面积造价越小,这是因为除屋架外,其他结构分摊在单位面积上的平均造价随跨度增大而减少;对于多跨厂房,当跨度不变时,中跨数量越多越经济,这是因为柱子和基础分摊在单位面积上的造价减少。

(9)厂房的体积与面积。在满足工艺要求和生产能力的前提下,尽量减少厂房体积和面积以减少工程量和工程造价。为此,要求设计者尽可能地选用先进生产工艺和高效能设备,合理而紧凑地布置总平面图和设备流程图以及运输路线;尽可能把可以露天作业的设备尽量露天而不占厂房的设计面积,如炉窑、反应塔等;尽可能将小跨度、小柱距的分建小厂房合并为大跨度、大柱距的大厂房设计方案,提高平面利用率,减少工程量,降低造价。

二、民用建筑设计与工程经济性的关系

住宅建筑占了民用建筑很大一部分,用地指标和造价指标是住宅建筑中的两项主要经济指标,下面将分别分析它们与工程经济性的关系。

(一)用地指标

如何科学合理地利用土地资源,对于目前我国人口增长、城市用地紧张的情况来说具有非常重要的意义。

1. 平面形状对用地的影响

住宅的平面形状对合理利用土地有显著影响,平面形状越接近规则图形,土地利用率也相对越高,考虑到住宅的使用功能和方便性,通常单体住宅建筑的平面形状多为矩形。

2. 住宅的层高对用地的影响

降低层高可以减少住宅建筑总高度,可以缩小建筑物之间的日照距离,所以降低层高能取得节约用地的效果。但是,层高的确定还要结合人们的生活习惯和国家卫生标准,目前一般住宅的层高为2.8m左右。

3. 住宅的层数对用地的影响

在多高层住宅建筑中,总建筑面积是各层建筑面积的总和,层数越多,单位建筑面积所分摊的房屋占地面积就越少。但随着建筑层数的增加,房屋的总高度也增加,房屋之间的距离必须增大。因此,用地的节约量并不随层数的增加而按同一比例递增。据测算,住宅建筑超过5~6层,节约用地的效果就不再明显。

4. 住宅的间距对用地的影响

确定住宅间的间距,除了日照因素之外,还需要考虑道路、绿化、消防、通风、隐私等一系列问题,在保证居住环境质量的前提下,合理降低住宅间的间距,可以达到节约用地的目的。

(二)造价指标

1. 平面形状对造价的影响

建筑面积相同的住宅建筑,平面形状不同,其外墙周长系数也不相同。显然,平面形状越接近方形或圆形,外墙周长系数越小,外墙砌体、基础、外表面装修等减少,造价降低。虽然圆形建筑周长系数最小,但由于施工复杂,施工费用较矩形建筑增加20%~30%,故其墙体工程量的减少不能使建筑工程造价降低,而且使用面积有效利用率不高,用户使用不便。因此,一般都建造矩形和正方形住宅,既有利于施工,又能降低造价和使用方便。

2. 住宅的层数对造价的影响

建筑层数对单位建筑面积造价有直接影响,但影响程度对房屋结构各组成部分是不同的。屋盖部分,不管层数多少,都共用一个屋盖,并不因层数增加而使屋盖的造价增加,因此,屋盖部分的单位面积造价随层数增加而显著下降。基础部分,各层共用基础,随着层数增加,基础所承受的荷载增大,必须加大基础的承载能力,虽然基础部分的单位面积造价随层数增加而有所降低,但不如屋盖那样显著。承重结构,如墙、柱、梁等,往往随着层数增加而要增强其承载能力和抗震能力,这些分部结构的单位面积造价将有所提高,当住宅层数超过一定限度时,要经受较强的风力荷载,需要提高结构强度,改变结构形式,工程造价将大幅度上升。

3. 住宅的层高对造价的影响

住宅的层高直接影响住宅的造价,因为层高增加,墙体面积和柱的体积增加,并增加结构的自重,会增加基础和柱的承载力,并使水卫和电气的管线加长。根据不同性质的工程综合测算,住宅层高每降低 100 m,可降低造价 1.2%～1.5%。层高降低还可提高住宅区的建筑密度,节约土地成本及市政设施费。但是,层高设计中还需考虑采光与通风问题,层高过低不利于采光及通风,因此,民用住宅的层高一般不宜低于 2.8 m。

4. 住宅平面宽度和长度对造价的影响

在满足住宅功能和质量的前提下,加大住宅进深(宽度),对降低造价有明显效果,因为进深加大,墙体面积系数相应减少,造价降低。按设计规范,当房屋长度增加到一定程度时,就要设置带有两层隔墙的温度伸缩缝;当房屋长度超过 90 m 时,就必须设置贯通式的过道。这些设置无疑会增加工程造价,所以一般住宅建筑长度以 60～80 m 较为经济。

(三)设计方案的经济分析与选择

工程投资费用很大,在满足工程的安全性和适用性的前提下,利用科学合理的技术经济分析方法,选出技术先进、经济合理的最优方案,从而达到节约工程造价、节约能源的目的。

1. 单指标评分法

单指标评分法就是以一个指标对多个方案进行比选,最终得出最优方案。这个指标可以是效益指标或者费用指标。在工程设计中,尽管设计方案不同,但最终各方案的效益差别较小,此时可以采用费用指标对各方案进行比选,也就是最小费用法。

最小费用法可以考查项目设计方案全寿命周期的费用,也可以考查项目设计方案初期的一次费用,即投资或者造价。就两者而言,前者是较为全面合理的分析方法,但对于某些项目而言,建成后的日常使用费差异不明显,可以采用后者来决出最优方案。

2. 多指标评分法

在设计方案的选择中,采用方案竞选和设计招标方式选择设计方案时,通常采用多指标的综合评价法。

采用竞选方式选择规划方案和总体设计方案,通常由组织竞选单位的有关专家组成专家评审组。专家评审组按照技术先进、功能合理、安全适用、满足节能和环境要求、经济实用、美观的原则,并同时考虑设计进度的快慢、设计单位与建筑师的社会信誉等因素综合评定设计方案优劣,择优确定中选方案。

下面通过例子来说明设计方案的经济比选。

【例 9-1】 某小区住宅楼六层单元式住宅设计共 48 户,建筑面积为 3 510.77 m²。原设计方案为砖混结构,内外墙为 240 mm 砖墙。现拟订的新方案为内浇外砌结构,外墙做法不变,内墙采用 C20 混凝土浇筑。新方案内横墙厚 140 mm,内纵墙厚为 160 mm。其他部位的做法、选材及建筑标准与原方案相同。各项数据见表 9-1。

表 9-1

方案	建筑面积(m²)	使用面积(m²)	总投资(元)
砖混结构	3 510.77	2 486.4	7 556 789
内浇外砌	3 510.77	2 561.76	7 678 878

问:

1. 根据单位使用面积造价和单位建筑面积造价指标对两个方案进行经济性分析。

2. 如果该住宅楼作为商品房出售,按使用面积和建筑面积出售的两种情况对两方案进行经济性分析。

3. 经过专家组评议,两方案的各项指标权重和方案评分见表 9-2,试用多指标评价法对两种方案进行分析。

表 9-2

指标		造价	使用功能	经济效益	平面布局	使用面积	安全
权重		0.2	0.2	0.2	0.15	0.15	0.1
方案	砖混结构	9	8	7	7	7	7
	内浇外砌	8	8	9	7	8	8

解:根据题意,问题 1 是对两方案的单个指标进行经济分析,我们可以先计算出两个方案的单位使用面积造价值和单位建筑面积造价值。

砖混结构

单位使用面积造价=7 556 789/2 486.4=3 039.25(元/m²)

单位建筑面积造价=7 556 789/3 510.77=2 152.46(元/m²)

内浇外砌

单位使用面积造价=7 678 878/2 561.76=2 997.50(元/m²)

单位建筑面积造价=7 678 878/3 510.77=2 187.23(元/m²)

从以上计算结果看出,按单位使用面积计算,砖混结构方案造价高于内浇外砌方案,而按单位建筑面积计算,内浇外砌方案高于砖混结构方案,但是使用面积才能真正发挥住宅的功能,所以内浇外砌方案优于砖混结构方案。

问题 2,如果按照单位建筑面积出售,而两个方案的总建筑面积相同,但内浇外砌方案总投资更高,显然不利于房地产开发商。而对于购房者而言,房价不变,采用内浇外砌方案每户增加面积=(2 561.76-2 486.4)/48=1.57 m²,该方案对购房者有利。如果按单位使用面积出售,对于购房者来说,如不考虑其他因素,两种结构的房屋对他们的使用功能不产生影响。对于房地产开发商,内浇外砌方案使用面积增加比=(2 561.76-2 486.4)/2 486.4×100%=3%,大于总投资增加比=(7 678 878-7 556 789)/7 556 789×100%=1.6%,故一般情况下,按使用面积出售利于房地产开发商。

问题 3,依题意计算两方案综合评价值:

砖混结构方案

$$9 \times 0.2 + 8 \times 0.2 + 7 \times 0.2 + 7 \times 0.15 + 7 \times 0.15 + 7 \times 0.1 = 7.60$$

内浇外砌方案

$$8 \times 0.2 + 8 \times 0.2 + 9 \times 0.2 + 7 \times 0.15 + 8 \times 0.15 + 8 \times 0.1 = 8.05$$

内浇外砌方案综合评价值高于砖混结构方案,所以选择内浇外砌方案。

第二节 工程施工中的经济分析

工程施工中的经济分析主要是施工工艺方案、施工组织方案的技术经济分析评价、比较与选择,以及工程施工中采用新工艺、新技术的经济分析评价等。工程施工中的经济分析是施工任务顺利完成的前提条件。

对施工方案技术经济分析的基本要求如下:

(1)对施工方案进行技术经济分析既要分析技术方法及其可行性,又要分析组织管理方法及经济效果;既要分析具体的局部施工环节,也要分析施工的全过程;既要进行优化,得出好的技术经济效果,又要提出达到预期技术经济效果的各项技术组织措施。

(2)对施工方案进行技术经济分析应以施工方法、进度计划、总平面图和技术组织措施为主要内容,采用一系列的技术经济指标进行方案的对比,并做出评价。

(3)设计方案的技术经济分析效果应作为施工方案技术经济分析的重要依据之一和主要的对比标准,只有达到设计方案技术经济效果的施工方案才是可行的,并力求优于设计方案的技术经济效果。

(4)施工方案的技术经济分析,既要有定量分析,同时也要有定性分析。定性定量综合分析,才能获得好的施工方案。

1. 施工方案的评价指标

反映施工方案的技术经济特征的指标很多,如果仅用个别或者少数指标对方案进行衡量,就不能准确、全面地评价施工方案的优劣。指标体系可以分为三类:

(1)技术指标:用于反映方案技术特征或适用条件,例如建筑面积、主要分部分项工程量、施工方法等。

(2)经济指标:主要反映完成工程任务所必要的劳动消耗。例如施工成本、材料消耗量、劳动消耗量、主要机械设备需用量等。

(3)效果指标:反映采用某施工方案后所能达到的预期效果。例如降低成本、缩短工期、提高工作效率等。

2. 施工组织方案的评价

施工组织是对施工活动中所需的人力、资金、材料、机械和施工方法等进行科学合理的安排,协调施工中各施工单位之间、各工种之间、资源与时间之间、各项资源之间的合理关系,使工程施工取得相对最优的效果。施工组织方式是施工方案不可缺少的组成部分,也是衡量施工方案优劣的重要方面。

(1)施工顺序是指分部分项工程施工的先后顺序。确定施工顺序是为了按照建筑等具体生产的客观规律组织施工,合理解决各工序之间在时间和空间上的搭接问题,在确保质量及安全的前提下充分利用空间,争取时间,实现缩短工期的目的。

遵循施工程序以保证施工顺序的合理性,优化施工顺序、追求施工顺序的科学性是制定施工方案时应重点考虑的内容,也是衡量施工方案优劣的重要标志,只有将施工顺序的合理性与科学性统一协调起来的施工方案才会在施工中取得较好的效果。

(2)科学合理的施工组织方式是对拟建工程施工的全过程实行科学管理的重要手段,可以有效地把施工单位与协作单位、部门与部门、阶段与阶段、过程与过程之间的关系很好地协调起来,对于保证质量、降低成本、缩短工期都会起到重要的作用。

3. 施工方案的经济分析评价方法

为了能选出最优方案,常用的方法同样是多指标评价法、单指标评价法、价值分析法。由于设计与施工中的评价指标体系不同,故分析时着重点也不同。我们通过下面的例子来看看施工中常见问题的分析与选择。

【例9-2】 某机械化施工公司承担了某工程的基坑土方施工。土方量为15 000 m³,平均运土距离为 8 km,计划工期为 10 天,每天一班制施工。该公司现有 WY50、WY75、WY100 挖掘机各 2 台以及 5 t、8 t、10 t 自卸汽车各 15 台,其主要参数见表9-3、表9-4。

问题1. 若挖掘机和自卸汽车按表中型号各取一种,如何组合最经济? 相应的每立方米土方的挖、运直接费为多少?

2. 根据该公司现有的挖掘机和自卸汽车的数量,完成土方挖运任务每天应安排几台何种型号的挖掘机和几台何种型号的自卸汽车?

3. 根据所安排的挖掘机和自卸汽车数量,该土方工程可在几天内完成? 相应的每立方米土方的挖、运直接费为多少?

表9-3 自卸汽车参数表

载重/t	5	8	10
运距8 km台班产量/(m³/台班)	32	51	81
台班单价/(元/台班)	413	505	978

表9-4 挖掘机参数表

型号	WY50	WY75	WY100
容量/m³	0.5	0.75	1.00
台班产量/(m³/台班)	480	558	690
台班单价/(元/台班)	618	689	915

解:

1. 自卸汽车　　　　　5 t:413/32＝12.91(元/m³)

　　　　　　　　　　8 t:505/51＝9.90(元/m³)

　　　　　　　　　　10 t:978/81＝12.07(元/m³)

挖掘机　　　　　　WY50:618/480＝1.29(元/m³)

　　　　　　　　　WY75:689/558＝1.23(元/m³)

$$WY100:915/690＝1.33(元/m^3)$$

选取单位费用最低的机械进行组合为最经济组合,即自卸汽车选8 t,挖掘机选 WY75型,每立方米挖、运直接费为 $9.9＋1.23＝11.13(元/m^3)$。

2. 从最低费用的机械选起,挖掘机选择 WY75 型,每天需要的台数为:

$$15\ 000/10/558＝2.69(台)$$

企业仅有2台,每天完成:

$$558×2＝1116(m^3)$$

为了满足工期要求,日产量 $≥15\ 000/10＝1500(m^3)$,则再选1台 WY50 型挖掘机,日完成量增加到:

$$1\ 116＋480＝1596(m^3)$$

自卸汽车从8 t选起,要达到日产量 $1\ 596\ m^3$,所需台数:

$$1\ 596/51＝31(台)$$

企业仅有15台8 t自卸汽车全部选用,每日还差不能完成的余土有:

$$1\ 596－15×51＝831(m^3)$$

再选用5 t和10 t自卸汽车进行运输,选10台10 t自卸汽车和1台5 t自卸汽车,每天运载量为:

$$81×10＋32＝842(m^3)$$

满足每天运载要求。故每天安排1台 WY50、2台 WY75 型挖掘机和1台5 t、15台8 t、10台10 t的自卸汽车来配合完成挖运任务。

3. 施工天数:

$$15\ 000/1\ 596＝9.4(天)$$

每立方米挖运土成本:

$$(618＋689×2＋413＋505×15＋978×10)×9.4/15\ 000＝12.39(元/m^3)$$

第三节　建设施工设备的选择与更新

一、房地产项目经济评价

设备是现代工业生产的重要物质和技术基础,各种机器设备的质量和技术水平是衡量一个国家工业化水平的重要指标,也是影响经济发展的重要因素。设备从投入使用到报废,要经历一段较长的时间,在这段时间内,设备会逐渐磨损,当设备因物理磨损或技术落后而不能继续使用时,就需要对其进行更新,然而选择设备更新的时间,也是一项需要深入研究的问题。

二、设备更新概述

(一) 设备更新的概念

设备更新是指对在技术上或经济上不宜继续使用的设备,用新的设备更换或用先进的技术对原有设备进行局部改造。

(二) 设备更新的原因及特点

1. 设备更新原因分析

设备更新源于设备的磨损。磨损分为有形磨损和无形磨损,设备磨损是有形磨损和无形磨损共同作用的结果。

(1) 有形磨损

由于设备被使用或自然环境造成设备实体的内在磨损称为设备有形磨损或物质磨损。

(2) 无形磨损

无形磨损即因技术进步、劳动生产率提高而引起的价值损耗。设备的无形磨损有两种形式:① 由于劳动生产率的提高,再生产同样设备所消耗的社会必要劳动量减少,从而使原有设备发生贬值。② 由于技术进步,生产出了效率更高的设备,使原有设备的价值相对降低。

(3) 设备磨损的规律

① 初期磨损阶段。在此阶段中,机器零件表面的高低不平处,以及氧化脱炭层,由于零件的运转,互相摩擦作用,很快被磨损,这一磨损速度快,但时间短。② 正常磨损阶段。零件磨损趋于缓慢,基本上是匀速增加。③ 剧烈磨损阶段。零件磨损由量变到质变,超过一定限度,正常磨损关系被破坏,

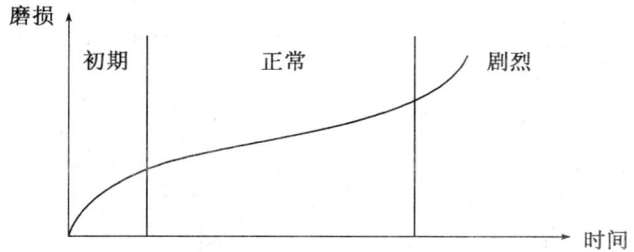

图 9 - 2　设备磨损曲线图

接触情况恶化,磨损加快,设备的工作性能也迅速降低,如不停止使用,进行维修,设备可能被损坏。

(4) 设备故障率

任何设备从出厂之日起,其故障发生率并不是一成不变的。由多种零部件构成的设备系统,其故障率曲线如图 9 - 3 所示。图中坐标纵轴表示故障率,横轴表示经历的时间,从时间变化看,曲线明显呈现 3 个不同的区段。

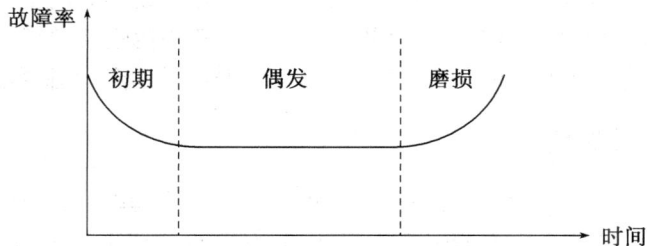

图 9 - 3　设备故障率变化图

初期故障期:在设备开始使用一阶段,一般故障率较高,但随着设备使用时间的延续,故障率将明显降低,此阶段称初期故障期,又称磨合期。此期间的长短随设备系统的设计与制造质量而异。

偶发故障期:设备使用进入二阶段,故障率大致趋于稳定状态,趋于一个较低的定值,表明设备进入稳定的使用阶段。在此期间,故障发生一般是随机突发的,并无一定规律,故称此阶段为偶发故障期。

磨损故障期:设备使用进入后期三阶段,经过长期使用,故障率再一次上升,且故障带有普遍性和规模性,设备的使用寿命接近终了,此阶段称磨损故障期。在此期间,设备零部件经长时间的频繁使用,逐渐出现老化、磨损以及疲劳现象,设备寿命逐渐衰竭,因而处于故障频发状态。

(5)设备磨损的补偿方式

设备受到磨损需要补偿,设备磨损的形式不同,补偿方式也不同。补偿方式一般有大修理、现代化改装和更新。如果有形磨损较轻,可通过修理进行补偿,如果磨损严重,可以通过大修理或更新补偿;无形磨损的补偿可以是现代化改装或更新。设备补偿可划分为局部补偿和完全补偿。设备大修理属于局部补偿;设备更新属于完全补偿。

2.设备更新的特点

设备更新的内容是确定设备的经济寿命。设备的寿命,一般有以下几种不同的概念:

(1)物理寿命

物理寿命也称为自然寿命,即从设备投入使用到因物理磨损使设备老化损坏,直到报废拆除为止的年限。这种寿命主要取决于设备的质量、使用和维修的质量。

(2)折旧寿命

折旧寿命,是指按国家有关部门规定或企业自行规定的折旧率,把设备总值扣除残值后的余额,折旧到接近于零时所经历的时间。折旧寿命的长短取决于国家或企业所采取的政策和方针。

(3)技术寿命

技术寿命,是指由于科学技术的发展,不断出现技术上更先进、经济上更合理的替代设备,使现有设备在物理寿命或经济寿命尚未结束之前就提前报废。这种从设备投入使用到因技术进步而使其丧失使用价值所经历的时间称为设备的技术寿命。

(4)经济寿命

经济寿命,是指设备的使用费处于合理界限之内的设备寿命。在设备物理寿命的后期,因设备故障频繁而引起的损失急剧增加。购置设备后,使用的年数越多,每年分摊的投资越少,设备的保养和操作费用却越多。在使用期最适宜的年份内设备总成本最低,这即经济寿命的含义。设备更新的技术经济分析中,设备的经济寿命是确定设备更新时机的主要依据。

三、设备更新的经济分析

在设备更新分析中,往往是在已知新旧设备经济寿命的基础上进行经济评价,但由于经济评价结果对新旧设备的经济寿命十分敏感,因此仅凭假设或推测来确定设备的经济寿命就显得不够谨慎。必须通过科学合理的方法来计算设备的经济寿命。

一台设备在其整个寿命周期内发生的费用包括:

(1)原始费用,指采用新设备时一次性投入的费用,包括设备原价、运输和安装费等;

(2)使用费,指设备在使用过程中发生的费用,包括运行费(人工、燃料、动力、刀具、机油等消耗)和维修费(保养费、修理费、停工损失费、次品损失费等);

（3）设备残值，指针对旧设备进行更换时，旧设备的处理价值，可根据设备转让或处理的收入和扣除拆卸费用和可能发生的修理费用计算，设备残值也可能是个负数。

（一）不考虑资金时间价值的经济寿命

1. 用公式计算法计算设备的经济寿命

一般情况下，随着设备使用年限的增加，运行成本每年以一定速度在递增，这种运行成本的逐年递增称为设备的劣化。简单起见，假设每年的运行成本的劣化增量是均等的，即呈线性增长，每年运行成本增加额为 λ，若设备使用 T 年，则第 T 年运行成本 C_T 为：

$$C_T = C_1 + (T-1)\lambda$$

式中：C_1——第一年运行成本。

T——设备使用年数。

T 年内设备运行成本的平均值为：

$$C_1 + \frac{T-1}{2}\lambda$$

除运行成本外，在设备的年总费用中还有每年分摊的设备购置费用，称为资金回复费用，其金额为：

$$\frac{P_0 - P_T}{T}$$

式中：P_0——设备原始价值。

P_T——设备净残值。

随着设备使用年限的增加，运行成本每年逐年递增，每年分摊的设备费用逐年下降，则设备的年均总费用为：

$$AC = C_1 + \frac{T-1}{2}\lambda + \frac{P_0 - P_T}{T}$$

设备的经济寿命为其年均费用最小的年数，求年均费用最小值。

令 $\frac{\mathrm{d}(AC)}{\mathrm{d}t} = 0$，则设备的经济寿命为：

$$T_{\mathrm{opt}} = \sqrt{\frac{2(P_0 - P_T)}{\lambda}}$$

【例 9-3】 某设备原始价值 11 000 元，设备的净残值不随使用年限变化均为 500 元，年运行成本劣化值为 400 元/年，求该设备经济寿命。

解：

$$T_{\mathrm{opt}} = \sqrt{\frac{2(11\,000 - 500)}{400}} = 7（年）$$

则设备的经济寿命为 7 年。

实际上，在很多情况下，设备的劣化值不是呈线性分布的，而是没有规律，此时就需要根据现在的统计数据或根据实际情况预测，下面列表来判断设备的经济寿命。

2. 用表格计算设备的经济寿命

【例 9-4】 某设备原始价值为 8 000 元，物理寿命 8 年，各年运行成本及年末残值如表 9-5 所示，求该设备何时更新为宜。

表 9-5 设备经济寿命计算表   单位:元

使用年限	运行成本	年末残值	年均运行成本	年均设备费用	年均总费用
(1)	(2)	(3)	$(4)=\dfrac{\sum(2)}{(1)}$	$(5)=\dfrac{8\,000-(3)}{(1)}$	$(6)=(4)+(5)$
1	1 000	6 000	1 000	2 000	3 000
2	1 100	4 000	1 050	2 000	3 050
3	1 300	3 000	1 133	1 667	2 800
4	1 500	2 000	1 125	1 500	2 725
5	1 700	1 000	1 320	1 400	2 720
6	1 950	900	1 425	1 183	2 608
7	2 200	800	1 536	1 029	2 564
8	3 500	500	1 781	937	2 719

显然第 7 年设备的年均费用最小,为 2 564 元,所以该设备应在使用 7 年后更新。

同步训练 9-1

同步训练 9-1

答案

某型号设备购置费为 3 万元,在使用中有如下表的统计资料,如果不考虑资金的时间价值,试计算其经济寿命。

表 9-6 某型号设备使用过程统计数据表   单位:元

使用年度 j	1	2	3	4	5	6	7
j 年度运营成本	5 000	6 000	7 000	9 000	11 500	14 000	17 000
n 年末残值	15 000	7 500	3 750	1 875	1 000	1 000	1 000

(二)考虑资金时间价值的经济寿命

【例 9-5】 例题 9-4 中的设备经济寿命计算没有考虑资金时间价值,如果考虑资金时间价值,设 $i_c=10\%$,试计算例 9-4 中设备的经济寿命。

表 9-7 设备经济寿命计算表($i_c=10\%$)   单位:元

使用年限	运行成本	年末残值	现值系数 $(P/F,10\%,n)$	残值在第一年初的现值	运行成本在第一年初的现值	运行成本设备费用现值和	年金系数 $(A/P,10\%,n)$	年平均总成本
(1)	(2)	(3)	(4)	$(5)=(3)\times(4)$	$(6)=\sum[(2)\times(4)]$	$(7)=8\,000-(5)+(6)$	(8)	$(9)=(7)\times(8)$
1	1 000	6 000	0.909 1	5 454.60	909.10	3 454.50	1.100 0	3 799.95
2	1 100	4 000	0.826 4	3 305.60	867.72	5 562.12	0.576 2	3 204.89
3	1 300	3 000	0.751 3	2 253.90	851.47	6 597.57	0.402 1	2 652.88
4	1 500	2 000	0.683 0	1 366.00	836.68	7 470.68	0.315 5	2 357.00

（续表）

使用年限	运行成本	年末残值	现值系数 $(P/F,10\%,n)$	残值在第一年初的现值	运行成本在第一年初的现值	运行成本设备费用现值和	年金系数 $(A/P,10\%,n)$	年平均总成本
(1)	(2)	(3)	(4)	(5)=(3)×(4)	(6)=Σ[(2)×(4)]	(7)=8 000−(5)+(6)	(8)	(9)=(7)×(8)
5	1 700	1 000	0.620 9	620.90	819.59	8 198.69	0.263 8	2 162.81
6	1 950	900	0.564 5	508.05	804.41	8 296.36	0.229 6	1 904.84
7	2 200	800	0.513 2	410.56	788.13	8 377.57	0.205 4	1 720.75
8	3 500	500	0.466 5	233.25	830.95	8 597.70	0.187 4	1 611.21

从表中可以看出年平均总成本最小值为第 8 年，所以该设备应在第 8 年后更新。说明当考虑资金时间价值时，该设备的经济寿命与物理寿命相同，即使用到该设备报废时进行更新最合理。

📖 **同步训练 9-2**

某设备购置费为 24 000 元，第 1 年的设备运营费为 8 000 元，以后每年增加 5 600 元，设备逐年减少的残值如下表所示。设利率为 12％，求该设备的经济寿命。

同步训练 9-2

答案

第四节　房地产项目经济评价案例

为了掌握财务评价和不确定性分析等内容，促进理论与实际紧密结合，本节改编了某厂区改建居住区的经济评价案例。本案例结合我国经济发展趋势和市场形势进行分析，对项目自身平衡能力、抗风险能力等指标进行评估以分析项目的可行性。项目财务评价的目的是通过市场供需研究和财务经济分析，确定项目的规划功能、开发档次、开发成本和市场营销对象，并对项目的经济可行性做出评价，为委托方投资决策及开发项目融资提供依据。

一、概述

随着城市化进程的加快、城市社会经济的发展和产业结构的优化，城市用地功能需作进一步调整。为此，将某厂改造为居住区。某房地产开发部负责开发建设。

（一）项目位置及占地面积

项目坐落在该市西北 5 km 处的丘陵地带，自然环境优越，地处上风上水，与市区海拔落差 110 m，从项目地区可以俯瞰整个市区。本项目总占地面积 532 300 m^2，其中：规划用地面积 456 320 m^2，市政代征地 76 000 m^2。本项目规划建设用地面积中，目前属 B 公司使用的有 76 520 m^2，详见表 9-8 所示。

表9-8 项目用地面积及其分布

用地单位	规划用地面积(m²)	可开发用地面积(m²)	保留建筑占地面积(m²)
A公司	379 800	332 037	47 763
B公司	76 520	71 200	5 320
合计	456 320	403 237	53 083

(二)项目现状

项目用地内的现状建筑主要是厂房、仓库和住宅,都要予以拆除,南部为第一期开发,北部为第二期开发,中间部分及其南北两侧为第三期开发。

规划范围内有三组拟保留建筑:厂区南侧的住宅楼、新建的宿舍区;规划范围内西北角是一组旧住宅楼,属B公司,目前保留;厂区中央正在兴建的一栋12层综合楼。另外,厂区内的锅炉房也将予以保留,用于未来小区供热。保留建筑占地面积和建筑面积情况如表9-9所示。

表9-9 项目用地范围内保留建筑占地面积和建筑面积

土地使用者 用途	A公司		B公司	
	占地面积(m²)	建筑面积(m²)	占地面积(m²)	建筑面积(m²)
住宅	43 488	100 000	5 320	30 000
地区公建	0.427 5	22 092	0	0
合计	47 763	122 092	5 320	30 000

本项目周围已形成规模居住区,将厂区改造为住宅区符合规划要求。

(三)项目拟建规模

按照初步规划方案,居住区由保留建筑和新建建筑两部分组成,其中新建建筑包括高层和多层住宅、非配套公建和配套公建(表9-10)。建设用地面积456 300 m²,总建筑面积912 600 m²,总容积率为2.00。

表9-10 项目拟建规模和建筑面积分配

类型		建筑面积(m²)	建筑面积所占比例(%)
保留建筑		152 092	—
新建建筑	高层住宅	437 908	57.6
	多层住宅	137 600	18.1
	地区商服	85 000	11.2
	配套公建	100 000	13.1
	小计	760 508	100.0
合计		912 600	—

(四)项目服务对象

居住区将规划建设一处地区级公建中心和一所医院,为附近地区和小区内居民提供服务,其余建筑为多层、高层住宅和配套公建。其中,部分新建住宅为 A 公司其他开发项目提供拆迁安置房,部分住宅为公开销售商品房,所占比例分别为 30% 和 70%。

(五) 市政工程和基础设施

据测算,居住区建成后,对热力、电力、电信和煤气的需求预测如下。

1. 供热

小区内将自建锅炉房,负责整个小区的供热。

2. 供电

毛纺厂住宅区的能源供应方式采用锅炉房(或热力网)供热,煤气或天然气炊事,集中与分散空调相结合方案,新建住宅和新建公建用电定额分别按 25 W/m² 和 50 W/m² 计算,则该小区用电总计约 20 000 kW。同时使用系数为 0.8,则最大负荷约 16 000 kW,需安装 24 000 kV·A 变压器。

根据测算,新建小区内开闭站和由变电站引至住宅区的电缆分别需 400 万元和 480 万元,需交纳的供电贴费为 2 880 万元,以上三项共计 3 760 万元。另外,居住区还应承担地方电力建设基金 4 000 万元,此项费用可分期交纳。

3. 煤气

据煤气公司测算,按小区内住宅 7 736 户、其他建筑 15.86 万 m² 计,日用煤气量为 2.1 万 m³,高峰用气量为 3 500 m³。

4. 电信

据电信管理局测算,按居住人口 2 万多、住户 7736 户计,居住区至少需电话 9 000 部(包括公建),初期至少需安装程控交换机 1 万门。

二、市场研究

经过对该市投资环境和市场供求关系分析,我们提出如下建议:

本项目所处位置紧邻城市房地产投资的热点地区,建议市场定位如下:

1. 功能分配

小区内以普通住宅为主,配以适当的写字楼、商业及公建用房。普通住宅占 70%,其中多层与高层并重,为提高项目的建筑面积,适当增加高层的比例。

2. 销售对象

普通住宅销售对象以企事业单位、集团购买和 A 公司内部其他项目的拆迁用房为主,外地机构为辅,兼顾散户。

3. 户型与功能

考虑到销售对象,普通住宅户型以三室一厅、三室二厅、二室二厅为主,约占 70%;四室二厅为辅,占 10%,其余为二室或一室。面积约 60~120 m²。在节约成本的前提下,应尽量使功能达到中档水平,如设计冰箱、洗衣机、空调的预留位置。

三、项目规划建设方案和建设条件

(一) 项目用地功能布局

小区内现状住宅主要分布在西北角和南端。规划住宅主要集中在小区中央,部分布置于东北角,在高度控制方面,本着中间高、两边低的原则。

周围居住区建成较早,配套设施不完善,缺乏集中的、有规模的地区级公建中心。因此,在厂区的西南角建设一处地区级的公建中心。由于周围地区缺少有规模的医院,所以在北侧规划一家医院。

在现状综合楼以南安排一处农贸市场,以解决市场问题。在东侧形成一组完整的商业区。

绿地集中在现状综合楼以东的一块占地 8 800 m² 的用地内。另外,居住区还将配备中学一所,小学两所,幼儿园两所,托儿所一所。

(二)项目规划控制指标

综合考虑该项目所处的区位及有关规划要求,对该小区容量、用地性质和开发强度提出的控制指标如下:

1. 用地情况

总占地面积	532 320 m²
其中:代征地面积	76 000 m²
规划建设用地面积	456 320 m²
其中:地区公建用地	52 900 m²
住宅用地	163 400 m²
配套公建用地	124 000 m²
道路用地	56 000 m²
绿化用地	60 000 m²

2. 用地性质

使用性质:住宅及配套、非配套公建。

3. 用地强度

总容积率: 2.00

其中:

保留建筑: 2.865

新建住宅: 2.06

配套公建: 0.806

地区商服: 3.83

4. 建筑设计指标

总建筑面积: 912 600 m²

其中:

保留建筑面积: 152 092 m²

新建住宅建筑面积: 575 508 m²

地区公建建筑面积: 85 000 m²

配套公建建筑面积: 100 000 m²

建筑高度: ≤60 m

其中:

多层住宅: ≤18 m

高层住宅: 45~60 m

地区商服：　　≤60 m²

配套公建：　　≤24 m²

中、小学：　　≤12 m²

建筑层数：板式 6～12 层,塔式 18 层

(三) 市政建设条件

1. 道路交通系统

在居住区四周道路中,华侨路已修好,合山路和铁北路都定过线,只有迎宾路有待定线。

为加强小区间的联系,居住区内部规划了半环加十字形的道路系统,即由华侨路向东,再向南,再向西回到华侨路的半环路和贯穿南北东西的十字形路。

2. 市政设施现状

旧厂区原有较完善的市政设施。为解决热力公司在东郊地区建设供热厂的用电需要,市供电局提出结合供热厂投产,建设一座 110 kV 变电站,建成后将由该变电站向住宅区供电。随着周围地区的开发建设,该地段的市政设施、地下管线将得到进一步改善,为本项目建成后的使用提供理想的市政条件。其中:

(1) 上水:旧厂原有上水条件满足供应。

(2) 雨水:沿区内管线通入市政干线。

(3) 合流污水:沿区内管线送入市政干线。

(4) 煤气:用地西侧的华侨路、南侧的铁北路有新建的 Dg300 中压煤气管线;在用地西侧偏南有现状煤气中低压调压站一座;小区内南北端有部分现状住宅楼已使用人工煤气。居住区需建设煤气中低压调压站两座,每座建筑面积 70 m² 左右。

(5) 供热:基地内可满足供应。规划在原锅炉房的位置,绿化隔离带以西,设一处占地 2.02 hm² 的锅炉房,负责整个小区的供热。

(6) 供电:旧厂现状用电由国棉 110 kV 变电站以 10 kV 架空线供电,由于该变电站已满载,居住区拟由规划建设的华侨 110 kV 变电站供电。旧厂用电负荷较大,应安排一座占地 500 m² 的 10 kV 开闭站,由此分别引出双路 10 kV 电缆向住宅和公建供电。

(7) 电信:按电信发展总体规划方案要求,由开发单位无偿提供土地,新建一个 4 万门电话局所,占地面积 5 000 m²,建筑面积 6 000 m²,初装容量 1 万门。

四、建设方式及进度安排

(一) 建设方式

本项目的设计应采用总承包制,小区集中规划,统一设计。施工采用监理制,采用公开招标的形式选择工程承包商,以使项目的工期、成本、质量得以确保。工程应达到优良工程水准。

(二) 建设进度安排

由于该项目规模较大,因此应考虑采用滚动开发、分期建设的方式,这样既可以使项目迅速启动,又可以按照市场需求变化情况适时调整开发方案,降低投资风险。

从项目本身的规模和所处的市场条件来看,本项目的开发建设分三期为宜,预计用 6 年时间可全部建成投入使用。各期开发的土地面积和建筑面积如表 9 - 11 所示。

表 9-11　项目建设分期安排　　　　　　　　　　　　　单位：m²

分期	第一期（南）	第二期（北）	第三期（中）	三期合计
总占地面积	183 000	179 320	170 000	532 320
代征地面积	26 000	25 000	25 000	76 000
规划建设用地面积	157 000	154 320	145 000	456 320
保留建筑占地面积	23 498	4 275	25 310	53 083
拆迁土地面积	159 502	175 045	144 690	479 237
可开发占地面积	133 502	150 045	119 690	403 237
可开发建筑面积	229 000	262 000	269 508	760 508

注：第二期可开发土地面积中，有 71 200 m² 占地为当前 B 公司用地，相应分摊的代征地面积为 11 860 m²。

工程建设进度，直接影响着项目的经济效益。严密的工程进度安排和高质量的施工组织设计，是保证项目实施的关键，为了确保资金滚动使用，于 2000 年 1 月初开始一期工程拆迁及整个项目规划设计和前期准备工作，2000 年 3 月底进行规划设计方案比选，2000 年 10 月初开始第一期基础工程，2000 年 4 月起就可进行市场推广和销售。第二期工程于 2002 年 4 月初开始启动，第三期工程从 2004 年 4 月启动。整个住宅小区的开发建设于 2006 年 3 月完成，2006 年 9 月底销售完毕。

五、投资估算与资金筹措

（一）项目总投资估算

1. 项目投资概况

据估算，本项目包括土地费用、前期工程费、房屋开发费、管理费、财务费用、开发期税费等总投资为 293745.36 万元人民币，可销售面积的单方造价为 3877.5 元/平方米。更详细的投资规划可能随设计的深入而调整。

2. 估算依据

（1）业主提供的"旧厂居住区控制性详细规划说明"；

（2）市煤气公司"旧厂居住区煤气供应咨询意见"；

（3）市电信管理局"旧厂居住区电信配套建设方案"；

（4）整个项目按中、低档建造水平计算；

（5）估算中的有关税金和费用按该市的现行规定和同类项目的平均水平测算；

（6）假定该项目在 5 年内分 3 期全部建设完成；

（7）假定该项目在第一年开始预售，至项目建成后一年内全部销售完毕；

（8）项目总投资中自有资金比率按 10% 计算；

（9）贷款的年利率按 12% 计取；

（10）整个项目的投资费用是在专业的投资监理工程师监督下使用。

3. 估算范围

上述估算投资按该市目前通常的取费标准计取，但尚未包括室内二次精装修及拆迁房享受安居房减免的税费。

4.估算结果

投资估算的结果汇总如表9-12所示。

表9-12　居住区开发项目成本估算表

序号	项目或费用名称	投资金额(万元)	单方造价(元/平方米)
一	土地费用	107 342.76	1 417.0
1	出让金	13 145.09	
2	城市建设配套费	19 717.63	
3	拆迁安置补偿费	72 893.70	
4	手续费及税金	1 586.35	
二	前期工程费	5 099.04	67.3
1	规划设计	3 187.36	
2	项目可行性研究	382.48	
3	地质勘探测绘	637.47	
4	三通一平费	891.73	
三	房屋开发费	127 494.50	1 683.0
(一)	建筑安装工程费	111 837.28	1 476.3
1	商品住宅		
A	多层	30 724.97	
B	高层	22 434.11	
2	拆迁房		
A	多层	13 655.54	
B	高层	6 827.77	
3	地区公建		
A	商场	14 021.32	
B	写字楼	13 460.46	
4	可销售配套公建	5 462.22	
5	不可销售配套公建	5 250.88	
(三)	附属工程费	5 591.86	73.8
(三)	室外工程费	8 946.98	118.1
(四)	其他费用	1 118.37	14.8
四	管理费	5 998.41	79.2
五	财务费用	28 792.36	380.1
六	开发期税费	10 462.60	138.1
1	电贴费	2 880.00	
2	用电权费	4 000.00	
3	其他税费	3 582.60	
七	不可预见费	8 555.69	112.9
总计		293 745.36	3 877.5

注:计算单方造价时,其面积的基础是可销售面积(不含不可销售配套公建之建筑面积)。

（二）投资分年度使用计划

按照项目建设进度计划安排，本项目资金投入计划详见表 9-13"投资计划与资金筹措表"。

表 9-13　投资计划与资金筹措表　　　　　单位：万元

序号	项目	合计	开发经营期					
			2000	2001	2002	2003	2004	2005
1	开发总投资							
1.1	土地费用	107 342.76	23 853.95	11 926.97	23 853.95	11 926.97	17 890.46	17 890.46
1.2	前期工程费	5 099.04	1 699.68	453.25	1 019.81	453.25	1 019.81	453.25
1.3	房屋开发费	127 494.50	25 498.90	19 124.17	19 124.17	19 124.17	19 124.17	25 498.90
1.4	管理费	5 998.41	1 199.68	959.75	959.75	959.75	959.75	959.75
1.5	其他费用							
1.6	开发期税费	10 462.60	2 325.02	1 162.51	2 325.02	1 162.51	2 325.02	1 162.51
1.7	不可预见费	8 555.69	1 425.95	1 425.95	1 425.95	1 425.95	1 425.95	1 425.95
小计		264 953.00	56 003.18	35 052.60	48 708.65	35 052.60	42 745.16	47 390.81
2	资金筹措							
2.1	自有资金	26 495.30	26 495.30	0.00	0.00	0.00	0.00	0.00
2.2	销售收入	220 121.23	11 171.41	35 052.60	48 708.65	35 052.60	42 745.16	47 390.81
2.3	贷款	18 336.47	18 336.47	0.00	0.00	0.00	0.00	0.00
2.4	其他	0.00	0.00	0.00	0.00	0.00	0.00	0.00
小计		264 953.00	56 003.18	35 052.60	48 708.65	35 052.60	42 745.16	47 390.81

（三）资金筹措计划

本项目的投资来源包括自有资金、销售收入和贷款三个部分。其中自有资金投入 26 495.30 万元人民币，销售投入 220 121.23 万元人民币，需向金融机构贷款 18 336.47 万元人民币，详见表 9-13。

在估算中，考虑到当年投资是随工程的进度分期投入的，销售收入也是在一年中逐步实现的，故假定当年销售收入（扣除销售税费）全部用于当年投资，如有盈余，结转下年。

六、投资分析基础数据的预测和选定

本报告对项目经济效益进行分析过程中，所使用的基础数据和基本条件是根据该市同类开发项目的实际状况，在分析该市相关类型物业市场前景的基础上，结合本项目的具体情况而预测和选定的。

（一）销售收入的测算

根据市场研究的结果，并考虑本项目的具体情况，确定普通住宅售价：高层为 5 000 元/平方米，多层为 5 200 元/平方米；拆迁房售价：高层为 4 500 元/平方米，多层为 4 800 元/平方米；商业用房售价：6 500 元/平方米；办公用房售价：6 000 元/平方米；可售配套公建售价：

4 000 元/平方米。可销售面积的平均价格为 5 073.50 元/平方米。

本项目的销售面积包括商品住宅、拆迁房与各类公建，总计为 757 558 平方米，分年度的总销售收入见表 9-14"居住区开发项目销售收入汇总表"。

表 9-14　居住区开发项目销售收入汇总表 单位：万元

序号	期间	2000	2001	2002	2003	2004	2005	2006	总计
1	商品住宅销售收入	9 495.48	28 486.44	36 926.87	33 761.71	31 651.60	43 257.19	27 431.39	211 010.67
2	拆迁楼销售收入	4 645.32	13 935.97	18 065.15	18 065.15	18 065.15	19 613.59	10 839.09	103 229.41
3	地区公建销售收入	0.00	4 381.66	11 392.32	13 144.99	11 392.32	15 773.98	14 021.32	70 106.59
	销售收入总计	14 140.80	46 804.07	66 384.33	64 971.84	61 109.07	78 644.76	52 291.79	384 346.67

注：可销售面积平均价格 5 073.50 元/平方米，销售收入具体估算过程略。

（二）成本及税金

1. 投资成本测算

本项目固定资产投资总额为 26 493.0 万元人民币，融资费用为 28 792.36 万元人民币，本项目的投资成本为 293 745.36 万元人民币。

2. 销售费用测算

根据该市同类项目和国家有关部门资料，销售费用取总销售收入的 2%。

销售费用＝384 346.67 万元×2%＝7 686.93（万元）

3. 税金

房地产开发项目的主要税金为经营税费和所得税。根据国家有关规定，经营税费的税率为 5.45%，按总销售额征收；所得税税率为 33%，以销售利润为基数征收。该市现已开征土地增值税，该税按开发项目销售利润水平以累进税率征收，对 20% 以内的开发利润，免征土地增值税，根据测算，本项目不需缴纳土地增值税。

（三）利润分配

开发项目的税后利润等于销售收入扣除投资成本、销售费用和有关税金。预计本项目的总税后利润为 38 685.58 万元人民币。详见表 9-15"项目损益表"。

表 9-15　项目损益表 单位：万元

序号	项目	合计	开发经营期						
			2000	2001	2002	2003	2004	2005	2006
1	项目收入	384 346.67	14 140.80	46 804.07	66 384.33	64 971.84	61 109.07	78 644.76	52 291.79
1.1	销售收入	384 346.67	14 140.80	46 804.07	66 384.33	64 971.84	61 109.07	78 644.76	52 291.79
1.1.1	商品住宅	211 010.67	9 495.48	28 486.44	36 926.87	33 761.71	31 651.60	43 257.19	27 431.39
1.1.2	拆迁楼、可售配套公建	103 229.41	4 645.32	13 935.97	18 065.15	18 065.15	18 065.15	19 613.59	10 839.09
1.1.3	地区公建	70 106.59	0.00	4 381.66	11 392.32	13 144.99	11 392.32	15 773.98	14 021.32
1.2	出租收入	0	0	0	0	0	0	0	0

(续表)

序号	项目	合计	开发经营期						
			2000	2001	2002	2003	2004	2005	2006
2	经营成本	264 953.00	9 748.10	32 264.83	45 762.67	44 788.95	42 126.11	54 214.51	36 047.84
2.1	销售成本	264 953.00	9 748.10	32 264.83	45 762.67	44 788.95	42 126.11	54 214.51	36 047.84
3	经营税费	25 174.71	926.22	3 065.67	4 348.17	4 255.66	4 002.64	5 151.23	3 425.11
3.1	销售税费	25 174.71	926.22	3 065.67	4 348.17	4 255.66	4 002.64	5 151.23	3 425.11
3.1.1	营业税及附加	21 139.07	777.74	2 574.22	3 651.14	3 573.45	3 361.00	4 325.46	2 876.05
3.1.2	交易管理费及印花税	4 035.64	148.48	491.44	697.04	682.20	641.65	825.77	549.06
4	销售费用	7 686.93	282.82	936.08	1 327.69	1 299.44	1 222.18	1 572.90	1 045.84
5	财务费用	28 792.36	1 059.32	3 506.21	4 973.01	4 867.20	4 577.83	5 891.47	3 917.31
6	土地增值税	0.00	0.00	0.00	0.00	0.00	0.00	0.00	0.00
7	开发利润	57 739.67	2 124.35	7 031.29	9 972.79	9 760.60	9 180.30	11 814.65	7 855.70
8	所得额		2 124.35	7 031.29	9 972.79	9 760.60	9 180.30	11 814.65	7 855.70
9	所得税	19 054.09	701.03	2 320.32	3 291.02	3 221.00	3 029.50	3 898.84	2 592.38
10	税后利润	38 685.58	1 423.31	4 710.96	6 681.77	6 539.60	6 150.80	7 915.82	5 263.32
10.1	应付利润	13 744.11	0.00	0.00	0.00	0.00	564.98	7 915.82	5 263.32
10.2	归还垫支利润及净投资回收	42 871.53	0.00	0.00	0.00	0.00	0.00	6 823.69	36 047.84
10.3	未分配利润	24 941.47	1 423.31	4 710.96	6 681.77	6 539.60	5 585.82	0.00	0.00

注:投资回收主要用于后续投资和偿还贷款本息,税后利润部分用于后续开发投资和归还贷款本息的,在投资回收不再用于后续投资和还本付息时归还。

七、项目经济效益评价

(一)现金流量分析

本报告从全部资金、自有资金两方面编制了现金流量表,主要评价指标如下:

1. 全部资金评价指标(详见表 9 - 16,项目全部资金现金流量表)

财务内部收益率:24.80%

财务净现值($i_c = 18\%$):10 938.09 万元人民币

静态投资回收期:4.84 年

动态投资回收期($i_c = 18\%$):6.35 年

表 9 - 16 项目全部资金现金流量表

单位:万元

序号	项目	合计	开发经营期						
			2000	2001	2002	2003	2004	2005	2006
1	现金流入								
1.1	销售收入	384 346.67	14 140.80	46 804.07	66 384.33	64 971.84	61 109.07	78 644.76	52 291.79
小计		384 346.67	14 140.80	46 804.07	66 384.33	64 971.84	61 109.07	78 644.76	52 291.79
2	现金流出								
2.1	固定资产投资								
2.2	经营资金								
2.3	开发总投资	264 953.00	56 003.18	35 052.60	48 708.65	35 052.60	42 745.16	47 390.81	0.00
2.4	销售费用	7 686.93	282.82	936.08	1 327.69	1 299.44	1 222.18	1 572.90	1 045.84
2.5	经营税费	25 174.71	926.22	3 065.67	4 348.17	4 255.66	4 002.64	5 151.23	3 425.11
2.6	土地增值税	0.00	0.00	0.00	0.00	0.00	0.00	0.00	0.00
2.7	所得税	19 054.09	701.03	2 320.32	3 291.02	3 221.00	3 029.50	3 898.84	2 592.38
小计		316 868.73	57 913.25	41 374.67	57 675.53	43 828.69	50 999.48	58 013.77	7 063.33
3	净现金流量		−43 772.4	5 429.40	8 708.81	21 143.15	10 109.58	20 630.98	45 228.46
4	累计净现金流量		−43 772.4	−38 343.05	−29 634.24	−8 491.10	1 618.49	22 249.47	67 477.94
	现值系数		1.000 000	0.847 457	0.718 184 4	0.608 630 8	0.515 788 8	0.437 109 2	0.370 431 5
5	净现值		−43 772.4	4 601.19	6 254.53	12 868.37	5 214.41	9 017.99	16 754.05
6	累计净现值		−43 772.4	−39 171.2	−32 916.73	−20 048.36	−14 833.95	−5 815.96	10 938.09
计算指标		$IRR=24.80\%$				$NPV=10\ 938.09$ 万元			
		静态投资回收期=4.84 年				动态投资回收期=6.35 年			

2. 自有资金评价指标(详见表 9 - 17,项目自有资金现金流量表)

财务内部收益率:292.33%

财务净现值($i_c=18\%$):155 464.96 万元人民币

静态投资回收期:1.37 年

动态投资回收期($i_c=18\%$):1.44 年

表 9 - 17 项目自有资金现金流量表

单位:万元

序号	项目	合计	开发经营期						
			2000	2001	2002	2003	2004	2005	2006
1	现金流入								
1.1	销售收入	384 346.6	14 140.80	46 804.07	66 384.33	64 971.84	61 109.07	78 644.76	52 291.79
小计		384 346.67	14 140.80	46 804.07	66 384.33	64 971.84	61 109.07	78 644.76	52 291.79

(续表)

序号	项目	合计	开发经营期						
			2000	2001	2002	2003	2004	2005	2006
2	现金流出								
2.1	自有资金	26 495.30	26 495.30	0.00	0.00	0.00	0.00	0.00	0.00
2.2	经营税费	25 174.71	926.22	3 065.67	4 348.17	4 255.66	4 002.64	5 151.23	3 425.11
2.3	销售费用	7 686.93	282.82	936.08	1 327.69	1 299.44	1 222.18	1 572.90	1 045.84
2.4	土地增值税	0.00	0.00	0.00	0.00	0.00	0.00	0.00	0.00
2.5	所得税	19 054.09	701.03	2 320.32	3 291.02	3 221.00	3 029.50	3 898.84	2 592.38
2.6	贷款本金偿还	19 845.87	0.00	0.00	1 354.29	14 056.96	4 434.62	0.00	0.00
2.7	贷款利息支付	7 055.84	0.00	1 923.19	2 381.50	2 218.99	532.15	0.00	0.00
小计		105 312.7	28 405.37	8 245.26	12 702.67	25 052.04	13 221.10	10 622.96	7 063.33
3	净现金流量		−14 264.57	38 558.81	53 681.66	39 919.80	47 887.97	68 021.79	45 228.46
4	累计净现金流量		−14 264.57	24 294.24	77 975.90	117 895.70	165 783.67	233 805.46	279 033.93
	现值系数		1.000 000 0	0.847 457 6	0.718 184 4	0.608 630 8	0.515 788 8	0.437 109 2	0.370 431 54
5	净现值		−14 264.57	32 676.96	38 553.33	24 296.42	24 700.08	29 732.95	19 769.78
6	累计净现值		−14 264.57	18 412.39	56 965.72	81 262.14	105 962.22	135 695.18	155 464.96
计算指标		$IRR=292.33\%$				$NPV=155\ 464.96$ 万元			
		静态投资回收期=1.37 年				动态投资回收期=1.44 年			

(二) 财务平衡表与贷款偿还分析

资金来源与运用表集中体现了项目自身平衡的生存能力,是财务评价的重要依据。分析结果表明,本项目具有基本的资金平衡能力。详见表 9-18,资金来源与运用表。

表 9-18 资金来源与运用表 　　　　　　　　　　　　　　单位:万元

序号	项目	合计	开发经营期						
			2000	2001	2002	2003	2004	2005	2006
1	资金来源								
1.1	销售收入	384 346.67	14 140.80	46 804.07	66 384.33	64 971.84	61 109.07	78 644.76	52 291.79
1.4	自有资金	26 495.30	26 495.30	0.00	0.00	0.00	0.00	0.00	0.00
1.5	贷款	18 336.47	18 336.47	0.00	0.00	0.00	0.00	0.00	0.00
小计		429 178.44	58 972.57	46 804.07	66 384.33	64 971.84	61 109.07	78 644.76	52 291.79

(续表)

序号	项目	合计	开发经营期						
			2000	2001	2002	2003	2004	2005	2006
2	资金运用								
2.1	固定资产投资								
2.2	经营资金								
2.3	开发成本	264 953.00	56 003.18	35 052.60	48 708.65	35 052.60	42 745.16	47 390.81	0.00
2.4	经营管理费用								
2.5	销售费用	7 686.93	282.82	936.08	1 327.69	1 299.44	1 222.18	1 572.90	1 045.84
2.6	财务费用	28 792.36	1 059.32	3 506.21	4 973.01	4 867.20	4 577.83	5 891.47	3 917.31
2.7	经营税费	25 174.71	926.22	3 065.67	4 348.17	4 255.66	4 002.64	5 151.23	3 425.11
2.8	土地增值税	0.00	0.00	0.00	0.00	0.00	0.00	0.00	0.00
2.9	所得税	19 054.09	701.03	2 320.32	3 291.02	3 221.00	3 029.50	3 898.84	2 592.38
2.10	应付利润	13 744.11	0.00	0.00	0.00	0.00	564.98	7 915.82	5 263.32
2.11	各期还本付息	26 901.71	0.00	1 923.19	3 735.79	16 275.95	4 966.78	0.00	0.00
3	归还垫支利润及净投资回收	42 871.53	0.00	0.00	0.00	0.00	0.00	6 823.69	36 047.84
	小计	386 306.90	58 972.57	46 804.07	66 384.33	64 971.84	61 109.07	71 821.06	16 243.95

从表9-19"贷款还本付息估算表"中可以看出,本项目如果操作得当,在正常情况下,项目开发建设完成时,可以从销售收入中还清全部贷款本息,并有基本的利润。

表9-19 贷款还本付息估算表　　　　　　　　　单位:万元

序号	项目	合计	开发经营期						
			2000	2001	2002	2003	2004	2005	2006
1	贷款及还本付息								
1.1	期初贷款本息累计		0.00	19 436.66	19 845.87	18 491.58	4 434.62	0.00	0.00
1.1.1	本金		0.00	18 336.47	18 336.47	16 982.18	2 925.23	0.00	0.00
1.1.2	利息		0.00	1 100.19	1 509.40	1 509.40	1 509.40	1 509.40	1 509.40
1.2	本期贷款	18 336.47	18 336.47	0.00	0.00	0.00	0.00	0.00	0.00
1.3	本期应计利息	8 565.24	1 100.19	2 332.40	2 381.50	2 218.99	532.15	0.00	0.00
1.4	本期本金归还	19 845.87	0.00	0.00	1 354.29	14 056.96	4 434.62	0.00	0.00

（续表）

序号	项目	合计	开发经营期						
			2000	2001	2002	2003	2004	2005	2006
1.5	本期利息支付	7 055.84	0.00	1 923.19	2 381.50	2 218.99	532.15	0.00	0.00
1.6	期末贷款本息累计		19 436.66	19 845.87	18 491.58	4 434.62	0.00	0.00	
	本年年利率		12%	12%	12%	12%	12%	12%	12%
2			偿还贷款本息的资金来源						
2.1	投资回收	9 736.35	0.00	0.00	0.00	9 736.35	0.00	0.00	0.00
2.2	未分配利润	17 165.36	0.00	1 923.19	3 735.79	6 539.60	4 966.78	0.00	0.00
2.3	其他								

八、风险分析

本项目的风险主要来自：建造成本、售价、销售进度、开发周期、贷款利率等方面，其中主要取决于租售价格的变化和销售进度的快慢。而这些风险因素，又受政治、经济、社会条件的影响。另外自有资金占总投资的比例虽然对整个项目全部资金投资的经济效益没有影响，但是由于贷款的杠杆作用会影响自有资金的经济评价指标，因此需要项目的主办者进行认真考虑。

（一）盈亏平衡分析

本项目的盈亏平衡点为 76.42%，即销售面积/收入达到可销售面积/收入的 76.42%时，项目能保持盈亏平衡。利润为零时的初始平均价格和平均成本分别如图 9-4 和图 9-5 所示。

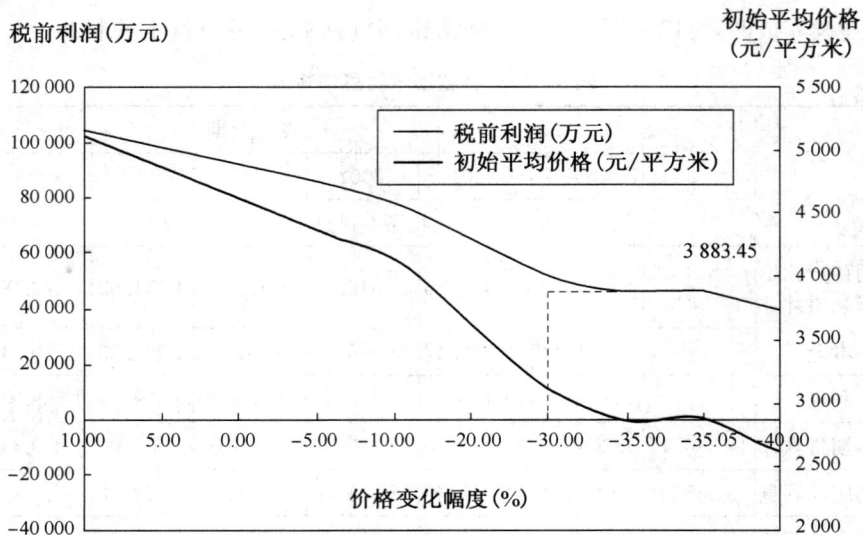

图 9-4　利润为零的初始售价分析图

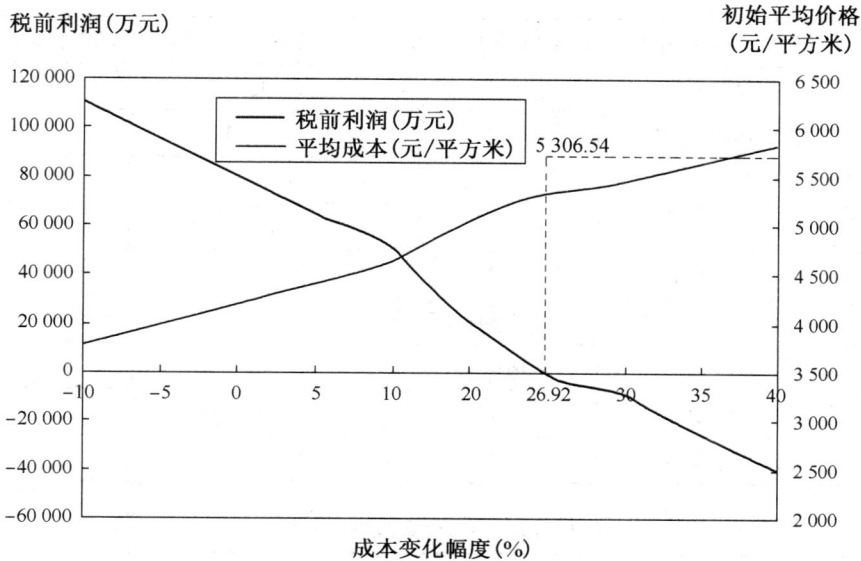

图 9 - 5 利润为零的平均成本分析图

（二）敏感性分析

影响本项目财务效益的主要风险因素为总投资（建造成本）、售价。针对全部资金和自有资金的评价指标，分别算出当上述因素变化±15％、±10％、±5％时，对主要经济评价指标的影响分析如表 9 - 20 和表 9 - 21 所示。其中两种最不利的情况如下所示：

1. 当投资增加 15％时，全部资金的评价指标为：

财务内部收益率：18.10％

财务净现值（$i_c=18\%$）：170.42 万元人民币

静态投资回收期：5.62 年

动态投资回收期（$i_c=18\%$）：6.99 年

2. 当租售价格降低 15％时，全部资金的评价指标为：

财务内部收益率：12.59％

财务净现值（$i_c=18\%$）：−8 691.2 万元人民币

静态投资回收期：6.16 年

动态投资回收期（$i_c=18\%$）：7.00 年

表 9 - 20 全部投资敏感性分析表

项目		内部收益率（IRR）	净现值（NPV）（万元）	静态投资回收期（年）	动态投资回收期（年）
基本方案		24.80％	10 938.09	4.84	6.35
租售价格变化	15％	37.07％	30 570.81	3.70	4.99
	10％	32.96％	24 026.27	3.90	5.44
	5％	28.87％	17 482.02	4.25	5.98
	−5％	20.73％	4 394.54	5.31	6.73

（续表）

项目		内部收益率（IRR）	净现值（NPV）（万元）	静态投资回收期（年）	动态投资回收期（年）
基本方案		24.80%	10 938.09	4.84	6.35
投资变化	−10%	16.66%	−2 148.58	5.81	7.00
	−15%	12.59%	−8 691.2	6.16	7.00
	15%	18.10%	170.42	5.62	6.99
	10%	20.21%	3 759.65	5.37	6.78
	5%	22.44%	7 348.87	5.14	6.56
	−5%	27.30%	14 527.31	4.45	6.13
	−10%	29.95%	18 116.54	4.12	5.83
	−15%	32.78%	21 705.76	3.9	5.47

表 9-21　自有资金敏感性分析表

项目		内部收益率（IRR）	净现值（NPV）（万元）	静态投资回收期（年）	动态投资回收期（年）
基本方案		292.33%	155 464.96	1.37	1.44
租售价格变化	15%	323.54%	175 815.68	1.34	1.4
	10%	312.36%	16 898.01	1.35	1.41
	5%	301.62%	162 156.68	1.36	1.42
	−5%	284.36%	149 048.79	1.38	1.45
	−10%	273.24%	141 408.82	1.40	1.47
	−15%	257.97%	131 708.35	1.42	1.50
投资变化	15%	277.97%	156 586.73	1.39	1.46
	10%	283.19%	156 563.78	1.38	1.45
	5%	287.55%	156 006.96	1.38	1.44
	−5%	297.82%	155 046.65	1.35	1.43
	−10%	304.64%	154 733.55	1.36	1.42
	−15%	312.21%	154 436.47	1.35	1.41

从计算结果可知，租金售价降低 15% 对项目经济效益影响很大，使项目不能满足内部收益率、财务净现值和投资回收期的评价标准。为确保项目获得较好的经济效益，项目主办者应加强市场促销工作，尽量使租售收入计划得以实现。

由于本项目全部投资基本方案的内部收益率为 24.80%，远高于本项目测算中的贷款年利率，因此自有资金的评价指标随自有资金占总开发投资比例有较大的变化，从自有资金占总开发投资比例变化敏感性分析表中可以看出，在确保项目正常运作的情况下，应尽可能降低自有资金的投入，使项目主办者的自有资金再选择其他理想的投资渠道。

九、财务评价的结论与建议

（一）结论

上述分析和财务效益评估的结果表明，本项目具有较好的内部收益率，有基本的贷款偿还和自身平衡能力，且有一般的抗风险能力。评估结果表明，该项目是可行的。

本项目评估中假定可销售面积全部用于销售，开发建设前四年期间的全部销售收入均用于项目投资。因此，售价与销售进度是本项目能否达到预期效益的关键。

本项目各类物业的预期售价是在多方考察该市目前同类物业市场的基础上确定的。考虑到今后政府在启动房地产市场和降低普通住宅商品房售价方面将会有一些新政策出台，预期售价将会有所变动。但从当前发展态势看，普通住宅商品房售价不会有太大的回落。

（二）建议

总而言之，项目的整体方案是比较可观的。但由于考虑到目前房地产市场发展过快，使房地产公司面临更多的变数，又加上国内经济发展下行的冲击，使企业经营发展中的风险与不确定因素大大增加，为应对复杂的经济形势和变化，房地产企业应积极调整模式，整合资源，立足抓好现有的发展机会，努力保持经营和平稳发展。

本章小结

本章介绍了工程设计、施工、设备更新中的经济分析，并通过分析实际案例促进理论与实际相结合，掌握工程经济评价的要点。

虽然一般工程项目的设计费用只占其全寿命费用的 1% 左右，但工程设计方案的好坏对工程经济性影响很大，它不仅影响工程的造价（影响程度达 75% 以上），而且直接关系到将来工程投入使用后运营阶段使用费用的高低，甚至对工程的预期收益都会产生影响。因此，工程设计中的经济分析工作是一项很重要而且十分有意义的工作。项目建成后的长期使用价值如何，经济效益、社会效益、环境效益怎样，取决于设计和施工质量的好坏与水平的高低。

大规模生产被证明是一种经济有效的满足消费者需求的方式。追求规模效益需要购置大量的机器设备等固定资产，固定资产在使用过程中会发生磨损、效率减低和过时的现象，如果不及时对设备进行升级、换代或更新，将有可能严重影响生产效率。因此，掌握设备更新分析的方法对保证生产系统的正常运行及企业获利是至关重要的。

复习思考题

1. 某设计师在设计别墅时考虑选择家用中央空调系统。该楼每幢各四层，建筑面积大约都在 300 m² ，每幢楼需要配备空调的房间有 9 间，如选择水系统家用中央空调系统，需要配备 10 台室内风盘。现有两种品牌的家用中央空调系统供选择：

第一种：购置费和安装费用合计为 8.8 万元，年平均运行费用 4 560 元。

第二种:购置费和安装费用合计为 6.8 万元,年平均运行费用 6 980 元。

空调平均使用寿命为 15 年,均无残值。基准收益率为 8%。试用单指标评价方法选择最优型号。

2. 某工程项目进行施工方案设计时,为了选择、确定刷将工程的质量、进度和成本,已初选出石灰浆、大白浆、水泥色浆和聚合物水泥浆 4 种浆液类型。根据调查资料和实践经验,已定出各评价要素的权重及方案的评分值(表 9 - 22)。试对各方案进行比较。

表 9 - 22　各用浆方案评分表

序号	评价要素	权重(%)	浆类			
			石灰浆	大白浆	水泥色浆	聚合物水泥浆
1	质量	40	72	75	87	92
2	成本	40	93	90	86	81
3	进度	10	100	100	84	92
4	操作难度	5	90	92	88	90
5	技术成熟度	5	97	98	95	96

3. 某机械化施工公司承担了某工程的基坑土方施工。土方量为 30 000 m³,平均运土距离为 8 km,计划工期为 18 天,每天一班制施工。该公司现有 WY50、WY75、WY100 挖掘机各 2 台以及 5 t、8 t、10 t 自卸汽车各 18 台,其主要参数见表 9 - 23、表 9 - 24。

问题:(1)若挖掘机和自卸汽车按表中型号各取一种,如何组合最经济?相应的每立方米土方的挖、运直接费为多少?

(2)根据该公司现有的挖掘机和自卸汽车的数量,完成土方挖运任务每天应安排几台何种型号的挖掘机和几台何种型号的自卸汽车?

(3)根据所安排的挖掘机和自卸汽车数量,该土方工程可在几天内完成?相应的每立方米土方的挖、运直接费为多少?

表 9 - 23　自卸汽车参数表

载重(t)	5	8	10
运距 8 km 台班产量(m³/台班)	32	51	81
台班单价(元/台班)	413	505	978

表 9 - 24　挖掘机参数表

型号	WY50	WY75	WY100
容量(m³)	0.5	0.75	1.00
台班产量(m³/台班)	480	558	690
台班单价(元/台班)	618	689	915

4. 有一设备,价值 8 800 元,使用和维修费用第一年为 2 300 元,以后由于设备磨损,使用和维修费用每年增加 600 元,设备的净残值为不随使用年限变化均为 200 元,求设备经济

寿命。

5. 有一台机器,原始费用为 10 000 元。表 9-25 列出了机器各年的使用费和各服务年年末的残值。假如 $i_c=10\%$,求这台机器的经济寿命。

表 9-25　机器的年使用费和年末残值

单位:元

服务年数	年度使用费	年末残值	服务年数	年度使用费	年末残值
1	1 000	7 000	5	1 700	1 300
2	1 100	4 500	6	2 000	1 100
3	1 300	3 000	7	3 000	900
4	1 500	1 500	8	5 000	500

6. 某小型工厂 3 年前花 50 000 元在工厂买了一辆运输车辆,估计运输车的使用寿命为 8 年,年度使用费为 2 000 元,寿命期末残值为 3 000 元。由于运输货物量增加了 1 倍,现有两种方案可供选择。

方案 A:保留原运输车辆,再花 45 000 元买一辆运输能力、使用寿命、年度使用费等和原系统完全相同的运输车辆,5 年后残值为 4 000 元。

方案 B:花 60 000 元买一辆运输能力增加一倍的系统,其年度使用费为 4 000 元,使用寿命为 8 年,5 年后残值为 10 000 元。原运输车能以 8 000 元售出。

$i_c=15\%$,选择研究期为 5 年,试比较 A、B 两种方案。

附　录

附录一　间断复利系数表

表 1　复利系数表($i=1\%$)

n	$(F/P,i,n)$	$(P/F,i,n)$	$(F/A,i,n)$	$(A/F,i,n)$	$(A/P,i,n)$	$(P/A,i,n)$	$(F/G,i,n)$	$(A/G,i,n)$
1	1.010 0	0.990 1	1.000 0	1.000 0	1.010 0	0.990 1	0.000 0	0.000 0
2	1.020 1	0.980 3	2.010 0	0.497 5	0.507 5	1.970 4	1.000 0	0.497 5
3	1.030 3	0.970 6	3.030 1	0.330 0	0.340 0	2.941 0	3.010 0	0.993 4
4	1.040 6	0.961 0	4.060 4	0.246 3	0.256 3	3.902 0	6.040 1	1.487 6
5	1.051 0	0.951 5	5.101 0	0.196 0	0.206 0	4.853 4	10.100 5	1.980 1
6	1.061 5	0.942 0	6.152 0	0.162 5	0.172 5	5.795 5	15.201 5	2.471 0
7	1.072 1	0.932 7	7.213 5	0.138 6	0.148 6	6.728 2	21.353 5	2.960 2
8	1.082 9	0.923 5	8.285 7	0.120 7	0.130 7	7.651 7	28.567 1	3.447 8
9	1.093 7	0.914 3	9.368 5	0.106 7	0.116 7	8.566 0	36.852 7	3.933 7
10	1.104 6	0.905 3	10.462 2	0.095 6	0.105 6	9.471 3	46.221 3	4.417 9
11	1.115 7	0.896 3	11.566 8	0.086 5	0.096 5	10.367 6	56.683 5	4.900 5
12	1.126 8	0.887 4	12.682 5	0.078 8	0.088 8	11.255 1	68.250 3	5.381 5
13	1.138 1	0.878 7	13.809 3	0.072 4	0.082 4	12.133 7	80.932 8	5.860 7
14	1.149 5	0.870 0	14.947 4	0.066 9	0.076 9	13.003 7	94.742 1	6.338 4
15	1.161 0	0.861 3	16.096 9	0.062 1	0.072 1	13.865 1	109.689 6	6.814 3
16	1.172 6	0.852 8	17.257 9	0.057 9	0.067 9	14.717 9	125.786 4	7.288 6
17	1.184 3	0.844 4	18.430 4	0.054 3	0.064 3	15.562 3	143.044 3	7.761 3
18	1.196 1	0.836 0	19.614 7	0.051 0	0.061 0	16.398 3	161.474 8	8.232 3
19	1.208 1	0.827 7	20.810 9	0.048 1	0.058 1	17.226 0	181.089 5	8.701 7
20	1.220 2	0.819 5	22.019 0	0.045 4	0.055 4	18.045 6	201.900 4	9.169 4
21	1.232 4	0.811 4	23.239 2	0.043 0	0.053 0	18.857 0	223.919 4	9.635 4
22	1.244 7	0.803 4	24.471 6	0.040 9	0.050 9	19.660 4	247.158 6	10.099 8
23	1.257 2	0.795 4	25.716 3	0.038 9	0.048 9	20.455 8	271.630 2	10.562 6
24	1.269 7	0.787 6	26.973 5	0.037 1	0.047 1	21.243 4	297.346 5	11.023 7
25	1.282 4	0.779 8	28.243 2	0.035 4	0.045 4	22.023 2	324.320 0	11.483 1
26	1.295 3	0.772 0	29.525 6	0.033 9	0.043 9	22.795 2	352.563 1	11.940 9
27	1.308 2	0.764 4	30.820 9	0.032 4	0.042 4	23.559 6	382.088 8	12.397 1
28	1.321 3	0.756 8	32.129 1	0.031 1	0.041 1	24.316 4	412.909 7	12.851 6

(续表)

n	$(F/P,i,n)$	$(P/F,i,n)$	$(F/A,i,n)$	$(A/F,i,n)$	$(A/P,i,n)$	$(P/A,i,n)$	$(F/G,i,n)$	$(A/G,i,n)$
29	1.334 5	0.749 3	33.450 4	0.029 9	0.039 9	25.065 8	445.038 8	13.304 4
30	1.347 8	0.741 9	34.784 9	0.028 7	0.038 7	25.807 7	478.489 2	13.7557
31	1.361 3	0.734 6	36.132 7	0.027 7	0.037 7	26.542 3	513.274 0	14.205 2
32	1.374 9	0.727 3	37.494 1	0.026 7	0.036 7	27.269 6	549.406 8	14.6532
33	1.388 7	0.720 1	38.869 0	0.025 7	0.035 7	27.989 7	586.900 9	15.099 5
34	1.402 6	0.713 0	40.257 7	0.024 8	0.034 8	28.702 7	625.769 9	15.544 1
35	1.416 6	0.705 9	41.660 3	0.024 0	0.034 0	29.408 6	666.027 6	15.987 1
36	1.430 8	0.698 9	43.076 9	0.023 2	0.033 2	30.107 5	707.687 8	16.428 5
37	1.445 1	0.692 0	44.507 6	0.022 5	0.032 5	30.799 5	750.764 7	16.868 2
38	1.459 5	0.685 2	45.952 7	0.021 8	0.031 8	31.484 7	795.272 4	17.306 3
39	1.474 1	0.678 4	47.412 3	0.021 1	0.031 1	32.163 0	841.225 1	17.742 8
40	1.488 9	0.671 7	48.886 4	0.020 5	0.030 5	32.834 7	888.637 3	18.177 6
41	1.503 8	0.665 0	50.375 2	0.019 9	0.029 9	33.499 7	937.523 7	18.610 8
42	1.518 8	0.658 4	51.879 0	0.019 3	0.029 3	34.158 1	987.898 9	19.042 4
43	1.534 0	0.651 9	53.397 8	0.018 7	0.028 7	34.810 0	1 039.777 9	19.4723
44	1.549 3	0.645 4	54.931 8	0.018 2	0.028 2	35.455 5	1 093.175 7	19.900 6
45	1.564 8	0.639 1	56.481 1	0.017 7	0.027 7	36.094 5	1 148.107 5	20.327 3
46	1.580 5	0.632 7	58.045 9	0.017 2	0.027 2	36.727 2	1204.588 5	20.752 4
47	1.596 3	0.626 5	59.626 3	0.016 8	0.026 8	37.353 7	1 262.634 4	21.175 8
48	1.612 2	0.620 3	61.222 6	0.016 3	0.026 3	37.974 0	1 322.260 8	21.597 6
49	1.628 3	0.614 1	62.834 8	0.015 9	0.025 9	38.588 1	1 383.483 4	22.017 8
50	1.644 6	0.608 0	64.463 2	0.015 5	0.025 5	39.196 1	1 446.318 2	22.436 3

表 2 复利系数表($i=2\%$)

n	$(F/P,i,n)$	$(P/F,i,n)$	$(F/A,i,n)$	$(A/F,i,n)$	$(A/P,i,n)$	$(P/A,i,n)$	$(F/G,i,n)$	$(A/G,i,n)$
1	1.020 0	0.980 4	1.000 0	1.000 0	1.020 0	0.980 4	0.000 0	0.000 0
2	1.040 4	0.961 2	2.020 0	0.495 0	0.515 0	1.941 6	1.000 0	0.495 0
3	1.061 2	0.942 3	3.060 4	0.326 8	0.346 8	2.883 9	3.020 0	0.986 8
4	1.082 4	0.923 8	4.121 6	0.242 6	0.262 6	3.807 7	6.080 4	1.475 2
5	1.104 1	0.905 7	5.204 0	0.192 2	0.212 2	4.713 5	10.202 0	1.960 4
6	1.126 2	0.888 0	6.308 1	0.158 5	0.178 5	5.601 4	15.406 0	2.442 3
7	1.148 7	0.870 6	7.434 3	0.134 5	0.154 5	6.472 0	21.714 2	2.920 8
8	1.171 7	0.853 5	8.583 0	0.116 5	0.136 5	7.325 5	29.148 5	3.396 1
9	1.195 1	0.836 8	9.754 6	0.102 5	0.122 5	8.162 2	37.731 4	3.868 1
10	1.219 0	0.820 3	10.949 7	0.091 3	0.111 3	8.982 6	47.486 0	4.336 7
11	1.243 4	0.804 3	12.168 7	0.082 2	0.102 2	9.786 8	58.435 8	4.802 1
12	1.268 2	0.788 5	13.412 1	0.074 6	0.094 6	10.575 3	70.604 5	5.264 2
13	1.293 6	0.773 0	14.680 3	0.068 1	0.088 1	11.348 4	84.016 6	5.723 1

n	$(F/P,i,n)$	$(P/F,i,n)$	$(F/A,i,n)$	$(A/F,i,n)$	$(A/P,i,n)$	$(P/A,i,n)$	$(F/G,i,n)$	$(A/G,i,n)$
14	1. 319 5	0. 757 9	15. 973 9	0. 062 6	0. 082 6	12. 106 2	98. 696 9	6. 178 6
15	1. 345 9	0. 743 0	17. 293 4	0. 057 8	0. 077 8	12. 849 3	114. 670 8	6. 630 9
16	1. 372 8	0. 728 4	18. 639 3	0. 053 7	0. 073 7	13. 577 7	131. 964 3	7. 079 9
17	1. 400 2	0. 714 2	20. 012 1	0. 050 0	0. 070 0	14. 291 9	150. 603 5	7. 525 6
18	1. 428 2	0. 700 2	21. 412 3	0. 046 7	0. 066 7	14. 992 0	170. 615 6	7. 968 1
19	1. 456 8	0. 686 4	22. 840 6	0. 043 8	0. 063 8	15. 678 5	192. 027 9	8. 407 3
20	1. 485 9	0. 673 0	24. 297 4	0. 041 2	0. 061 2	16. 351 4	214. 868 5	8. 843 3
21	1. 515 7	0. 659 8	25. 783 3	0. 038 8	0. 058 8	17. 011 2	239. 165 9	9. 276 0
22	1. 546 0	0. 646 8	27. 299 0	0. 036 6	0. 056 6	17. 658 0	264. 949 2	9. 705 5
23	1. 576 9	0. 634 2	28. 845 0	0. 034 7	0. 054 7	18. 292 2	292. 248 2	10. 131 7
24	1. 608 4	0. 621 7	30. 421 9	0. 032 9	0. 052 9	18. 913 9	321. 093 1	10. 554 7
25	1. 640 6	0. 609 5	32. 030 3	0. 031 2	0. 051 2	19. 523 5	351. 515 0	10. 974 5
26	1. 673 4	0. 597 6	33. 670 9	0. 029 7	0. 049 7	20. 121 0	383. 545 3	11. 391 0
27	1. 706 9	0. 585 9	35. 344 3	0. 028 3	0. 048 3	20. 706 9	417. 216 2	11. 804 3
28	1. 741 0	0. 574 4	37. 051 2	0. 027 0	0. 047 0	21. 281 3	452. 560 5	12. 214 5
29	1. 775 8	0. 563 1	38. 792 2	0. 025 8	0. 045 8	21. 844 4	489. 611 7	12. 621 4
30	1. 811 4	0. 552 1	40. 568 1	0. 024 6	0. 044 6	22. 396 5	528. 404 0	13. 025 1
31	1. 847 6	0. 541 2	42. 379 4	0. 023 6	0. 043 6	22. 937 7	568. 972 0	13. 425 7
32	1. 884 5	0. 530 6	44. 227 0	0. 022 6	0. 042 6	23. 468 3	611. 351 5	13. 823 0
33	1. 922 2	0. 520 2	46. 111 6	0. 021 7	0. 041 7	23. 988 6	655. 578 5	14. 217 2
34	1. 960 7	0. 510 0	48. 033 8	0. 020 8	0. 040 8	24. 498 6	701. 690 1	14. 608 3
35	1. 999 9	0. 500 0	49. 994 5	0. 020 0	0. 040 0	24. 998 6	749. 723 9	14. 996 1
36	2. 039 9	0. 490 2	51. 994 4	0. 019 2	0. 039 2	25. 488 8	799. 718 4	15. 380 9
37	2. 080 7	0. 480 6	54. 034 3	0. 018 5	0. 038 5	25. 969 5	851. 712 7	15. 762 5
38	2. 122 3	0. 471 2	56. 114 9	0. 017 8	0. 037 8	26. 440 6	905. 747 0	16. 140 9
39	2. 164 7	0. 461 9	58. 237 2	0. 017 2	0. 037 2	26. 902 6	961. 861 9	16. 516 3
40	2. 208 0	0. 452 9	60. 402 0	0. 016 6	0. 036 6	27. 355 5	1 020. 099 2	16. 888 5
41	2. 252 2	0. 444 0	62. 610 0	0. 016 0	0. 036 0	27. 799 5	1 080. 501 1	17. 257 6
42	2. 297 2	0. 435 3	64. 862 2	0. 015 4	0. 035 4	28. 234 8	1 143. 111 2	17. 623 7
43	2. 343 2	0. 426 8	67. 159 5	0. 014 9	0. 034 9	28. 661 6	1 207. 973 4	17. 986 6
44	2. 390 1	0. 418 4	69. 502 7	0. 014 4	0. 034 4	29. 080 0	1 275. 132 9	18. 346 5
45	2. 437 9	0. 410 2	71. 892 7	0. 013 9	0. 033 9	29. 490 2	1 344. 635 5	18. 703 4
46	2. 486 6	0. 402 2	74. 330 6	0. 013 5	0. 033 5	29. 892 3	1 416. 528 2	19. 057 1
47	2. 536 3	0. 394 3	76. 817 2	0. 013 0	0. 033 0	30. 286 6	1 490. 858 8	19. 407 9
48	2. 587 1	0. 386 5	79. 353 5	0. 012 6	0. 032 6	30. 673 1	1 567. 676 0	19. 755 6
49	2. 638 8	0. 379 0	81. 940 6	0. 012 2	0. 032 2	31. 052 1	1 647. 029 5	20. 100 3
50	2. 691 6	0. 371 5	84. 579 4	0. 011 8	0. 031 8	31. 423 6	1 728. 970 1	20. 442 0

表3　复利系数表($i=3\%$)

n	$(F/P,i,n)$	$(P/F,i,n)$	$(F/A,i,n)$	$(A/F,i,n)$	$(A/P,i,n)$	$(P/A,i,n)$	$(F/G,i,n)$	$(A/G,i,n)$
1	1.030 0	0.970 9	1.000 0	1.000 0	1.030 0	0.970 9	0.000 0	0.000 0
2	1.060 9	0.942 6	2.030 0	0.492 6	0.522 6	1.913 5	1.000 0	0.492 6
3	1.092 7	0.915 1	3.090 9	0.323 5	0.353 5	2.828 6	3.030 0	0.980 3
4	1.125 5	0.888 5	4.183 6	0.239 0	0.269 0	3.717 1	6.120 9	1.463 1
5	1.159 3	0.862 6	5.309 1	0.188 4	0.218 4	4.579 7	10.304 5	1.940 9
6	1.194 1	0.837 5	6.468 4	0.154 6	0.184 6	5.417 2	15.613 7	2.413 8
7	1.229 9	0.813 1	7.662 5	0.130 5	0.160 5	6.230 3	22.082 1	2.881 9
8	1.266 8	0.789 4	8.892 3	0.112 5	0.142 5	7.019 7	29.744 5	3.345 0
9	1.304 8	0.766 4	10.159 1	0.098 4	0.128 4	7.786 1	38.636 9	3.803 2
10	1.343 9	0.744 1	11.463 9	0.087 2	0.117 2	8.530 2	48.796 0	4.256 5
11	1.384 2	0.722 4	12.807 8	0.078 1	0.108 1	9.252 6	60.259 9	4.704 9
12	1.425 8	0.701 4	14.192 0	0.070 5	0.100 5	9.954 0	73.067 7	5.148 5
13	1.468 5	0.681 0	15.617 8	0.064 0	0.094 0	10.635 0	87.259 7	5.587 2
14	1.512 6	0.661 1	17.086 3	0.058 5	0.088 5	11.296 1	102.877 5	6.021 0
15	1.558 0	0.641 9	18.598 9	0.053 8	0.083 8	11.937 9	119.963 8	6.450 0
16	1.604 7	0.623 2	20.156 9	0.049 6	0.079 6	12.561 1	138.562 7	6.874 2
17	1.652 8	0.605 0	21.761 6	0.046 0	0.076 0	13.166 1	158.719 6	7.293 6
18	1.702 4	0.587 4	23.414 4	0.042 7	0.072 7	13.753 5	180.481 2	7.708 1
19	1.753 5	0.570 3	25.116 9	0.039 8	0.069 8	14.323 8	203.895 6	8.117 9
20	1.806 1	0.553 7	26.870 4	0.037 2	0.067 2	14.877 5	229.012 5	8.522 9
21	1.860 3	0.537 5	28.676 5	0.034 9	0.064 9	15.415 0	255.882 9	8.923 1
22	1.916 1	0.521 9	30.536 8	0.032 7	0.062 7	15.936 9	284.559 3	9.318 6
23	1.973 6	0.506 7	32.452 9	0.030 8	0.060 8	16.443 6	315.096 1	9.709 3
24	2.032 8	0.491 9	34.426 5	0.029 0	0.059 0	16.935 5	347.549 0	10.095 4
25	2.093 8	0.477 6	36.459 3	0.027 4	0.057 4	17.413 1	381.975 5	10.476 8
26	2.156 6	0.463 7	38.553 0	0.025 9	0.055 9	17.876 8	418.434 7	10.853 5
27	2.221 3	0.450 2	40.709 6	0.024 6	0.054 6	18.327 0	456.987 8	11.225 5
28	2.287 9	0.437 1	42.930 9	0.023 3	0.053 3	18.764 1	497.697 4	11.593 0
29	2.356 6	0.424 3	45.218 9	0.022 1	0.052 1	19.188 5	540.628 3	11.955 8
30	2.427 3	0.412 0	47.575 4	0.021 0	0.051 0	19.600 4	585.847 2	12.314 1
31	2.500 1	0.400 0	50.002 7	0.020 0	0.050 0	20.000 4	633.422 6	12.667 8
32	2.575 1	0.388 3	52.502 8	0.019 0	0.049 0	20.388 8	683.425 3	13.016 9
33	2.652 3	0.377 0	55.077 8	0.018 2	0.048 2	20.765 8	735.928 0	13.361 6
34	2.731 9	0.366 0	57.730 2	0.017 3	0.047 3	21.131 8	791.005 9	13.701 8
35	2.813 9	0.355 4	60.462 1	0.016 5	0.046 5	21.487 2	848.736 1	14.037 5

(续表)

n	$(F/P,i,n)$	$(P/F,i,n)$	$(F/A,i,n)$	$(A/F,i,n)$	$(A/P,i,n)$	$(P/A,i,n)$	$(F/G,i,n)$	$(A/G,i,n)$
36	2.898 3	0.345 0	63.275 9	0.015 8	0.045 8	21.832 3	909.198 1	14.368 8
37	2.985 2	0.335 0	66.174 2	0.015 1	0.045 1	22.167 2	972.474 1	14.695 7
38	3.074 8	0.325 2	69.159 4	0.014 5	0.044 5	22.492 5	1 038.648 3	15.018 2
39	3.167 0	0.315 8	72.234 2	0.013 8	0.043 8	22.808 2	1 107.807 8	15.336 3
40	3.262 0	0.306 6	75.401 3	0.013 3	0.043 3	23.114 8	1 180.042 0	15.650 2
41	3.359 9	0.297 6	78.663 3	0.012 7	0.042 7	23.412 4	1 255.443 3	15.959 7
42	3.460 7	0.289 0	82.023 2	0.012 2	0.042 2	23.701 4	1 334.106 5	16.265 0
43	3.564 5	0.280 5	85.483 9	0.011 7	0.041 7	23.981 9	1 416.129 7	16.566 0
44	3.671 5	0.272 4	89.048 4	0.011 2	0.041 2	24.254 3	1 501.613 6	16.862 9
45	3.781 6	0.264 4	92.719 9	0.010 8	0.040 8	24.518 7	1 590.662 0	17.155 6
46	3.895 0	0.256 7	96.501 5	0.010 4	0.040 4	24.775 4	1 683.381 9	17.444 1
47	4.011 9	0.249 3	100.396 5	0.010 0	0.040 0	25.024 7	1 779.883 4	17.728 5
48	4.132 3	0.242 0	104.408 4	0.009 6	0.039 6	25.266 7	1 880.279 9	18.008 9
49	4.256 2	0.235 0	108.540 6	0.009 2	0.039 2	25.501 7	1 984.688 3	18.285 2
50	4.383 9	0.228 1	112.796 9	0.008 9	0.038 9	25.729 8	2 093.228 9	18.557 5

表 4　复利系数表($i=4\%$)

n	$(F/P,i,n)$	$(P/F,i,n)$	$(F/A,i,n)$	$(A/F,i,n)$	$(A/P,i,n)$	$(P/A,i,n)$	$(F/G,i,n)$	$(A/G,i,n)$
1	1.040 0	0.961 5	1.000 0	1.000 0	1.040 0	0.961 5	0.000 0	0.000 0
2	1.081 6	0.924 6	2.040 0	0.490 2	0.530 2	1.886 1	1.000 0	0.490 2
3	1.124 9	0.889 0	3.121 6	0.320 3	0.360 3	2.775 1	3.040 0	0.973 9
4	1.169 9	0.854 8	4.246 5	0.235 5	0.275 5	3.629 9	6.161 6	1.451 0
5	1.216 7	0.821 9	5.416 3	0.184 6	0.224 6	4.451 8	10.408 1	1.921 6
6	1.265 3	0.790 3	6.633 0	0.150 8	0.190 8	5.242 1	15.824 4	2.385 7
7	1.315 9	0.759 9	7.898 3	0.126 6	0.166 6	6.002 1	22.457 4	2.843 3
8	1.368 6	0.730 7	9.214 2	0.108 5	0.148 5	6.732 7	30.355 7	3.294 4
9	1.423 3	0.702 6	10.582 8	0.094 5	0.134 5	7.435 3	39.569 9	3.739 1
10	1.480 2	0.675 6	12.006 1	0.083 3	0.123 3	8.110 9	50.152 7	4.177 3
11	1.539 5	0.649 6	13.486 4	0.074 1	0.114 1	8.760 5	62.158 8	4.609 0
12	1.601 0	0.624 6	15.025 8	0.066 6	0.106 6	9.385 1	75.645 1	5.034 3
13	1.665 1	0.600 6	16.626 8	0.060 1	0.100 1	9.985 6	90.670 9	5.453 3
14	1.731 7	0.577 5	18.291 9	0.054 7	0.094 7	10.563 1	107.297 8	5.865 9
15	1.800 9	0.555 3	20.023 6	0.049 9	0.089 9	11.118 4	125.589 7	6.272 1
16	1.873 0	0.533 9	21.824 5	0.045 8	0.085 8	11.652 3	145.613 3	6.672 0
17	1.947 9	0.513 4	23.697 5	0.042 2	0.082 2	12.165 7	167.437 8	7.065 6

n	$(F/P,i,n)$	$(P/F,i,n)$	$(F/A,i,n)$	$(A/F,i,n)$	$(A/P,i,n)$	$(P/A,i,n)$	$(F/G,i,n)$	$(A/G,i,n)$
18	2.025 8	0.493 6	25.645 4	0.039 0	0.079 0	12.659 3	191.135 3	7.453 0
19	2.106 8	0.474 6	27.671 2	0.036 1	0.076 1	13.133 9	216.780 7	7.834 2
20	2.191 1	0.456 4	29.778 1	0.033 6	0.073 6	13.590 3	244.452 0	8.209 1
21	2.278 8	0.438 8	31.969 2	0.031 3	0.071 3	14.029 2	274.230 0	8.577 9
22	2.369 9	0.422 0	34.248 0	0.029 2	0.069 2	14.451 1	306.199 2	8.940 7
23	2.464 7	0.405 7	36.617 9	0.027 3	0.067 3	14.856 8	340.447 2	9.297 3
24	2.563 3	0.390 1	39.082 6	0.025 6	0.065 6	15.247 0	377.065 1	9.647 9
25	2.665 8	0.375 1	41.645 9	0.024 0	0.064 0	15.622 1	416.147 7	9.992 5
26	2.772 5	0.360 7	44.311 7	0.022 6	0.062 6	15.982 8	457.793 6	10.331 2
27	2.883 4	0.346 8	47.084 2	0.021 2	0.061 2	16.329 6	502.105 4	10.664 0
28	2.998 7	0.333 5	49.967 6	0.020 0	0.060 0	16.663 1	549.189 6	10.990 9
29	3.118 7	0.320 7	52.966 3	0.018 9	0.058 9	16.983 7	599.157 2	11.312 0
30	3.243 4	0.308 3	56.084 9	0.017 8	0.057 8	17.292 0	652.123 4	11.627 4
31	3.373 1	0.296 5	59.328 3	0.016 9	0.056 9	17.588 5	708.208 4	11.937 1
32	3.508 1	0.285 1	62.701 5	0.015 9	0.055 9	17.873 6	767.536 7	12.241 1
33	3.648 4	0.274 1	66.209 5	0.015 1	0.055 1	18.147 6	830.238 2	12.539 6
34	3.794 3	0.263 6	69.857 9	0.014 3	0.054 3	18.411 2	896.447 7	12.832 4
35	3.946 1	0.253 4	73.652 2	0.013 6	0.053 6	18.664 6	966.305 6	13.119 8
36	4.103 9	0.243 7	77.598 3	0.012 9	0.052 9	18.908 3	1039.957 8	13.401 8
37	4.268 1	0.234 3	81.702 2	0.012 2	0.052 2	19.142 6	1117.556 2	13.678 4
38	4.438 8	0.225 3	85.970 3	0.011 6	0.051 6	19.367 9	1 199.258 4	13.949 7
39	4.616 4	0.216 6	90.409 1	0.011 1	0.051 1	19.584 5	1 285.228 7	14.215 7
40	4.801 0	0.208 3	95.025 5	0.010 5	0.050 5	19.792 8	1 375.637 9	14.476 5
41	4.993 1	0.200 3	99.826 5	0.010 0	0.050 0	19.993 1	1 470.663 4	14.732 2
42	5.192 8	0.192 6	104.819 6	0.009 5	0.049 5	20.185 6	1 570.489 9	14.982 8
43	5.400 5	0.185 2	110.012 4	0.009 1	0.049 1	20.370 8	1 675.309 5	15.228 4
44	5.616 5	0.178 0	115.412 9	0.008 7	0.048 7	20.548 8	1 785.321 9	15.469 0
45	5.841 2	0.171 2	121.029 4	0.008 3	0.048 3	20.720 0	1 900.734 8	15.704 7
46	6.074 8	0.164 6	126.870 6	0.007 9	0.047 9	20.884 7	2 021.764 2	15.935 6
47	6.317 8	0.158 3	132.945 4	0.007 5	0.047 5	21.042 9	2 148.634 8	16.161 8
48	6.570 5	0.152 2	139.263 2	0.007 2	0.047 2	21.195 1	2 281.580 2	16.383 2
49	6.833 3	0.146 3	145.833 7	0.006 9	0.046 9	21.341 5	2 420.843 4	16.600 0
50	7.106 7	0.140 7	152.667 1	0.006 6	0.046 6	21.482 2	2 566.677 1	16.812 2

表5　复利系数表(i=5%)

n	$(F/P,i,n)$	$(P/F,i,n)$	$(F/A,i,n)$	$(A/F,i,n)$	$(A/P,i,n)$	$(P/A,i,n)$	$(F/G,i,n)$	$(A/G,i,n)$
1	1. 050 0	0. 952 4	1. 000 0	1. 000 0	1. 050 0	0. 952 4	0. 000 0	0. 000 0
2	1. 102 5	0. 907 0	2. 050 0	0. 487 8	0. 537 8	1. 859 4	1. 000 0	0. 487 8
3	1. 157 6	0. 863 8	3. 152 5	0. 317 2	0. 367 2	2. 723 2	3. 050 0	0. 967 5
4	1. 215 5	0. 822 7	4. 310 1	0. 232 0	0. 282 0	3. 546 0	6. 202 5	1. 439 1
5	1. 276 3	0. 783 5	5. 525 6	0. 181 0	0. 231 0	4. 329 5	10. 512 6	1. 902 5
6	1. 340 1	0. 746 2	6. 801 9	0. 147 0	0. 197 0	5. 075 7	16. 038 3	2. 357 9
7	1. 407 1	0. 710 7	8. 142 0	0. 122 8	0. 172 8	5. 786 4	22. 840 2	2. 805 2
8	1. 477 5	0. 676 8	9. 549 1	0. 104 7	0. 154 7	6. 463 2	30. 982 2	3. 244 5
9	1. 551 3	0. 644 6	11. 026 6	0. 090 7	0. 140 7	7. 107 8	40. 531 3	3. 675 8
10	1. 628 9	0. 613 9	12. 577 9	0. 079 5	0. 129 5	7. 721 7	51. 557 9	4. 099 1
11	1. 710 3	0. 584 7	14. 206 8	0. 070 4	0. 120 4	8. 306 4	64. 135 7	4. 514 4
12	1. 795 9	0. 556 8	15. 917 1	0. 062 8	0. 112 8	8. 863 3	78. 342 5	4. 921 9
13	1. 885 6	0. 530 3	17. 713 0	0. 056 5	0. 106 5	9. 393 6	94. 259 7	5. 321 5
14	1. 979 9	0. 505 1	19. 598 6	0. 051 0	0. 101 0	9. 898 6	111. 972 6	5. 713 3
15	2. 078 9	0. 481 0	21. 578 6	0. 046 3	0. 096 3	10. 379 7	131. 571 3	6. 097 3
16	2. 182 9	0. 458 1	23. 657 5	0. 042 3	0. 092 3	10. 837 8	153. 149 8	6. 473 6
17	2. 292 0	0. 436 3	25. 840 4	0. 038 7	0. 088 7	11. 274 1	176. 807 3	6. 842 3
18	2. 406 6	0. 415 5	28. 132 4	0. 035 5	0. 085 5	11. 689 6	202. 647 7	7. 203 4
19	2. 527 0	0. 395 7	30. 539 0	0. 032 7	0. 082 7	12. 085 3	230. 780 1	7. 556 9
20	2. 653 3	0. 376 9	33. 066 0	0. 030 2	0. 080 2	12. 462 2	261. 319 1	7. 903 0
21	2. 786 0	0. 358 9	35. 719 3	0. 028 0	0. 078 0	12. 821 2	294. 385 0	8. 241 6
22	2. 925 3	0. 341 8	38. 505 2	0. 026 0	0. 076 0	13. 163 0	330. 104 3	8. 573 0
23	3. 071 5	0. 325 6	41. 430 5	0. 024 1	0. 074 1	13. 488 6	368. 609 5	8. 897 1
24	3. 225 1	0. 310 1	44. 502 0	0. 022 5	0. 072 5	13. 798 6	410. 040 0	9. 214 0
25	3. 386 4	0. 295 3	47. 727 1	0. 021 0	0. 071 0	14. 093 9	454. 542 0	9. 523 8
26	3. 555 7	0. 281 2	51. 113 5	0. 019 6	0. 069 6	14. 375 2	502. 269 1	9. 826 6
27	3. 733 5	0. 267 8	54. 669 1	0. 018 3	0. 068 3	14. 643 0	553. 382 5	10. 122 4
28	3. 920 1	0. 255 1	58. 402 6	0. 017 1	0. 067 1	14. 898 1	608. 051 7	10. 411 4
29	4. 116 1	0. 242 9	62. 322 7	0. 016 0	0. 066 0	15. 141 1	666. 454 2	10. 693 6
30	4. 321 9	0. 231 4	66. 438 8	0. 015 1	0. 065 1	15. 372 5	728. 777 0	10. 969 1
31	4. 538 0	0. 220 4	70. 760 8	0. 014 1	0. 064 1	15. 592 8	795. 215 8	11. 238 1
32	4. 764 9	0. 209 9	75. 298 8	0. 013 3	0. 063 3	15. 802 7	865. 976 6	11. 500 5
33	5. 003 2	0. 199 9	80. 063 8	0. 012 5	0. 062 5	16. 002 5	941. 275 4	11. 756 6
34	5. 253 3	0. 190 4	85. 067 0	0. 011 8	0. 061 8	16. 192 9	1 021. 339 2	12. 006 3
35	5. 516 0	0. 181 3	90. 320 3	0. 011 1	0. 061 1	16. 374 2	1 106. 406 1	12. 249 8

(续表)

n	$(F/P,i,n)$	$(P/F,i,n)$	$(F/A,i,n)$	$(A/F,i,n)$	$(A/P,i,n)$	$(P/A,i,n)$	$(F/G,i,n)$	$(A/G,i,n)$
36	5.791 8	0.172 7	95.836 3	0.010 4	0.060 4	16.546 9	1 196.726 5	12.487 2
37	6.081 4	0.164 4	101.628 1	0.009 8	0.059 8	16.711 3	1 292.562 8	12.718 6
38	6.385 5	0.156 6	107.709 5	0.009 3	0.059 3	16.867 9	1 394.190 9	12.944 0
39	6.704 8	0.149 1	114.095 0	0.008 8	0.058 8	17.017 0	1501.900 5	13.163 6
40	7.040 0	0.142 0	120.799 8	0.008 3	0.058 3	17.159 1	1 615.995 5	13.377 5
41	7.392 0	0.135 3	127.839 8	0.007 8	0.057 8	17.294 4	1 736.795 3	13.585 7
42	7.761 6	0.128 8	135.231 8	0.007 4	0.057 4	17.423 2	1 864.635 0	13.788 4
43	8.149 7	0.122 7	142.993 3	0.007 0	0.057 0	17.545 9	1 999.866 8	13.985 7
44	8.557 2	0.116 9	151.143 0	0.006 6	0.056 6	17.662 8	2 142.860 1	14.177 7
45	8.985 0	0.111 3	159.700 2	0.006 3	0.056 3	17.774 1	2 294.003 1	14.364 4
46	9.434 3	0.106 0	168.685 2	0.005 9	0.055 9	17.880 1	2 453.703 3	14.546 1
47	9.906 0	0.100 9	178.119 4	0.005 6	0.055 6	17.981 0	2 622.388 4	14.722 6
48	10.401 3	0.096 1	188.025 4	0.005 3	0.055 3	18.077 2	2 800.507 9	14.894 3
49	10.921 3	0.091 6	198.426 7	0.005 0	0.055 0	18.168 7	2 988.533 3	15.061 1
50	11.467 4	0.087 2	209.348 0	0.004 8	0.054 8	18.255 9	3186.959 9	15.223 3

表6　复利系数表($i=6\%$)

n	$(F/P,i,n)$	$(P/F,i,n)$	$(F/A,i,n)$	$(A/F,i,n)$	$(A/P,i,n)$	$(P/A,i,n)$	$(F/G,i,n)$	$(A/G,i,n)$
1	1.060 0	0.943 4	1.000 0	1.000 0	1.060 0	0.943 4	0.000 0	0.000 0
2	1.123 6	0.890 0	2.060 0	0.485 4	0.545 4	1.833 4	1.000 0	0.485 4
3	1.191 0	0.839 6	3.183 6	0.314 1	0.374 1	2.673 0	3.060 0	0.961 2
4	1.262 5	0.792 1	4.374 6	0.228 6	0.288 6	3.465 1	6.243 6	1.427 2
5	1.338 2	0.747 3	5.637 1	0.177 4	0.237 4	4.212 4	10.618 2	1.883 6
6	1.418 5	0.705 0	6.975 3	0.143 4	0.203 4	4.917 3	16.255 3	2.330 4
7	1.503 6	0.665 1	8.393 8	0.119 1	0.179 1	5.582 4	23.230 6	2.767 6
8	1.593 8	0.627 4	9.897 5	0.101 0	0.161 0	6.209 8	31.624 5	3.195 2
9	1.689 5	0.591 9	11.491 3	0.087 0	0.147 0	6.801 7	41.521 9	3.613 3
10	1.790 8	0.558 4	13.180 8	0.075 9	0.135 9	7.360 1	53.013 2	4.022 0
11	1.898 3	0.526 8	14.971 6	0.066 8	0.126 8	7.886 9	66.194 0	4.421 3
12	2.012 2	0.497 0	16.869 9	0.059 3	0.119 3	8.383 8	81.165 7	4.811 3
13	2.132 9	0.468 8	18.882 1	0.053 0	0.113 0	8.852 7	98.035 6	5.192 0
14	2.260 9	0.442 3	21.015 1	0.047 6	0.107 6	9.295 0	116.917 8	5.563 5
15	2.396 6	0.417 3	23.276 0	0.043 0	0.103 0	9.712 2	137.932 8	5.926 0
16	2.540 4	0.393 6	25.672 5	0.039 0	0.099 0	10.105 9	161.208 8	6.279 4
17	2.692 8	0.371 4	28.212 9	0.035 4	0.095 4	10.477 3	186.881 3	6.624 0

n	$(F/P,i,n)$	$(P/F,i,n)$	$(F/A,i,n)$	$(A/F,i,n)$	$(A/P,i,n)$	$(P/A,i,n)$	$(F/G,i,n)$	$(A/G,i,n)$
18	2.854 3	0.350 3	30.905 7	0.032 4	0.092 4	10.827 6	215.094 2	6.959 7
19	3.025 6	0.330 5	33.760 0	0.029 6	0.089 6	11.158 1	245.999 9	7.286 7
20	3.207 1	0.311 8	36.785 6	0.027 2	0.087 2	11.469 9	279.759 9	7.605 1
21	3.399 6	0.294 2	39.992 7	0.025 0	0.085 0	11.764 1	316.545 4	7.915 1
22	3.603 5	0.277 5	43.392 3	0.023 0	0.083 0	12.041 6	356.538 2	8.216 6
23	3.819 7	0.261 8	46.995 8	0.021 3	0.081 3	12.303 4	399.930 5	8.509 9
24	4.048 9	0.247 0	50.815 6	0.019 7	0.079 7	12.550 4	446.926 3	8.795 1
25	4.291 9	0.233 0	54.864 5	0.018 2	0.078 2	12.783 4	497.741 9	9.072 2
26	4.549 4	0.219 8	59.156 4	0.016 9	0.076 9	13.003 2	552.606 4	9.341 4
27	4.822 3	0.207 4	63.705 8	0.015 7	0.075 7	13.210 5	611.762 8	9.602 9
28	5.111 7	0.195 6	68.528 1	0.014 6	0.074 6	13.406 2	675.468 5	9.856 8
29	5.418 4	0.184 6	73.639 8	0.013 6	0.073 6	13.590 7	743.996 6	10.103 2
30	5.743 5	0.174 1	79.058 2	0.012 6	0.072 6	13.764 8	817.636 4	10.342 2
31	6.088 1	0.164 3	84.801 7	0.011 8	0.071 8	13.929 1	896.694 6	10.574 0
32	6.453 4	0.155 0	90.889 8	0.011 0	0.071 0	14.084 0	981.496 3	10.798 8
33	6.840 6	0.146 2	97.343 2	0.010 3	0.070 3	14.230 2	1 072.386 1	11.016 6
34	7.251 0	0.137 9	104.183 8	0.009 6	0.069 6	14.368 1	1 169.729 2	11.227 6
35	7.686 1	0.130 1	111.434 8	0.009 0	0.069 0	14.498 2	1 273.913 0	11.431 9
36	8.147 3	0.122 7	119.120 9	0.008 4	0.068 4	14.621 0	1 385.347 8	11.629 8
37	8.636 1	0.115 8	127.268 1	0.007 9	0.067 9	14.736 8	1 504.468 6	11.821 3
38	9.154 3	0.109 2	135.904 2	0.007 4	0.067 4	14.846 0	1 631.736 8	12.006 5
39	9.703 5	0.103 1	145.058 5	0.006 9	0.066 9	14.949 1	1 767.641 0	12.185 7
40	10.285 7	0.097 2	154.762 0	0.006 5	0.066 5	15.046 3	1 912.699 4	12.359 0
41	10.902 9	0.091 7	165.047 7	0.006 1	0.066 1	15.138 0	2 067.461 4	12.526 4
42	11.557 0	0.086 5	175.950 5	0.005 7	0.065 7	15.224 5	2 232.509 1	12.688 3
43	12.250 5	0.081 6	187.507 6	0.005 3	0.065 3	15.306 2	2408.459 6	12.844 6
44	12.985 5	0.077 0	199.758 0	0.005 0	0.065 0	15.383 2	2 595.967 2	12.995 6
45	13.764 6	0.072 7	212.743 5	0.004 7	0.064 7	15.455 8	2 795.725 2	13.141 3
46	14.590 5	0.068 5	226.508 1	0.004 4	0.064 4	15.524 4	3 008.468 7	13.281 9
47	15.465 9	0.064 7	241.098 6	0.004 1	0.064 1	15.589 0	3 234.976 9	13.417 7
48	16.393 9	0.061 0	256.564 5	0.003 9	0.063 9	15.650 0	3 476.075 5	13.548 5
49	17.377 5	0.057 5	272.958 4	0.003 7	0.063 7	15.707 6	3 732.640 0	13.674 8
50	18.420 2	0.054 3	290.335 9	0.003 4	0.063 4	15.761 9	4 005.598 4	13.796 4

表 7　复利系数表($i=7\%$)

n	$(F/P,i,n)$	$(P/F,i,n)$	$(F/A,i,n)$	$(A/F,i,n)$	$(A/P,i,n)$	$(P/A,i,n)$	$(F/G,i,n)$	$(A/G,i,n)$
1	1.070 0	0.934 6	1.000 0	1.000 0	1.070 0	0.934 6	0.000 0	0.000 0
2	1.144 9	0.873 4	2.070 0	0.483 1	0.553 1	1.808 0	1.000 0	0.483 1
3	1.225 0	0.816 3	3.214 9	0.311 1	0.381 1	2.624 3	3.070 0	0.954 9
4	1.310 8	0.762 9	4.439 9	0.225 2	0.295 2	3.387 2	6.284 9	1.415 5
5	1.402 6	0.713 0	5.750 7	0.173 9	0.243 9	4.100 2	10.724 8	1.865 0
6	1.500 7	0.666 3	7.153 3	0.139 8	0.209 8	4.766 5	16.475 6	2.303 2
7	1.605 8	0.622 7	8.654 0	0.115 6	0.185 6	5.389 3	23.628 9	2.730 4
8	1.718 2	0.582 0	10.259 8	0.097 5	0.167 5	5.971 3	32.282 9	3.146 5
9	1.838 5	0.543 9	11.978 0	0.083 5	0.153 5	6.515 2	42.542 7	3.551 7
10	1.967 2	0.508 3	13.816 4	0.072 4	0.142 4	7.023 6	54.520 7	3.946 1
11	2.104 9	0.475 1	15.783 6	0.063 4	0.133 4	7.498 7	68.337 1	4.329 6
12	2.252 2	0.444 0	17.888 5	0.055 9	0.125 9	7.942 7	84.120 7	4.702 5
13	2.409 8	0.415 0	20.140 6	0.049 7	0.119 7	8.357 7	102.009 2	5.064 8
14	2.578 5	0.387 8	22.550 5	0.044 3	0.114 3	8.745 5	122.149 8	5.416 7
15	2.759 0	0.362 4	25.129 0	0.039 8	0.109 8	9.107 9	144.700 3	5.758 3
16	2.952 2	0.338 7	27.888 1	0.035 9	0.105 9	9.446 6	169.829 3	6.089 7
17	3.158 8	0.316 6	30.840 2	0.032 4	0.102 4	9.763 2	197.717 4	6.411 0
18	3.379 9	0.295 9	33.999 0	0.029 4	0.099 4	10.059 1	228.557 6	6.722 5
19	3.616 5	0.276 5	37.379 0	0.026 8	0.096 8	10.335 6	262.556 6	7.024 2
20	3.869 7	0.258 4	40.995 5	0.024 4	0.094 4	10.594 0	299.935 6	7.316 3
21	4.140 6	0.241 5	44.865 2	0.022 3	0.092 3	10.835 5	340.931 1	7.599 0
22	4.430 4	0.225 7	49.005 7	0.020 4	0.090 4	11.061 2	385.796 3	7.872 5
23	4.740 5	0.210 9	53.436 1	0.018 7	0.088 7	11.272 2	434.802 0	8.136 9
24	5.072 4	0.197 1	58.176 7	0.017 2	0.087 2	11.469 3	488.238 2	8.392 3
25	5.427 4	0.184 2	63.249 0	0.015 8	0.085 8	11.653 6	546.414 8	8.639 1
26	5.807 4	0.172 2	68.676 5	0.014 6	0.084 6	11.825 8	609.663 9	8.877 3
27	6.213 9	0.160 9	74.483 8	0.013 4	0.083 4	11.986 7	678.340 3	9.107 2
28	6.648 8	0.150 4	80.697 7	0.012 4	0.082 4	12.137 1	752.824 2	9.328 9
29	7.114 3	0.140 6	87.346 5	0.011 4	0.081 4	12.277 7	833.521 8	9.542 7
30	7.612 3	0.131 4	94.460 8	0.010 6	0.080 6	12.409 0	920.868 4	9.748 7
31	8.145 1	0.122 8	102.073 0	0.009 8	0.079 8	12.531 8	1 015.329 2	9.947 1
32	8.715 3	0.114 7	110.218 2	0.009 1	0.079 1	12.646 6	1 117.402 2	10.138 1
33	9.325 3	0.107 2	118.933 4	0.008 4	0.078 4	12.753 8	1 227.620 4	10.321 9
34	9.978 1	0.100 2	128.258 8	0.007 8	0.077 8	12.854 0	1 346.553 8	10.498 7
35	10.676 6	0.093 7	138.236 9	0.007 2	0.077 2	12.947 7	1 474.812 5	10.668 7

（续表）

n	$(F/P,i,n)$	$(P/F,i,n)$	$(F/A,i,n)$	$(A/F,i,n)$	$(A/P,i,n)$	$(P/A,i,n)$	$(F/G,i,n)$	$(A/G,i,n)$
36	11. 423 9	0. 087 5	148. 913 5	0. 006 7	0. 076 7	13. 035 2	1 613. 049 4	10. 832 1
37	12. 223 6	0. 081 8	160. 337 4	0. 006 2	0. 076 2	13. 117 0	1 761. 962 9	10. 989 1
38	13. 079 3	0. 076 5	172. 561 0	0. 005 8	0. 075 8	13. 193 5	1 922. 300 3	11. 139 8
39	13. 994 8	0. 071 5	185. 640 3	0. 005 4	0. 075 4	13. 264 9	2 094. 861 3	11. 284 5
40	14. 974 5	0. 066 8	199. 635 1	0. 005 0	0. 075 0	13. 331 7	2 280. 501 6	11. 423 3
41	16. 022 7	0. 062 4	214. 609 6	0. 004 7	0. 074 7	13. 394 1	2 480. 136 7	11. 556 5
42	17. 144 3	0. 058 3	230. 632 2	0. 004 3	0. 074 3	13. 452 4	2 694. 746 3	11. 684 2
43	18. 344 4	0. 054 5	247. 776 5	0. 004 0	0. 074 0	13. 507 0	2 925. 378 5	11. 806 5
44	19. 628 5	0. 050 9	266. 120 9	0. 003 8	0. 073 8	13. 557 9	3 173. 155 0	11. 923 7
45	21. 002 5	0. 047 6	285. 749 3	0. 003 5	0. 073 5	13. 605 5	3 439. 275 9	12. 036 0
46	22. 472 6	0. 044 5	306. 751 8	0. 003 3	0. 073 3	13. 650 0	3 725. 025 2	12. 143 5
47	24. 045 7	0. 041 6	329. 224 4	0. 003 0	0. 073 0	13. 691 6	4 031. 776 9	12. 246 3
48	25. 728 9	0. 038 9	353. 270 1	0. 002 8	0. 072 8	13. 730 5	4 361. 001 3	12. 344 7
49	27. 529 9	0. 036 3	378. 999 0	0. 002 6	0. 072 6	13. 766 8	4 714. 271 4	12. 438 7
50	29. 457 0	0. 033 9	406. 528 9	0. 002 5	0. 072 5	13. 800 7	5 093. 270 4	12. 528 7

表 8　复利系数表（$i=8\%$）

n	$(F/P,i,n)$	$(P/F,i,n)$	$(F/A,i,n)$	$(A/F,i,n)$	$(A/P,i,n)$	$(P/A,i,n)$	$(F/G,i,n)$	$(A/G,i,n)$
1	1. 080 0	0. 925 9	1. 000 0	1. 000 0	1. 080 0	0. 925 9	0. 000 0	0. 000 0
2	1. 166 4	0. 857 3	2. 080 0	0. 480 8	0. 560 8	1. 783 3	1. 000 0	0. 480 8
3	1. 259 7	0. 793 8	3. 246 4	0. 308 0	0. 388 0	2. 577 1	3. 080 0	0. 948 7
4	1. 360 5	0. 735 0	4. 506 1	0. 221 9	0. 301 9	3. 312 1	6. 326 4	1. 404 0
5	1. 469 3	0. 680 6	5. 866 6	0. 170 5	0. 250 5	3. 992 7	10. 832 5	1. 846 5
6	1. 586 9	0. 630 2	7. 335 9	0. 136 3	0. 216 3	4. 622 9	16. 699 1	2. 276 3
7	1. 713 8	0. 583 5	8. 922 8	0. 112 1	0. 192 1	5. 206 4	24. 035 0	2. 693 7
8	1. 850 9	0. 540 3	10. 636 6	0. 094 0	0. 174 0	5. 746 6	32. 957 8	3. 098 5
9	1. 999 0	0. 500 2	12. 487 6	0. 080 1	0. 160 1	6. 246 9	43. 594 5	3. 491 0
10	2. 158 9	0. 463 2	14. 486 6	0. 069 0	0. 149 0	6. 710 1	56. 082 0	3. 871 3
11	2. 331 6	0. 428 9	16. 645 5	0. 060 1	0. 140 1	7. 139 0	70. 568 6	4. 239 5
12	2. 518 2	0. 397 1	18. 977 1	0. 052 7	0. 132 7	7. 536 1	87. 214 1	4. 595 7
13	2. 719 6	0. 367 7	21. 495 3	0. 046 5	0. 126 5	7. 903 8	106. 191 2	4. 940 2
14	2. 937 2	0. 340 5	24. 214 9	0. 041 3	0. 121 3	8. 244 2	127. 686 5	5. 273 1
15	3. 172 2	0. 315 2	27. 152 1	0. 036 8	0. 116 8	8. 559 5	151. 901 4	5. 594 5
16	3. 425 9	0. 291 9	30. 324 3	0. 033 0	0. 113 0	8. 851 4	179. 053 5	5. 904 6
17	3. 700 0	0. 270 3	33. 750 2	0. 029 6	0. 109 6	9. 121 6	209. 377 8	6. 203 7

n	$(F/P,i,n)$	$(P/F,i,n)$	$(F/A,i,n)$	$(A/F,i,n)$	$(A/P,i,n)$	$(P/A,i,n)$	$(F/G,i,n)$	$(A/G,i,n)$
18	3. 996 0	0. 250 2	37. 450 2	0. 026 7	0. 106 7	9. 371 9	243. 128 0	6. 492 0
19	4. 315 7	0. 231 7	41. 446 3	0. 024 1	0. 104 1	9. 603 6	280. 578 3	6. 769 7
20	4. 661 0	0. 214 5	45. 762 0	0. 021 9	0. 101 9	9. 818 1	322. 024 6	7. 036 9
21	5. 033 8	0. 198 7	50. 422 9	0. 019 8	0. 099 8	10. 016 8	367. 786 5	7. 294 0
22	5. 436 5	0. 183 9	55. 456 8	0. 018 0	0. 098 0	10. 200 7	418. 209 4	7. 541 2
23	5. 871 5	0. 170 3	60. 893 3	0. 016 4	0. 096 4	10. 371 1	473. 666 2	7. 778 6
24	6. 341 2	0. 157 7	66. 764 8	0. 015 0	0. 095 0	10. 528 8	534. 559 5	8. 006 6
25	6. 848 5	0. 146 0	73. 105 9	0. 013 7	0. 093 7	10. 674 8	601. 324 2	8. 225 4
26	7. 396 4	0. 135 2	79. 954 4	0. 012 5	0. 092 5	10. 810 0	674. 430 2	8. 435 2
27	7. 988 1	0. 125 2	87. 350 8	0. 011 4	0. 091 4	10. 935 2	754. 384 6	8. 636 3
28	8. 627 1	0. 115 9	95. 338 8	0. 010 5	0. 090 5	11. 051 1	841. 735 4	8. 828 9
29	9. 317 3	0. 107 3	103. 965 9	0. 009 6	0. 089 6	11. 158 4	937. 074 2	9. 013 3
30	10. 062 7	0. 099 4	113. 283 2	0. 008 8	0. 088 8	11. 257 8	1 041. 040 1	9. 189 7
31	10. 867 7	0. 092 0	123. 345 9	0. 008 1	0. 088 1	11. 349 8	1 154. 323 4	9. 358 4
32	11. 737 1	0. 085 2	134. 213 5	0. 007 5	0. 087 5	11. 435 0	1 277. 669 2	9. 519 7
33	12. 676 0	0. 078 9	145. 950 6	0. 006 9	0. 086 9	11. 513 9	1 411. 882 8	9. 673 7
34	13. 690 1	0. 073 0	158. 626 7	0. 006 3	0. 086 3	11. 586 9	1 557. 833 4	9. 820 8
35	14. 785 3	0. 067 6	172. 316 8	0. 005 8	0. 085 8	11. 654 6	1 716. 460 0	9. 961 1
36	15. 968 2	0. 062 6	187. 102 1	0. 005 3	0. 085 3	11. 717 2	1 888. 776 8	10. 094 9
37	17. 245 6	0. 058 0	203. 070 3	0. 004 9	0. 084 9	11. 775 2	2 075. 879 0	10. 222 5
38	18. 625 3	0. 053 7	220. 315 9	0. 004 5	0. 084 5	11. 828 9	2 278. 949 3	10. 344 0
39	20. 115 3	0. 049 7	238. 941 2	0. 004 2	0. 084 2	11. 878 6	2 499. 265 3	10. 459 7
40	21. 724 5	0. 046 0	259. 056 5	0. 003 9	0. 083 9	11. 924 6	2 738. 206 5	10. 569 9
41	23. 462 5	0. 042 6	280. 781 0	0. 003 6	0. 083 6	11. 967 2	2 997. 263 0	10. 674 7
42	25. 339 5	0. 039 5	304. 243 5	0. 003 3	0. 083 3	12. 006 7	3 278. 044 0	10. 774 4
43	27. 366 6	0. 036 5	329. 583 0	0. 003 0	0. 083 0	12. 043 2	3 582. 287 6	10. 869 2
44	29. 556 0	0. 033 8	356. 949 6	0. 002 8	0. 082 8	12. 077 1	3 911. 870 6	10. 959 2
45	31. 920 4	0. 031 3	386. 505 6	0. 002 6	0. 082 6	12. 108 4	4 268. 820 2	11. 044 7
46	34. 474 1	0. 029 0	418. 426 1	0. 002 4	0. 082 4	12. 137 4	4 655. 325 8	11. 125 8
47	37. 232 0	0. 026 9	452. 900 2	0. 002 2	0. 082 2	12. 164 3	5 073. 751 9	11. 202 8
48	40. 210 6	0. 024 9	490. 132 2	0. 002 0	0. 082 0	12. 189 1	5 526. 652 1	11. 275 8
49	43. 427 4	0. 023 0	530. 342 7	0. 001 9	0. 081 9	12. 212 2	6 016. 784 2	11. 345 1
50	46. 901 6	0. 021 3	573. 770 2	0. 001 7	0. 081 7	12. 233 5	6 547. 127 0	11. 410 7

表 9　复利系数表($i=9\%$)

n	$(F/P,i,n)$	$(P/F,i,n)$	$(F/A,i,n)$	$(A/F,i,n)$	$(A/P,i,n)$	$(P/A,i,n)$	$(F/G,i,n)$	$(A/G,i,n)$
1	1.090 0	0.917 4	1.000 0	1.000 0	1.090 0	0.917 4	0.000 0	0.000 0
2	1.188 1	0.841 7	2.090 0	0.478 5	0.568 5	1.759 1	1.000 0	0.478 5
3	1.295 0	0.772 2	3.278 1	0.305 1	0.395 1	2.531 3	3.090 0	0.942 6
4	1.411 6	0.708 4	4.573 1	0.218 7	0.308 7	3.239 7	6.368 1	1.392 5
5	1.538 6	0.649 9	5.984 7	0.167 1	0.257 1	3.889 7	10.941 2	1.828 2
6	1.677 1	0.596 3	7.523 3	0.132 9	0.222 9	4.485 9	16.925 9	2.249 8
7	1.828 0	0.547 0	9.200 4	0.108 7	0.198 7	5.033 0	24.449 3	2.657 4
8	1.992 6	0.501 9	11.028 5	0.090 7	0.180 7	5.534 8	33.649 7	3.051 2
9	2.171 9	0.460 4	13.021 0	0.076 8	0.166 8	5.995 2	44.678 2	3.431 2
10	2.367 4	0.422 4	15.192 9	0.065 8	0.155 8	6.417 7	57.699 2	3.797 8
11	2.580 4	0.387 5	17.560 3	0.056 9	0.146 9	6.805 2	72.892 1	4.151 0
12	2.812 7	0.355 5	20.140 7	0.049 7	0.139 7	7.160 7	90.452 4	4.491 0
13	3.065 8	0.326 2	22.953 4	0.043 6	0.133 6	7.486 9	110.593 2	4.818 2
14	3.341 7	0.299 2	26.019 2	0.038 4	0.128 4	7.786 2	133.546 5	5.132 6
15	3.642 5	0.274 5	29.360 9	0.034 1	0.124 1	8.060 7	159.565 7	5.434 6
16	3.970 3	0.251 9	33.003 4	0.030 3	0.120 3	8.312 6	188.926 7	5.724 5
17	4.327 6	0.231 1	36.973 7	0.027 0	0.117 0	8.543 6	221.930 1	6.002 4
18	4.717 1	0.212 0	41.301 3	0.024 2	0.114 2	8.755 6	258.903 8	6.268 7
19	5.141 7	0.194 5	46.018 5	0.021 7	0.111 7	8.950 1	300.205 1	6.523 6
20	5.604 4	0.178 4	51.160 1	0.019 5	0.109 5	9.128 5	346.223 6	6.767 4
21	6.108 8	0.163 7	56.764 5	0.017 6	0.107 6	9.292 2	397.383 7	7.000 6
22	6.658 6	0.150 2	62.873 3	0.015 9	0.105 9	9.442 4	454.148 2	7.223 2
23	7.257 9	0.137 8	69.531 9	0.014 4	0.104 4	9.580 2	517.021 5	7.435 7
24	7.911 1	0.126 4	76.789 8	0.013 0	0.103 0	9.706 6	586.553 5	7.638 4
25	8.623 1	0.116 0	84.700 9	0.011 8	0.101 8	9.822 6	663.343 3	7.831 6
26	9.399 2	0.106 4	93.324 0	0.010 7	0.100 7	9.929 0	748.044 2	8.015 6
27	10.245 1	0.097 6	102.723 1	0.009 7	0.099 7	10.026 6	841.368 2	8.190 6
28	11.167 1	0.089 5	112.968 2	0.008 9	0.098 9	10.116 1	944.091 3	8.357 1
29	12.172 2	0.082 2	124.135 4	0.008 1	0.098 1	10.198 3	1 057.059 5	8.515 4
30	13.267 7	0.075 4	136.307 5	0.007 3	0.097 3	10.273 7	1 181.194 9	8.665 7
31	14.461 8	0.069 1	149.575 2	0.006 7	0.096 7	10.342 8	1 317.502 4	8.808 3
32	15.763 3	0.063 4	164.037 0	0.006 1	0.096 1	10.406 2	1 467.077 6	8.943 6
33	17.182 0	0.058 2	179.800 3	0.005 6	0.095 6	10.464 4	1 631.114 6	9.071 8
34	18.728 4	0.053 4	196.982 3	0.005 1	0.095 1	10.517 8	1 810.914 9	9.193 3
35	20.414 0	0.049 0	215.710 8	0.004 6	0.094 6	10.566 8	2 007.897 3	9.308 3

(续表)

n	$(F/P,i,n)$	$(P/F,i,n)$	$(F/A,i,n)$	$(A/F,i,n)$	$(A/P,i,n)$	$(P/A,i,n)$	$(F/G,i,n)$	$(A/G,i,n)$
36	22. 251 2	0. 044 9	236. 124 7	0. 004 2	0. 094 2	10. 611 8	2 223. 608 0	9. 417 1
37	24. 253 8	0. 041 2	258. 375 9	0. 003 9	0. 093 9	10. 653 0	2 459. 732 8	9. 520 0
38	26. 436 7	0. 037 8	282. 629 8	0. 003 5	0. 093 5	10. 690 8	2 718. 108 7	9. 617 2
39	28. 816 0	0. 034 7	309. 066 5	0. 003 2	0. 093 2	10. 725 5	3 000. 738 5	9. 709 0
40	31. 409 4	0. 031 8	337. 882 4	0. 003 0	0. 093 0	10. 757 4	3 309. 804 9	9. 795 7
41	34. 236 3	0. 029 2	369. 291 9	0. 002 7	0. 092 7	10. 786 6	3 647. 687 4	9. 877 5
42	37. 317 5	0. 026 8	403. 528 1	0. 002 5	0. 092 5	10. 813 4	4 016. 979 3	9. 954 6
43	40. 676 1	0. 024 6	440. 845 7	0. 002 3	0. 092 3	10. 838 0	4 420. 507 4	10. 027 3
44	44. 337 0	0. 022 6	481. 521 8	0. 002 1	0. 092 1	10. 860 5	4 861. 353 1	10. 095 8
45	48. 327 3	0. 020 7	525. 858 7	0. 001 9	0. 091 9	10. 881 2	5 342. 874 8	10. 160 3
46	52. 676 7	0. 019 0	574. 186 0	0. 001 7	0. 091 7	10. 900 2	5 868. 733 6	10. 221 0
47	57. 417 6	0. 017 4	626. 862 8	0. 001 6	0. 091 6	10. 917 6	6 442. 919 6	10. 278 0
48	62. 585 2	0. 016 0	684. 280 4	0. 001 5	0. 091 5	10. 933 6	7 069. 782 3	10. 331 7
49	68. 217 9	0. 014 7	746. 865 6	0. 001 3	0. 091 3	10. 948 2	7 754. 062 8	10. 382 1
50	74. 357 5	0. 013 4	815. 083 6	0. 001 2	0. 091 2	10. 961 7	8 500. 928 4	10. 429 5

表 10　复利系数表($i=10\%$)

n	$(F/P,i,n)$	$(P/F,i,n)$	$(F/A,i,n)$	$(A/F,i,n)$	$(A/P,i,n)$	$(P/A,i,n)$	$(F/G,i,n)$	$(A/G,i,n)$
1	1. 100 0	0. 909 1	1. 000 0	1. 000 0	1. 100 0	0. 909 1	0. 000 0	0. 000 0
2	1. 210 0	0. 826 4	2. 100 0	0. 476 2	0. 576 2	1. 735 5	1. 000 0	0. 476 2
3	1. 331 0	0. 751 3	3. 310 0	0. 302 1	0. 402 1	2. 486 9	3. 100 0	0. 936 6
4	1. 464 1	0. 683 0	4. 641 0	0. 215 5	0. 315 5	3. 169 9	6. 410 0	1. 381 2
5	1. 610 5	0. 620 9	6. 105 1	0. 163 8	0. 263 8	3. 790 8	11. 051 0	1. 810 1
6	1. 771 6	0. 564 5	7. 715 6	0. 129 6	0. 229 6	4. 355 3	17. 156 1	2. 223 6
7	1. 948 7	0. 513 2	9. 487 2	0. 105 4	0. 205 4	4. 868 4	24. 871 7	2. 621 6
8	2. 143 6	0. 466 5	11. 435 9	0. 087 4	0. 187 4	5. 334 9	34. 358 9	3. 004 5
9	2. 357 9	0. 424 1	13. 579 5	0. 073 6	0. 173 6	5. 759 0	45. 794 8	3. 372 4
10	2. 593 7	0. 385 5	15. 937 4	0. 062 7	0. 162 7	6. 144 6	59. 374 2	3. 725 5
11	2. 853 1	0. 350 5	18. 531 2	0. 054 0	0. 154 0	6. 495 1	75. 311 7	4. 064 1
12	3. 138 4	0. 318 6	21. 384 3	0. 046 8	0. 146 8	6. 813 7	93. 842 8	4. 388 4
13	3. 452 3	0. 289 7	24. 522 7	0. 040 8	0. 140 8	7. 103 4	115. 227 1	4. 698 8
14	3. 797 5	0. 263 3	27. 975 0	0. 035 7	0. 135 7	7. 366 7	139. 749 8	4. 995 5
15	4. 177 2	0. 239 4	31. 772 5	0. 031 5	0. 131 5	7. 606 1	167. 724 8	5. 278 9
16	4. 595 0	0. 217 6	35. 949 7	0. 027 8	0. 127 8	7. 823 7	199. 497 3	5. 549 3
17	5. 054 5	0. 197 8	40. 544 7	0. 024 7	0. 124 7	8. 021 6	235. 447 0	5. 807 1

n	$(F/P,i,n)$	$(P/F,i,n)$	$(F/A,i,n)$	$(A/F,i,n)$	$(A/P,i,n)$	$(P/A,i,n)$	$(F/G,i,n)$	$(A/G,i,n)$
18	5.559 9	0.179 9	45.599 2	0.021 9	0.121 9	8.201 4	275.991 7	6.052 6
19	6.115 9	0.163 5	51.159 1	0.019 5	0.119 5	8.364 9	321.590 9	6.286 1
20	6.727 5	0.148 6	57.275 0	0.017 5	0.117 5	8.513 6	372.750 0	6.508 1
21	7.400 2	0.135 1	64.002 5	0.015 6	0.115 6	8.648 7	430.025 0	6.718 9
22	8.140 3	0.122 8	71.402 7	0.014 0	0.114 0	8.771 5	494.027 5	6.918 9
23	8.954 3	0.111 7	79.543 0	0.012 6	0.112 6	8.883 2	565.430 2	7.108 5
24	9.849 7	0.101 5	88.497 3	0.011 3	0.111 3	8.984 7	644.973 3	7.288 1
25	10.834 7	0.092 3	98.347 1	0.010 2	0.110 2	9.077 0	733.470 6	7.458 0
26	11.918 2	0.083 9	109.181 8	0.009 2	0.109 2	9.160 9	831.817 7	7.618 6
27	13.110 0	0.076 3	121.099 9	0.008 3	0.108 3	9.237 2	940.999 4	7.770 4
28	14.421 0	0.069 3	134.209 9	0.007 5	0.107 5	9.306 6	1062.099 4	7.913 7
29	15.863 1	0.063 0	148.630 9	0.006 7	0.106 7	9.369 6	1196.309 3	8.048 9
30	17.449 4	0.057 3	164.494 0	0.006 1	0.106 1	9.426 9	1344.940 2	8.176 2
31	19.194 3	0.052 1	181.943 4	0.005 5	0.105 5	9.479 0	1 509.434 2	8.296 2
32	21.113 8	0.047 4	201.137 8	0.005 0	0.105 0	9.526 4	1 691.377 7	8.409 1
33	23.225 2	0.043 1	222.251 5	0.004 5	0.104 5	9.569 4	1 892.515 4	8.515 2
34	25.547 7	0.039 1	245.476 7	0.004 1	0.104 1	9.608 6	2 114.767 0	8.614 9
35	28.102 4	0.035 6	271.024 4	0.003 7	0.103 7	9.644 2	2 360.243 7	8.708 6
36	30.912 7	0.032 3	299.126 8	0.003 3	0.103 3	9.676 5	2 631.268 1	8.796 5
37	34.003 9	0.029 4	330.039 5	0.003 0	0.103 0	9.705 9	2 930.394 9	8.878 9
38	37.404 3	0.026 7	364.043 4	0.002 7	0.102 7	9.732 7	3 260.434 3	8.956 2
39	41.144 8	0.024 3	401.447 8	0.002 5	0.102 5	9.757 0	3 624.477 8	9.028 5
40	45.259 3	0.022 1	442.592 6	0.002 3	0.102 3	9.779 1	4 025.925 6	9.096 2
41	49.785 2	0.020 1	487.851 8	0.002 0	0.102 0	9.799 1	4 468.518 1	9.159 6
42	54.763 7	0.018 3	537.637 0	0.001 9	0.101 9	9.817 4	4 956.369 9	9.218 8
43	60.240 1	0.016 6	592.400 7	0.001 7	0.101 7	9.834 0	5 494.006 9	9.274 1
44	66.264 1	0.015 1	652.640 8	0.001 5	0.101 5	9.849 1	6 086.407 6	9.325 8
45	72.890 5	0.013 7	718.904 8	0.001 4	0.101 4	9.862 8	6 739.048 4	9.374 0
46	80.179 5	0.012 5	791.795 3	0.001 3	0.101 3	9.875 3	7 457.953 2	9.419 0
47	88.197 5	0.011 3	871.974 9	0.001 1	0.101 1	9.886 6	8 249.748 5	9.461 0
48	97.017 2	0.010 3	960.172 3	0.001 0	0.101 0	9.896 9	9 121.723 4	9.500 1
49	106.719 0	0.009 4	1 057.189 6	0.000 9	0.100 9	9.906 3	10 081.895 7	9.536 5
50	117.390 9	0.008 5	1 163.908 5	0.000 9	0.100 9	9.914 8	11 139.085 3	9.570 4

附录二　部分行业项目经济评价的特点

一、交通运输项目

交通运输项目包括铁路、公路、水运和民航等基础设施项目。交通运输项目一般具有下列特点：

（1）交通运输项目具有前期投资大、建设周期长、网络效益强、受益主体广、外部效果显著等特点。

（2）交通运输项目应以经济费用效益分析为主，有营业收入的项目还应进行财务分析。重大交通运输项目必须进行区域经济与宏观经济影响分析。

（3）交通运输项目的经济效益，主要体现在改善网络结构、扩大网络运输能力而产生的正常运输量、转移运输量和诱发运输量所引起的节约运输费用、节省运输时间、减少交通事故、降低设施设备维护（养护）费用、改善运输服务质量等方面。

（4）交通运输项目的财务效益为收取的道路、桥梁、港口、机场使用费或通行费等。

（5）交通运输项目的区域经济或宏观经济影响效益主要体现在改善路网结构、促进资源利用开发、推动区域社会经济发展等效果。

（6）交通运输项目的费用，主要包括征地拆迁安置费用、线路和枢纽建设费用、相关配套设施设备投资、项目运营费用及维护（养护）费用等。

二、电信项目

电信项目包括固定通信、移动通信、数据通信、传输网等项目。电信项目一般具有下列特点：

（1）电信项目具有普遍服务性、全程全网、外部效果显著等特点。

（2）全局性的电信项目一般应进行财务分析和经济费用效益分析；涉及局部的电信项目可只进行财务分析。

（3）电信项目的经济效益包括改善通信条件、提高服务质量、优化网络结构、增加服务内容、提高社会生活质量、提高社会生产效率、降低社会生产成本等。

（4）电信项目的财务效益为出售电信产品和提供电信服务的收入，以及降低电信成本的效益。

（5）电信项目费用包括网络建设费用、网络运行维护费用及其他费用。

三、农业项目

农业项目包括农业生产、农产品加工、农田水利灌溉和畜牧业等项目，通常都是综合开发项目。农业项目一般具有下列特点：

（1）农业项目具有受自然因素影响大、项目收益预见性相对较弱，风险相对较大；项目建设周期长，建设期与生产期可能交错；双层经营管理体制、分级管理分级核算等特点。

（2）农业项目的经济评价应分别对项目层和经营层进行财务分析。项目层的财务分析通过估算费用效益,判断整个项目的财务可行性;经营层的财务分析,考察单个工程财务状况和农民获得的收益和负担的费用。运行费用自给或以收益偿还贷款的项目,应进行费用平衡分析和债务清偿能力分析。无财务收益的农业项目,一般不做财务分析,只估算运行费用,必要时可做经济费用效益分析。

(3)农业项目的效益包括农业产出增加、品种改良、成本节约、质量改善、防洪除涝所避免的损失、水土保持效益及其他有形收益。

(4)农业项目的费用包括建筑工程费,机电设备及安装工程费,临时工程费,水库淹没处理补偿费,土地、种畜和草地改良费等,以及运营费和综合经营所发生的各项费用。

(5)农业生产具有明显的季节性和时间性,投入与产出不同步,产出时间较为集中,因而流动资金的估算要根据生产运行情况确定,不能采用工业项目的方法。

四、教育项目

教育项目包括城市和农村的基础教育、中等教育(包括师范教育和职业教育)、高等教育等项目,其中基础教育主要依靠国家和地方财政支持。教育项目一般具有下列特点:

(1)教育项目具有外部效果显著、收益时间滞后、受益对象广泛等特点。

(2)教育项目分为非经营性和经营性两种。经营性项目应进行财务分析;非经营性项目应以经济费用效益分析为主,主要采用费用效果分析方法和费用效益分析方法,并通过费用平衡分析评价项目的财务可持续性。

(3)教育项目的内部效益一般包括提高教育系统效率、增加教育收入等;外部效益一般包括增加受教育者收入,提高社会劳动生产率、推动社会技术进步、降低犯罪率等社会得到的效益。

(4)教育项目的费用包括土地、设施、设备和材料、教职工的工资、接受教育者的投入,以及维护运营费用等。

五、卫生保健项目

卫生保健项目包括医院、社区保健站、卫生防疫、疾病控制系统等项目。卫生保健项目一般具有下列特点:

(1)卫生保健项目具有外部效果显著、效益难以用货币计量等特点。

(2)卫生保健项目可以分为非经营性和经营性两种类型。经营项目应进行财务分析;非经营性项目应以经济费用效益分析为主,有条件的可以做财务生存能力分析。

(3)卫生保健项目的经济效益包括降低医疗费用、提高服务效率、改善服务质量、延续社会成员平均寿命、降低患病率和死亡率、缩短患病天数等。

(4)卫生保健项目的费用包括土地费用、房屋建筑费、设备设施费、卫生研究和发展费、医用材料费、医疗业务费、培训费用等。

六、水利项目

水利项目包括防洪、治涝、灌溉、水土保持、供水、发电、航运等单个项目或综合项目。水利项目一般具有下列特点:

(1)水利项目具有外部效果显著,自身财务效益不明显,建设期和运营期相对较长等特点。

（2）水利项目应以经济费用效益分析为主。供水、发电、灌溉等有一定财务效益的水利项目尚应进行财务分析。防洪、治涝等公益性水利项目尚应进行费用平衡分析，以测算补贴额。综合利用水利枢纽项目应作为一个系统进行总体评价，同时对各主要功能按投资分摊结果分别进行经济评价。重大水利项目必须进行区域经济与宏观经济影响分析。

（3）水利项目的效益受水文现象影响较大，应采用频率法或系列法计算多年平均效益，作为项目评价的基础。对于防洪、治涝、灌溉、供水等项目还应计算设计年及特大洪涝年或特大干旱年的效益。

（4）水利项目的经济效益，主要有减少国民经济与社会财产损失（如防洪治涝项目）、为经济社会发展提供水利水电产品、增加经济收入几个方面。水利项目的经济效益应按各功能分别计算，综合利用水利枢纽项目还应计算项目的整体效益。

（5）水利项目的财务效益包括出售水利产品及提供服务所得的收入。计算财务收入采用的价格应根据政策规定，遵循补偿成本、合理收益、优质优价、公平负担的原则，并分析用户的承受能力。

（6）水利项目的费用包括移民搬迁安置、土地占用、工程建设、项目运行维护费用等。

七、林业项目

林业项目包括森林营造、林业加工、林纸一体化、保护区建设、森林旅游等项目。林业项目一般具有下列特点：

（1）林业项目具有公益性、综合性、分类经营、分级管理、建设周期长、受自然影响大等特点。许多林业项目兼具公益性和盈利性。

（2）林业项目应以经济费用效益分析为主。林业加工等有一定财务效益的项目，尚应进行财务分析；生态林营造等公益性项目，尚应进行费用平衡分析，以测算补贴额。重大林业项目还必须进行区域经济影响分析。

（3）林业项目的经济效益包括水土保持、防风固沙、涵养水源、净化空气、改善生态环境、增加森林资源、美化自然环境等的效益。

（4）林业项目的财务效益包括出售林业产品、林业加工产品及提供服务所得的收入。

（5）林业项目的费用包括移民搬迁安置、土地土壤改良、造林费用、森林保护、工程建设、项目运行维护费用等。

八、市政公用设施项目

市政公用设施项目包括给水、排水、道桥、燃气、供热、快速轨道交通、垃圾处理等单个或综合项目。市政公用设施项目一般具有下列特点：

（1）市政公用设施项目具有服务公用性、自然垄断性、网络系统性、外部效果显著以及沉淀资本大、价格受管制等特点。市政项目应与城市规划相结合。

（2）市政公用设施项目应按收费与否选择经济评价内容。收费项目一般要求进行财务分析和经济费用效益分析；不收费项目一般只进行经济费用效益分析，但应安排债务偿还计划及运营费用来源，进行费用平衡分析或费用效果分析。

效果难以量化时应进行定性分析。

（3）市政公用设施项目经济评价一般应包括处理厂（设施）与网（管、路）的综合分析，必要时厂与网也可分别进行经济评价。

（4）市政公用设施项目的经济效益表现为促进城镇社会经济发展、合理利用自然资源、减少环境污染损失以及提高人民群众生活水平和生活质量。

（5）市政公用设施项目的财务收入表现为提供营业收入和补贴收入。

（6）市政公用设施项目的费用包括土建费用、设备购置费、安装工程费、生产（运营）费用及其他费用。

（7）市政公用设施项目的价格应根据政府政策、消费者支付意愿和承受能力，遵循补偿成本、保本微利、节约资源、公平负担原则测算。具备条件时，可分别针对不同用户测算不同价格。

九、房地产开发项目

房地产开发项目一般由生地、毛地、熟地、在建工程和建成后的物业（含土地）等单个项目或综合项目组成。房地产开发项目一般具有下列特点：

（1）房地产开发项目具有产品不可移动性、保值增值性、区域性、政策影响性、相互影响性、建设与经营同步性等特点，多数房地产项目还具有计算期短的特点。

（2）房地产开发项目一般只进行财务分析，涉及区域开发的项目还应进行综合分析。

（3）房地产开发项目的资金可来源于商品房合法预售所得款。

（4）房地产开发项目分为出售型、出租型和混合型。项目的收益和成本分摊方式依据项目类型而不同。自营部分的投资可转换成项目的固定资产，出售、出租部分的投资转换成开发成本。开发企业大量的资产以流动资产的形式存在。

（5）房地产开发项目不按租售合同而按实际可能得到的财务收入估算现金流入，并依此估算经营成本。

（6）房地产开发项目的效益一般为售房收入、租房收入、土地（生地或熟地）出让收入、配套设施出售（租）收入以及自营收入。

（7）房地产开发项目总成本费用主要包括开发建设期间发生的开发产品成本和经营期间发生的运营费用、修理费用等。

（8）房地产开发项目除缴纳流转税和所得税外，尚需缴纳土地增值税、城镇土地使用税、耕地占用税、房产税等。

附录三　项目可行性研究报告格式

＊＊省＊＊隧道通风、消防、供配电系统改造工程

可行性研究报告

编制单位:＊＊勘察设计研究院

咨询证书等级:甲级

发证机关:中华人民共和国国家发展和改革委员会

证　书　号:＊＊＊＊＊＊＊＊＊＊

院　　　　长:＊＊＊

总　工　程　师:＊＊＊

项目负责人:＊＊＊

目　　录

附录四　一级建造师建设工程经济模拟题

一、单项选择题(共 60 题,每题 1 分。每题有 A、B、C、D 四个备选答案,只有一个最符合题意)

1. 对于等额系列现金流量,当计息周期与资金收付周期不一致时,应采用(　　)计算资金等值。
   A. 计息周期利率
   B. 收付期实际利率
   C. 计息周期名义利率
   D. 收付期名义利率

2. 若年利率为 12%,半年复利计息一次,第 5 年年末的本利和为 10 000 元,则现在应存入(　　)元。
   A. 5 580
   B. 5 760
   C. 5 820
   D. 5 850

3. 某施工企业现在向银行借款 600 000 元,借款期 6 年,年利率 7%,半年计息并支付利息,到期还本,则该施工企业 6 年共支付的借款利息金额为(　　)元。
   A. 252 000
   B. 136 000
   C. 142 000
   D. 128 000

4. 与计算静态投资回收期无关的变量是(　　)。
   A. 净现金流量
   B. 现金流入
   C. 现金流出
   D. 基准收益率

5. 在技术方案经济效果评价中,对于非经营性项目,财务分析应主要分析项目的(　　)。
   A. 盈利能力
   B. 财务生存能力
   C. 偿债能力
   D. 资本金利用率

6. 关于财务净现值指标,下列说法错误的是(　　)。
   A. $FNPV<0$,该项目一定是亏损的
   B. $FNPV$ 不能真正反映项目投资中单位投资的使用效率
   C. 一般用于独立方案的评价
   D. 对于独立方案,应用 $FIRR$ 评价与应用 $FNPV$ 评价结论是一致的

7. 投资收益率是一个静态财务评价指标,尤其适用于(　　)的工程建设方案选择和投资经济效果评价。
   A. 投资经济效果比较明确
   B. 工艺简单而生产情况变化不大
   C. 政府投资项目
   D. 先开工后进行可行性研究

8. 在财务评价指标中,考虑资金时间价值以及项目在整个计算期内的经济状况、不受外部参数影响、完全取决于项目投资过程净现金流量系列情况的指标是(　　)。
   A. 内部收益率
   B. 财务净现值率
   C. 财务净现值
   D. 静态投资回收期

9. 在进行单因素敏感性分析时,如果主要分析投资大小对方案资金回收能力的影响,一般选用(　　)为分析指标。
   A. 内部收益率
   B. 静态投资回收期
   C. 偿债备付率
   D. 总投资收益率

10. 在敏感性分析中,下列因素中最敏感的是(　　)。
    A. 产品价格下降 30%,使 $NPV=0$
    B. 经营成本提高 50%,使 $NPV=0$
    C. 寿命缩短 80%,使 $NPV=0$
    D. 投资增加 120%,使 $NPV=0$

11. 当产销量大于盈亏平衡点时,销售收入线与总成本线之间的垂直距离为(　　)。

    A. 固定成本　　　　B. 变动成本总额　C. 亏损额　　　　　D. 利润

12. 设备的有形磨损可能是(　　)的结果。

    A. 技术进步　　　　B. 错误操作　　　C. 自然力侵蚀　　D. 超负荷使用

13. 某设备5年前的原始成本为100 000元,5年共计折旧60 000元,目前的市场价值为26 000元,如果现在进行设备更新决策,则该设备发生的沉没成本为(　　)元。

    A. 60 000　　　　　B. 40 000　　　　C. 26 000　　　　D. 14 000

14. 在假设所得到设备的收入相同的条件下,设备租赁与购置的经济比选是将租赁成本和购买成本进行比较。由于每个企业都要依利润大小缴纳所得税,按财务制度规定,不能计入成本的是(　　)。

    A. 租赁设备的租金　　　　　　　　B. 购买设备计提的折旧费

    C. 借款购买设备的利息　　　　　　D. 借款购买设备的贷款本金

15. 在价值工程分析中,某评价对象的功能评价值为6.624 5,现实成本为0.356 7,根据价值系数,该评价对象的评价结果是(　　)。

    A. 功能现实成本比较客观

    B. 功能偏低,现实成本偏低

    C. 成本偏高,功能过剩

    D. 该评价对象功能比较重要,但分配的成本较少

16. 某施工企业欲引进施工工艺,预计年工程产量为10 000 m³。甲工艺的年固定成本为500万元,单位工程量变动成本为200元;乙工艺的年固定成本为600万元,单位工程量变动成本为120元,则(　　)。

    A. 应该引进甲工艺　　　　　　　　B. 应该引进乙工艺

    C. 都可以　　　　　　　　　　　　D. 无法判断

17. 财务会计的内涵决定了财务会计具有(　　)的基本职能。

    A. 预测和决策　　B. 控制和考核　　C. 核算和监督　　D. 报告和经营

18. 关于会计主体假设,下列说法错误的是(　　)。

    A. 会计主体是指会计工作为之服务的特定单位

    B. 会计主体与法律主体是同一概念

    C. 会计主体规定了会计核算的范围

    D. 法律主体往往是会计主体

19. 由于期间费用的发生仅与当期实现的收入相关,因而应当直接计入(　　)。

    A. 工程成本　　B. 当期费用　　　C. 当期损益　　D. 生产收入

20. 间接费用是施工企业下属施工单位或生产单位为组织和管理施工生产活动所发生的费用。对于水电安装工程来说,间接费用应当按照(　　)的百分比在各单项工程间分配。

    A. 材料费　　　B. 施工机械费　　C. 人工费　　　D. 工程成本

21. 在固定资产折旧方法中,在固定资产使用前期提取较多折旧,而在使用后期则提取较少折旧的方法是(　　)。

    A. 平均年限法　B. 生产总量法　　C. 直线法　　　D. 年数总和法

22. 在施工企业工程核算中,工程项目成本核算的主体和中心任务是(　　)。

A. 执行国家有关成本开支范围、费用开支标准、工程预算定额和企业施工预算、成本计算的有关规定,控制费用,促使项目合理、节约地使用人力、物力和财力

B. 正确及时地核算施工过程中发生的各项费用,计算施工项目的实际成本

C. 反映和监督施工项目成本计划的完成情况

D. 为项目成本预测,为参与项目施工生产、技术和经营决策提供可靠的成本报告和有关资料,促进项目改善经营管理,降低成本

23. 固定资产的账面价值是指固定资产的( )。

A. 原值

B. 原价扣减累计折旧和累计减值准备后的金额

C. 原价扣减累计折旧后的金额

D. 原价扣减累计减值准备后的金额

24. 某施工企业签订一项总金额为 1 000 万元的建造合同,工期 3 年。经统计,第 1 年完工进度为 30%,第 2 年完工进度为 80%,第 3 年工程全部完工,则第 3 年应确认的合同收入为( )万元。

A. 100 　　　　　 B. 200 　　　　　 C. 800 　　　　　 D. 1 000

25. 建筑业企业的主营业务收入是指( )。

A. 建造(施工)合同收入 　　　　　 B. 让渡资产使用权收入

C. 因合同变更产生的收入 　　　　　 D. 销售产品收入

26. 现金流量表是以( )为基础编制的。

A. 经营活动的现金流量 　　　　　 B. 投资活动的现金流量

C. 筹资活动的现金流量 　　　　　 D. 现金

27. 按照《企业会计准则》规定,如果建造合同结果能够可靠估计,应在资产负债表日根据( )确认当期的合同收入。

A. 完工百分比法 　　　　　 B. 业主工程款支付进度

C. 利润计算要求 　　　　　 D. 税务机关要求

28. 按照《公司法》,公司税后利润进行分配的第一步是( )。

A. 提取法定公积金 　　　　　 B. 弥补以前年度亏损

C. 增加公司注册资本 　　　　　 D. 扩大公司生产经营

29. 企业的无形资产也有一定的使用期限,它的价值总会终结或消失,因此,企业应将入账的无形资产在一定年限内摊销,其摊销金额计入( )。

A. 管理费用 　　　 B. 无形资产 　　　 C. 预付账款 　　　 D. 待摊费用

30. 某施工企业 2011 年度的营业利润为 3 154 000 元,营业外收入为 31 000 元,营业外支出为 86 000 元,接受捐赠收入为 300 000 元,则该企业 2011 年度的利润总额为( )元。

A. 3 154 000 　　 B. 3 099 000 　　 C. 3 3999 000 　　 D. 3 454 000

31. 现金持有量越大,( )变化量却不大。

A. 机会成本 　　　 B. 管理成本 　　　 C. 运输成本 　　　 D. 短缺成本

32. 按照《企业会计准则》规定,施工企业在签订建造合同时发生的差旅费、投标费等相关费用,应当在发生时直接确认为( )。

A. 直接费用 　　　 B. 间接费用 　　　 C. 期间费用 　　　 D. 生产成本

33. 某施工企业从银行取得一笔长期借款 5 000 万元,手续费率 0.2%,年利率 5%,期限 3 年,每年结息一次,到期一次还本。企业所得税率为 25%,则这笔借款的资金成本率为( )。

  A. 5%   B. 4.12%   C. 3.76%   D. 5.12%

34. 下列建设工程项目相关费用中,不属于工程建设其他费用的是( )。

  A. 环境影响评价费   B. 可行性研究费

  C. 排污费   D. 勘测设计费

35. 某进口设备到岸价为 5 600 万元人民币,进口关税税率为 21%,货物进口率 17%。该设备无进口消费税,则该设备进口应缴纳的增值税为( )万元。

  A. 952.00   B. 1 151.92   C. 2 128.00   D. 2 752.08

36. 某建设工程项目在建设初期估算的建筑安装工程费 1 000 万元、设备及工器具购置费为 4 000 万元,工程其他费用为 300 万元,基本预备费率为 10%,则该项目的基本预备费估算是( )万元。

  A. 500   B. 530   C. 430   D. 130

37. 不应归入建筑安装工程人工费的是( )。

  A. 生产工人学习、培训期间工资 B. 生产工人劳动保护费

  C. 生产工人工资性补贴   D. 职工养老保险费

38. 根据《建筑安装工程费用项目组成》(建标〔2003〕206 号),下列各项中属于规费的是( )。

  A. 医疗保险费 B. 财产保险费 C. 劳动保护费 D. 劳动保险费

39. 根据《建筑安装工程费用项目组成》(建标〔2003〕206 号),脚手架费应计入建筑安装工程( )。

  A. 直接工程费 B. 规费   C. 措施费   D. 材料费

40. 施工企业单位管理人员的工资费用应计入( )。

  A. 措施费   B. 规费   C. 企业管理费   D. 人工费

41. 根据我国现行税法,计入建筑安装工程造价企业管理费的税种有( )。

  A. 营业税   B. 车船使用税   C. 教育附加税   D. 城市维护建设税

42. 在编制措施项目清单时,适用于使用参数法计算的措施项目是( )。

  A. 夜间施工费   B. 大型机械进出场及安拆费

  C. 脚手架搭拆费   D. 生活家具购置费

43. 在编制企业定额时,一般情况下,人工价格按( )计算确定。

  A. 施工定额   B. 地区劳务市场价格

  C. 企业平均工资水平   D. 当地平均工资水平

44. 在初步设计计算编制设计概算或技术设计阶段编制修正概算时,确定建设工程项目投资额的依据是( )。

  A. 施工定额 B. 概算指标 C. 概算定额 D. 估算指标

45. 在进行单位建筑工程设计概算构成审查时,对材料预算价格的审查,重点是( )。

  A. 材料原价   B. 运输费用

  C. 耗用量最大的主要材料 D. 是否有重复计算或遗漏

46. 预算定额是以建筑物或构筑物(　　)为编制对象编制的定额。

    A. 扩大的单位工程   B. 单位工程

    C. 分部分项工程   D. 单项工程

47. 施工图预算编制的传统计价模式和工程量清单计价模式的主要区别在于(　　)不同。

    A. 计算方式和管理方式   B. 费用构成

    C. 编制主体   D. 作用

48. 在进行单位设备及安装工程设计概算构成审查时,审查重点是(　　)。

    A. 预算单价   B. 设备清单与安装费用

    C. 设备重量   D. 设备安装工艺

49. 施工图预算审查方法中的"筛选法"的优点是简单易懂、审查速度快、便于发现问题。该方法适用于审查(　　)的工程。

    A. 采用标准图纸   B. 工程量较小、工艺比较简单

    C. 工程量较大、工艺复杂   D. 住宅工程或不具备全面审查条件

50. 当单位建筑工程的设计深度不够,不能准确地计算工程量,但工程设计采用的技术比较成熟而又有类似工程概算指标可以利用时,可以采用(　　)编制该工程的设计概算。

    A. 概算定额法   B. 概算指标法   C. 预算单价法   D. 类似工程预算法

51. 按照《建设工程工程量清单计价规范》(GB 50500—2008)规定,其他项目清单中的暂列金额和暂估价(　　)。

    A. 投标人可以根据企业自身特点做适当的变更

    B. 由招标人按估算金额确定

    C. 由承包人根据招标人提出的要求,按估算的费用确定

    D. 由招标人按国家或行业建设主管部门规定标准计算确定

52. 根据《建设工程工程量清单计价规范》(GB 50500—2008)编制的工程量清单中,某分部分项工程的项目编码是010302004005,则"005"的含义是(　　)。

    A. 工程分类顺序码   B. 分项工程顺序码

    C. 分部工程顺序码   D. 工程量清单项目

53. 按照工程量清单报价程序的要求,在复核或计算工程量之后,下一步工作是(　　)。

    A. 确定分包工程费   B. 确定单价,计算合价

    C. 确定投标报价   D. 向业主方询价

54. 根据《建设工程工程量清单计价规范》(GB 50500—2008),除另有说明外,所有清单项目的工程量(　　)。

    A. 均以清单列明工程量为准

    B. 按照清单计算公式计算确定

    C. 以实体工程量为准,并以完成后的净值计算

    D. 由发、承包双方友好协商确定

55. 在施工企业组织施工生产的过程中,作为控制施工成本依据的是(　　)。

    A. 设计概算   B. 投资估算   C. 施工图预算   D. 预算手册

56. 按照《建设工程工程量清单计价规范》(GB 50500—2008)规定,在清单计价中测算

人、材、机消耗量时,编制投标报价时一般采用( )。

    A. 政府颁发的消耗量定额   B. 根据市场询价的情况

    C. 反映企业水平的企业定额   D. 地区定额

57. 根据《建设工程工程量清单计价规范》(GB 50500—2008),若施工中施工图纸或设计变更与工程量清单项目特征描述不一致时,发、承包双方应( )。

    A. 按照工程量清单项目特征描述确定综合单价

    B. 按实际施工的项目特征,依据合同约定重新确定综合单价

    C. 通过仲裁确定综合单价

    D. 按照行业建设主管部门要求确定综合单价

58. 某独立土方工程,招标文件中估计工程量为 80 万 m^3。合同中规定,土方工程单价为 10 元/m^3,当实际完成工程量超过估计工程量10%时,调整单价,单价调为 8 元/m^3。工程结束时实际完成土方工程量为 100 万 m^3,则该土方工程款为( )万元。

    A. 816   B. 976   C. 1 000   D. 800

59. 在工程量清单计价中,其他项目费中的计日工和总承包服务费应( )。

    A. 由招标人按估算金额确定

    B. 按照国家或省级、行业建设主管部门的规定计算确定

    C. 由承包人根据招标人提出的要求,按估算的费用确定

    D. 按照地区或行业定额估算确定

60. 在国际工程投标报价中,对于工程量不大、所占费用比例较小的分项工程,直接费适合采用( )进行估价。

    A. 定额估价法   B. 经验估计法   C. 匡算估价法   D. 作业估价法

二、多项选择题(共 20 题,每题 2 分。每题的备选项中,有 2 个或 2 个以上符合答案,至少有 1 个错项)

61. 下述名义利率与实际利率说法中,正确的是( )。

    A. 在计息期为 1 年时,名义利率等于实际利率

    B. 实际利率真实地反映了资金的时间价值

    C. 名义利率真实地反映了资金的时间价值

    D. 名义利率相同时,周期越短,与实际利率差值越大

    E. 名义利率越小,周期越短,与实际利率差值越大

62. 如果某技术方案在经济上可行,则一定有( )。

    A. 静态投资回收期大于项目的寿命周期

    B. 财务内部收益率大于或等于基准收益率

    C. 财务净现值大于或等于零

    D. 财务净现值大于项目总投资

    E. 财务内部收益率大于单位资金成本

63. 基准收益率可以是( )。

    A. 企业确定的最低标准的收益水平

    B. 行业确定的最低标准的收益水平

    C. 投资者确定的最低标准的收益水平

D. 同期银行贷款利率

E. 判断投资方案在经济上是否可行的依据

64. 在设备租赁业务中,影响租金的因素有(　　)。

A. 设备的价格　　　　　　　　　　B. 租赁机构的信用度、经济实力

C. 融资的利息及费用　　　　　　　D. 租赁保证金

E. 租金计算采用的计算公式

65. 关于盈亏平衡分析,下列说法正确的是(　　)。

A. 盈亏平衡点越高,项目投产后适应市场变化的能力越强

B. 盈亏平衡点越高,项目投产后适应市场变化的能力越弱

C. 盈亏平衡点越低,项目投产后盈利的可能性越大

D. 盈亏平衡点越低,项目投产后抗风险能力也越强

E. 盈亏平衡点越低,项目投产后适应市场变化的能力越差

66. 关于权责发生制原则,下列说法正确的是(　　)。

A. 以款项实际支付的时间确认费用

B. 以款项实际收到时间确认收入

C. 凡是当期已经实现的收入,不论款项是否收到,都应当作为当期的收入

D. 凡是当期已经发生的或应当负担的费用,不论款项是否支付,都应当作为当期费用

E. 企业的会计核算应当以权责发生制为基础

67. 按照《企业会计准则》,成本和费用的联系是(　　)。

A. 成本和费用都是企业经济资源的耗费

B. 成本和费用都是针对一定会计期间而言

C. 成本和费用都是企业除偿债性支出和分配性支出以外的支出构成部分

D. 生产费用经对象化后进入生产成本,但期末应当将当期已销售产品的成本结转进入当期的费用

E. 成本和费用都是针对一定的成本计算对象

68. 关于技术方案现金流量表,下列表述正确的有(　　)。

A. 投资现金流量表将项目总投资作为计算基础,分析项目的财务生存能力

B. 资本金现金流量表把借款本金偿还和利息支付作为现金流出

C. 财务计划现金流量表用以考察项目的盈利能力

D. 财务计划现金流量表用以计算累计盈余资金

E. 投资各方现金流量表以投资者的出资额作为计算基础

69. 下列各项中,属于现金流量表中的现金的是(　　)。

A. 库存现金　　　　　　　　　　　B. 定期存款

C. 其他货币资金　　　　　　　　　D. 3 个月内到期的国库券投资

E. 能够随时用于支付的银行存款

70. 按照《企业会计准则》规定,施工企业的财务费用包括(　　)。

A. 发行股票所支付的手续费

B. 发行债券所支付的手续费

C. 融资租赁计入固定资产发生的融资租赁费用

D. 公司财务部职工工资及福利费

E. 汇兑损失

71. 某施工企业签订一项合同包括建造多项资产,在同时具备( )条件时,会计处理上应将每项资产分立为单项合同处理。

A. 该组合同按一揽子交易签订

B. 每项资产均有独立的建造计划

C. 建造承包商与客户就每项资产单独进行谈判,双方能够接受或拒绝与每项资产有关的合同条款

D. 每项资产的收入和成本可以单独辨认

E. 每项资产均是一项综合利润率工程的组成部分

72. 根据《建筑安装工程费用项目组成》(建标〔2003〕206 号),建设项目总投资中的设备购置费包括( )。

A. 设备原价   B. 建设期贷款利息

C. 设备国内运输费用   D. 设备采购保管费

E. 设备安装调试费

73.《建筑安装工程费用项目组成》(建标〔2003〕206 号)规定,不能计入直接工程费中材料费的有( )。

A. 材料的工地保管费

B. 对新结构新材料的试验费

C. 自设实验室进行材料一般鉴定发生的化学药品的费用

D. 对构件做破坏性试验的费用

E. 建设单位对具有出厂合格证明的材料进行检验的费用

74. 概算定额是以扩大的分部分项工程为对象编制的,其作用主要有( )。

A. 是编制扩大初步设计的依据   B. 用于施工管理

C. 是确定建设项目投资额的依据   D. 是编制概算指标的基础

E. 是编制施工定额的基础

75. 按照编制的程序和用途,可将建设工程定额分为( )等几种。

A. 人工定额   B. 施工定额

C. 预算定额   D. 产量定额

E. 概算定额

76. 施工图预算的编制依据包括( )。

A. 施工定额   B. 施工组织设计

C. 预算工作手册   D. 经批准的设计概算文件

E. 经批准和会审的施工图设计文件及有关标准图集

77. 建设工程项目总概算是确定整个建设项目从筹建开始到竣工验收、交付使用所需的全部费用的文件,它是由( )等汇总编制而成。

A. 各单项工程综合概算   B. 工程建设其他费用概算

C. 建设期利息概算   D. 设计概算

E. 预备费

78. 根据《建设工程工程量清单计价规范》(GB 50500—2008)，下列事件需要进行现场签证的有(　　)。

　　A. 由于施工企业责任造成的设备窝工损失

　　B. 确认修改施工方案引起的工程量增减

　　C. 非施工单位原因导致的人工窝工损失

　　D. 工程变更导致的工程施工措施费增减

　　E. 索赔导致的费用

79. 在制订人工定额时，拟定施工作业定额时间是在拟定(　　)的基础上编制的。

　　A. 基本工作时间　　　　　　　　　B. 辅助工作时间

　　C. 超负荷下的工作时间　　　　　　D. 休息时间

　　E. 不可避免的中断时间

80. 国际工程项目标价计算中，将工程量清单中所有分项工程的合价汇总，即可计算出工程的总标价，总标价包括(　　)。

　　A. 开办费　　　　　　　　　　　　B. 利润

　　C. 分项工程合价　　　　　　　　　D. 分包工程总价

　　E. 暂定金额

参考答案

一、单项选择题

1. B 2. A 3. A 4. D 5. B 6. A 7. B 8. A 9. A 10. A 11. D 12. C
13. D 14. D 15. D 16. A 17. C 18. B 19. C 20. C 21. D 22. B 23. B
24. B 25. A 26. D 27. A 28. B 29. A 30. B 31. B 32. C 33. C 34. C
35. B 36. B 37. D 38. A 39. C 40. C 41. B 42. A 43. B 44. C 45. C
46. C 47. A 48. B 49. D 50. B 51. B 52. D 53. B 54. C 55. C 56. C
57. B 58. B 59. C 60. C

二、多项选择题

61. ABD 62. BC 63. ABCE 64. ACDE 65. BCD 66. CDE 67. ACD
68. BDE 69. ACDE 70. BCE 71. BCD 72. ACD 73. BDE 74. CD 75. BCE
76. BCDE 77. ABCE 78. BCD 79. ABDE 80. CDE

参考文献

[1] 吴全利. 建筑工程经济[M]. 重庆:重庆大学出版社,2012

[2] 渠晓伟. 建筑工程经济[M]. 北京:机械工业出版社,2012

[3] 汤鸿. 建设工程经济[M]. 南京:东南大学出版社,2012

[4] 崔振才,乔鹏,万小华. 建筑工程经济[M]. 南京:南京大学出版社,2013

[5] 李娜,张珂峰. 建筑工程经济[M]. 西安:西安交通大学出版社,2011

[6] 张宁宁,侯聪霞. 建筑工程经济[M]. 第二版. 北京:北京大学出版社,2013

[7] 黄仕诚. 建筑工程经济[M]. 第三版. 北京:中国建筑工业出版社,1997

[8] 黄有亮,徐向阳. 工程经济学[M]. 南京:东南大学出版社,2006

[9] 吴添祖. 技术经济学概论[M]. 北京:高等教育出版社,2005

[10] 刘晓君. 工程经济学[M]. 第二版. 北京:中国建筑工业出版社,2008

[11] 李昌友. 土木工程经济与管理[M]. 北京:中国铁道出版社,2005

[12] 陈宪. 建设工程经济学[M]. 北京:化学工业出版社,2005

[13] 刘亚臣. 工程经济学[M]. 大连:大连理工大学出版社,2013

[14] 全国注册咨询工程师(投资)执业资格教材编写委员会. 项目决策分析与评价[M]. 北京:中国计划出版社,2012

[15] 国家发展和改革委员会,建设部. 建设项目经济评价方法与参数[M]. 第三版. 北京:中国计划出版社,2006

[16] 建设部标准定额研究所. 建设项目经济评价案例[M]. 北京:中国计划出版社,2006

[17] 赵彬. 工程技术经济[M]. 北京:高等教育出版社,2003

[18] 赵建华,高风彦. 技术经济学[M]. 北京:科学出版社,2005

[19] 全国一级建造师执业资格考试用书编写委员会. 建设工程经济[M]. 北京:中国建筑工业出版社,2015

[20] 李南. 工程经济学[M]. 北京:科学出版社,2013

[21] 田恒久. 工程经济[M]. 第二版. 武汉:武汉理工大学出版社,2012

[22] (美)斯图尔特,(中)邱菀华. 价值工程方法基础[M]. 北京:机械工业出版社,2007

[23] 孙继德. 建筑项目的价值工程[M]. 北京:中国建筑工业出版社,2011

[24] 李小林,许宏武,张可能,刘宇飞. 论价值工程在工程设计中的应用[J]. 西部探矿工程,2007,19(10):236 - 238

[25] 陈顺华. 价值工程在投资目标控制中的应用[M]. 北京:中国建筑工业出版社,2007

[26] 牛季收,何平. 价值工程在施工项目成本管理的应用[J]. 建筑经济,2007,(2):82 - 84